SEPT GÉNÉRATIONS D'EXÉCUTEURS

Publication dirigée par Emmanuelle et François Prado
Réalisation couverture : Nathalie Breicheisen
Correction : Sandrine Puyo
Conception graphique : François Prado
Mise en page : Dixit - Toulouse

Imprimé en Espagne
Gráficas Alós, S. A. Huesca
Dépôt légal: 2e trimestre 2003
ISBN: 2-9519778-0-8

SEPT GÉNÉRATIONS D'EXÉCUTEURS

PAR

H. SANSON

Édition présentée par François Prado

FUTUR LUXE NOCTURNE
ÉDITIONS

PRÉFACE

Près d'un siècle et demi nous éloigne aujourd'hui de la publication de *Sept générations d'exécuteurs* en 1862.[1]

On peine à concevoir qu'entre ces deux dates l'œuvre ait pu demeurer sous le boisseau, enveloppée dans ce sommeil sans nom dont dorment les livres.

Les raisons qui président à cette occultation prolongée[2] sont, sans nul doute, multiples. Tiendraient-elles au refus d'une part d'ombre, à la pudique mise à distance d'un legs infâme ?

«Ils faisaient de nous les proxénètes de l'orgie de sang à laquelle ils présidaient.»[3]

La question est hasardeuse.

Que la glose, en revanche, se soit substituée au texte constituerait une explication, et non des moindres. En effet, à les examiner attentivement, il ne peut échapper que les diverses biographies consacrées à la famille Sanson se conforment généralement au matériau recueilli dans ces six tomes de mémoires publiés en 1862, source abondante où sont retracées les destinées de Charles Sanson de Longval et de la lignée d'exécuteurs des hautes oeuvres dont il fut l'initiateur.

Or, de cette source originelle, de ce contondant S*ept générations d'exécuteurs*, il n'a plus vraiment été question dans la suite des temps. D'aucuns se hâtèrent même de reléguer le

---

(1) SANSON (Henri-Clément), *Sept générations d'exécuteurs (1688-1847). Mémoires des Sanson mis en ordre, rédigés et publiés par* H. Sanson, ancien exécuteur des hautes œuvres de la Cour de Paris, 6 vol. in 8°, Dupray de la Mahérie, Paris, 1862-1863.

(2) Nous nous devons, néanmoins, de signaler la publication en 1988 de la partie des mémoires relatifs à Charles-Henri ; ceux-ci correspondent surtout au tome V de l'original. Cf. Monique Lebailly, *La révolution française vue par son bourreau,Charles-Henri Sanson*, L'instant, 1988.

(3) *Sept Générations.*, tome I., p.198

document premier au rang peu envié des mémoires apocryphes. À ces hauteurs-là, l'élision du texte de référence était définitivement consommée dans les domaines historique et littéraire.

La question de l'authenticité des mémoires a pu se poser, et ce, du seul fait de la confusion favorisée par la parution, coup sur coup, de deux ouvrages — parfaitement apocryphes ceux-là — s'autorisant frauduleusement de la famille Sanson : *SANSON exécuteur des arrêts criminels pendant la Révolution*,publié en 1829[1] et *SANSON, Mémoires de l'exécuteur des hautes œuvres* publié en 1830[2]. Du point de vue de l'histoire de la famille des exécuteurs, ces deux publications, audacieusement inauthentiques, sont dénuées d'intérêt. Henri-Clément Sanson mentionne à maintes reprises l'existence de ces faux :

«Les auteurs des mémoires apocryphes publiés par Sautelet, dans le but de procurer un vernis d'authenticité à leur compilation, avaient imaginé de supposer que ces mémoires avaient été écrits par Charles-Henri Sanson, mon grand-père[3], celui-là même qui eut le malheur d'avoir à traverser les orageuses journées de la Terreur.»

Suite aux vives protestations d'Henri, père de l'auteur , le procédé ne connut pas d'avatars.

---

(1) *SANSON exécuteur des arrêts criminels pendant la Révolution*, Mémoires pour servir à l'histoire de la Révolution française. par H. de Balzac (auteur de la préface) et L'Héritier de l'Ain. 2 vol., Paris, 1829.

(2) *SANSON, Mémoires de l'exécuteur des hautes œuvres pour servir à l'histoire de Paris pendant le règne de la Terreur*. Publiés et rédigés par A. Grégoire, Paris, 1830.

(3) *Sept générations.*, Tome II p. 328
Définitivement inscrite dans l'Histoire et scellée dans le sang des trois mille exécutions qu'on lui attribue, la terrifiante destinée de Charles-Henri Sanson induisait ces impostures littéraires. Au rang de ses victimes figurent : Marie-Antoinette, Louis XVI, Danton, Robespierre, Charlotte Corday, etc.

Il faudra encore attendre une trentaine d'années avant que les authentiques carnets et notes des Sanson ne soient enfin livrés à la curiosité publique sous le titre de *Sept générations d'exécuteurs, mémoires des Sanson.*

L'auteur, Henri-Clément Sanson, ultime représentant de cette *race de bourreaux*(1), est alors un homme de soixante-trois ans accablé de dettes.

Entré brutalement dans la carrière en 1819 à l'âge de vingt ans, et n'ayant, à son actif, pour ainsi dire, *qu*'une centaine d'exécutions capitales, son existence semble empreinte d'un moderne *spleen*. Son tempérament artistique et raffiné souffre, sans rémission, de l'opprobre attaché à ses attributions sinistres.

Révoqué de sa charge en 1847 sous le reproche d'avoir gagé *les bois de justice* — la guillotine — à un de ses créanciers, quitté par sa femme, sa maison saisie, Henri-Clément entreprend de rassembler en un ouvrage unique l'ensemble des documents précieusement conservés par sa famille.

Retiré à la campagne, il s'attache à la rédaction des six tomes que publiera Dupray de la Mahérie en 1862. À la lecture du manuscrit, l'éditeur, soucieux du succès commercial de l'entreprise, imposera à Henri-Clément la collaboration du publiciste D'Olbreuse chargé d'agréger des chapitres romancés au goût du jour d'alors.

Le coup ne manqua pas, l'ouvrage connut un beau succès et fut suivi de rééditions. Henri-Clément perçut 30 000 francs de droits, D'Olbreuse quant à lui en obtint 17 500(2).

---

(1) *L'expression est d'Henri-Clément Sanson*

(2) Bernard Lecherbonnier, *Bourreaux de père en fils, Les Sanson 1688-1847*, Albin Michel, 1989 p.11
Monique Lebailly, *op. cit.*, p 377

Néanmoins, la collaboration de ce dernier à la refonte des *mémoires* aura davantage nui à la postérité du livre que le style *sui generis* reproché à Henri-Clément par son éditeur. On finira, naturellement, par attribuer la paternité de l'ensemble au *nègre de Sanson*(1).

Curieusement, cette hypothèse avait déjà été évoquée dans l'introduction de l'ouvrage :

«Peut-être a-t-on supposé que j'étais allé ramasser, dans la fange des lettres, quelque gâcheur de phrases pour tailler un livre sur mon nom, et de là les indignations et les railleries qui se sont élevées contre celui-ci avant même son apparition.»(2)

Le chapitre pourrait être clos ; cependant, il n'existe, aujourd'hui encore, à notre connaissance, aucune étude critique de *Sept générations d'exécuteurs* pouvant nous éclairer davantage.

L'œuvre, si longtemps en sommeil, est à lire. Il appartient à chacun de se forger un avis.

Laissons dès lors exister ce texte qu'Henri-Clément dédiait à des temps aux mœurs apaisées, souhaitant qu'il fût «le testament de la peine de mort par le dernier bourreau».(3)

François Prado

---

(1) Ce point demeure confus : «*La publication des Mémoires, par Dupray de la Mahérie, mis en forme par le publiciste d'Olbreuse...*» Lecherbonnier, *op.cit.*, p.377
«Dupray de la Mahérie la donne à réécrire à un journaliste nommé d'Olbreuse [...] en tous cas ni Sanson ni son nègre n'osèrent réécrire le texte du bourreau de la Révolution.» Lebailly, *op. cit.*, p.11
«...ils ont été écrits par une personne qui s'était soigneusement documentée à partir de mémoires originaux.» *Bibliographie critique des mémoires sur la Restauration*, Guillaume de Bertier de Sauvigny, Alfred Fierro, Droz, 1988 École Pratique des Hautes Études, IVe section, p.233

(2) et (3) *Sept Générations*. Tome I, p.18 et p.24

INTRODUCTION

Le 18 mars 1847, je rentrais chez moi fatigué d'une de ces longues promenades dans lesquelles je ne cherchais que les endroits solitaires pour y ensevelir mes tristes rêveries et l'obsession constante de mon esprit. J'avais à peine franchi le seuil de l'hôtel, et la vieille grille, qui s'ouvrait si rarement, retombait de tout son poids, en grinçant sur ses gonds rouillés, quand le concierge me remit une lettre.

Je reconnus de suite ce large pli et ce large sceau dont l'aspect m'avait toujours fait frissonner d'épouvante et de douleur; je pris en tremblant le message, et, m'attendant à y trouver un de ces ordres funèbres auxquels ma terrible consigne me faisait un devoir d'obéir, je montai péniblement les marches du perron de mon hôtel.

Arrivé dans mon cabinet, je rompis avec désespoir ce pli fatal qui devait renfermer quelque mission de mort à remplir; j'ouvris la lettre:

C'ÉTAIT MA RÉVOCATION!!!

Un sentiment étrange et indéfinissable s'empara de moi. Je relevai les yeux sur les portraits de mes ancêtres; je parcourus toutes ces figures sombres, méditatives, sur lesquelles se lisait cette même pensée qui avait jusque-là flétri mon existence; je regardai mon grand-père, en costume de chasse, mélancoliquement appuyé sur le canon de son fusil, et flattant de la main son chien, le seul ami peut-être qu'il lui eût été donné d'avoir.

Je regardai mon père, grave, tenant son chapeau à la main et couvert du lugubre vêtement de deuil qu'il n'avait jamais quitté. Il me semblait faire part, à tous ces témoins muets, du terme de la fatalité qui avait pesé sur leur race et les associer à ce que j'allais faire.

Alors, tirant le cordon d'une sonnette, je me fis apporter une cuvette et de l'eau, et là, seul, devant Dieu qui voit au fond des cœurs et dans les replis les plus cachés de la conscience, je lavai solennellement ces mains que le sang de mes semblables ne devait plus souiller.

Je me rendis ensuite à l'appartement de ma mère, une pauvre sainte femme, car nous trouvions des femmes, nous !

Les loups et les seigneurs n'ont-ils pas leur famille !

Je crois la voir encore dans le vieux fauteuil de velours d'Utrecht d'où elle ne se levait plus que difficilement. Je déposai sur ses genoux la missive de M. le Ministre de la Justice. Elle la lut, puis tournant vers moi ses bons yeux dans lesquels j'avais si souvent puisé toute ma force et mon courage :

- Béni soit ce jour, mon fils ! me dit-elle. Il vous retire enfin la mauvaise part de l'héritage de vos pères ; vous jouirez en paix du reste, et peut-être la Providence n'arrêtera-t-elle pas là ses dons…

Puis comme je restais encore muet, suffoqué par une émotion dans laquelle la joie allait enfin se faire jour :

- D'ailleurs, ajouta-t-elle, il fallait bien que cela finît. Vous êtes le dernier de votre race. Le ciel ne vous a donné que des filles ; je l'en ai toujours remercié.

Le lendemain, dix-huit compétiteurs se disputaient ma sanglante succession, et leurs placets, revêtus des plus hautes apostilles, couraient les antichambres ministérielles. On voit que je ne fus pas difficile à remplacer.

Quant à moi, ma résolution était déjà prise. Je me hâtai de vendre ce vieil hôtel, peuplé de si tristes souvenirs, où sept générations des miens avaient vécu parquées dans l'opprobre et l'ignominie ; mes chevaux, mon équipage sur lequel, en manière d'armes parlantes, une cloche fêlée tenait la place d'un écusson contemporain des croisades. J'éloignai de moi, en un mot, tout ce qui pouvait y entretenir ou réveiller le souvenir du passé ; puis, secouant à la porte la poussière de mes souliers, je sortis pour toujours de cette demeure héréditaire où, comme mes ancêtres, je n'avais pu goûter ni la paix des jours, ni le repos des nuits.

Sans le grand âge et les infirmités de ma mère, que depuis mon enfance j'entourais d'autant de vénération que d'amour, je serais parti pour le nouveau monde. Ce n'eût pas été trop que l'immensité des mers à mettre entre moi et l'Europe, où j'avais rempli de si tristes fonctions dans celle de ses sociétés qui passe pour la plus civilisée. L'Amérique, avec ses États naissants, ses lois à peine écrites, ses mœurs primitives, ses villes improvisées, ses dernières tribus de sauvages expirant sous les envahissements de la civilisation, ses vastes solitudes, ses forêts vierges et ses fleuves immenses dont j'avais lu, dans Chateaubriand et dans Cooper, de si poétiques récits, tout cela m'attirait invinciblement. Il me semblait que c'était la terre promise des régénérations et qu'en y débarquant sous un autre nom que celui auquel s'attachait une si funeste célébrité, je pouvais espérer d'y renaître à une seconde vie, et de conquérir des lettres de naturalisation de citoyen libre et actif d'un grand pays.

La lecture du récent ouvrage de MM. Gustave de Beaumont et Alexis de Tocqueville, sur cette nation, qu'ils représentaient comme l'asile de la liberté, ne contribuait pas peu à m'affermir dans cette idée, et il n'était guère possible de prévoir à cette époque la lutte fratricide qui ensanglante aujourd'hui la patrie de Washington. Mon père était mort depuis sept ans. J'avais eu le bonheur d'établir mes deux filles. Les pauvres enfants ! Je dois ici taire les noms sous lesquels elles ont pu cacher celui de leur malheureux père, car je ne veux point appeler la rougeur de la honte sur leurs fronts innocents.

Mais un lien plus puissant que toutes les séductions me retenait à Paris. Ma mère, plus que septuagénaire, et qui eût voulu m'accompagner, si j'avais commis l'imprudence de lui parler de mon désir, n'aurait jamais pu supporter un si long voyage. Je devais donc rester près d'elle pour lui continuer les soins auxquels je l'avais habituée, veiller sur sa vieillesse adorée et fermer en paix ces yeux qui s'étaient si souvent mouillés de larmes.

Hélas ! cette dernière douleur ne m'était que trop tôt réservée. Moins de trois ans après l'incident de ma révocation, j'eus l'irréparable malheur de voir partir pour la patrie des saintes et des anges la digne et vénérable femme qui m'avait mis deux fois au monde : en me portant dans son sein et en me communiquant, par la sagesse de ses conseils et l'exemple de ses vertus, la résignation nécessaire pour supporter mon triste sort.

Ce fut un coup terrible pour moi et qui anéantit pendant longtemps l'énergie que j'avais sentie se réveiller à la nouvelle de ma révocation. Le temps avait marché depuis ; j'avais atteint cet âge où l'homme ne peut plus nourrir l'illusion de recommencer la vie. Je renonçai définitivement à l'intention de m'expatrier.

Cependant je me hâtai de quitter Paris et de faire choix d'une retraite si sûre et si profonde, que rien ne vînt m'y rappeler le triste emploi des belles années de ma jeunesse et de celles de mon âge mûr. J'y suis enseveli depuis douze ans, sous un nom qui n'est pas le mien, jouissant avec une secrète honte d'amitiés que je me reproche d'usurper et que je tremble à chaque instant de voir s'évanouir par la découverte de mon incognito ; enfin n'osant aimer moi-même sans remords que quelques animaux, compagnons de ma solitude et auxquels (qu'on me pardonne cette sensibilité pythagoricienne) je donne des soins affectueux pour me consoler d'avoir eu le triste courage d'étouffer le cri de l'humanité lorsqu'il s'est agi de mes semblables.

Eh bien, vaines précautions de notre pauvre sagesse ! c'est dans cette retraite obscure, où je voulais fuir jusqu'à mes souvenirs, que je les sens revivre au contraire et m'accabler de tout leur poids. C'est là que, sexagénaire, fatigué de la vie dont je n'ai jamais connu les douceurs sans un affreux mélange d'amertume, j'ai cédé à la plus étrange, à la plus vertigineuse tentation qui pût s'emparer de mon esprit, celle d'écrire le livre dont ces pages sont le frontispice. L'oisiveté et la solitude sont de mauvais refuges pour l'imagination qui cherche à se dérober à elle-même : je n'ai pu supporter un plus long tête-à-tête avec ma pensée. Obsédé de mille réflexions qui me ramenaient toutes à la fatale prédestination de ma naissance, au premier emploi de ma vie, je me reportais involontairement à l'époque où une aventure, dont on aura plus loin le récit, et qui, malgré sa réalité, semble par son côté romanesque toucher aux fictions habituelles de notre littérature, fit entrer dans ma famille, l'horrible héritage que, grâce à Dieu, je n'ai eu à transmettre à aucun des miens. Je me représentais cette suite d'aïeux parmi lesquels même un enfant de sept ans n'avait pu trouver grâce. Mon bisaïeul, Charles-Jean-Baptiste Sanson, né à Paris le 19 avril 1719, succéda à son père, le 2 octobre 1726, et comme il n'était pas possible qu'un enfant de cet âge pût remplir par lui-même le sinistre office dont il était pourvu, le Parlement lui donna pour suppléant un questionnaire nommé Prudhomme, mais en exigeant, toutefois, qu'il assistât aux exécutions, qui comportaient alors, comme on sait, d'abominables supplices, pour les sanctionner légalement par sa présence. N'est-ce pas quelque chose digne de remarque que cette minorité et cette régence dans l'histoire de l'Échafaud !

Je pensais à mon grand-père, revêtu de cette robe de Nessus, à l'époque inouïe pour laquelle le mot de Terreur semble un nom trop doux, obligé de promener le niveau sanglant de la hache sur les têtes les plus nobles comme les plus coupables, n'ayant plus même, pour s'affermir dans sa tâche, cette horreur du crime et ce mépris de la victime qui, pour moi, je le déclare, ne sont jamais parvenus à étouffer le cri du cœur et les murmures de la conscience. Je me représentais donc ce vieillard dont il m'a été donné d'apercevoir la pâle figure dans mon enfance, remplissant avec l'impassibilité du destin, au milieu de la lutte des partis qui s'entre-dévoraient, son implacable mission, voyant immoler aujourd'hui les vainqueurs de la veille et demain ceux d'aujourd'hui ; mandataire de cette furie de la mort qui fut le signe le plus caractéristique de cet incroyable moment de notre histoire.

Enfin mon aïeul m'apparaissait surtout dans cet épouvantement suprême qui le saisit le 21 janvier 1793, lorsque la Révolution présenta pour la seconde fois au monde frappé de stupeur, cette fulgurante antithèse d'une tête royale tombant sous la main du bourreau... Je savais la place que cet événement si inattendu avait toujours occupée dans nos traditions de famille, les terreurs, les larmes, les expiations qu'il avait semées à notre foyer, la page de deuil entre tant de deuils qui lui est consacrée sur une espèce de registre funèbre, où, depuis un siècle et demi, mes ancêtres ont inscrit jour par jour les faits et gestes de notre race.

En parcourant ces singulières annales que j'ai moi-même continuées, et qui partent presque de la Chambre ardente et de la Poudre de succession, puis passent par les saturnales de la Régence et du règne de Louis XV, pour arriver à la Révolution et enfin jusqu'à notre siècle ; en y trouvant à chaque page de curieux souvenirs, des anecdotes du temps tout à fait ignorées, une foule de traditions soigneusement conservées dans le sein d'une famille vouée depuis deux siècles, comme les anciens parias, à l'isolement et à la réprobation publique, et scellant de mystérieuses archives pour un avenir inconnu ; en y rencontrant un pêle-mêle étrange de noms illustres et de noms abjects : le comte Horn entre Poulailler et Cartouche ; Lally Tollendal et le chevalier de la Barre à côté de Damiens ; puis, un roi en tête, ce grand cortège des victimes de la Révolution qui présente un martyrologe sans pareil dans l'histoire ; en me rappelant les entretiens de mon père sur l'empire, sur l'affaire de la machine infernale, sur celles de Georges Cadoudal, des compagnons de

Jéhu, des Chauffeurs, etc. ; en me reportant au temps qu'il m'a été donné à moi-même de traverser, et aux souvenirs qu'ils m'ont laissés, aux tristes drames dont le sanglant dénouement m'est échu en partage : la condamnation des quatre Sergents de La Rochelle, celles de Louvel et de tous ses disciples des Jacques Clément et des Ravaillac, qui tentèrent vainement d'assassiner Louis Philippe ; en passant de ces victimes du fanatisme à celles qu'on impute à une erreur judiciaire, comme Lesurques, et enfin même à la plèbe des scélérats, tels que Desrue, Papavoine, Castaing, Lacenaire, Soufflard, Poulmann, etc., où il ne reste plus guère à étudier que les variétés du crime et les degrés de la perversité humaine, je me suis demandé s'il n'y avait point là les éléments d'un livre, dont l'utilité et l'intérêt excuseraient l'indignité de l'auteur, et si le soin de l'écrire n'était pas le meilleur emploi que je puisse faire des heures de ma vieillesse.

Je l'avoue, car c'est mon excuse, je n'en doutai pas un seul instant.

Je me mis donc au travail et j'écrivis lentement ce livre, en commençant par une rapide esquisse de l'*Histoire des Supplices* et de celle de l'Exécuteur, qui m'en parut le préambule obligé.

C'est l'ouvrage que je publie aujourd'hui.

Le bruit que l'annonce seul a produit m'a montré tous les dangers de la pente sur laquelle je m'étais risqué ; mais cela n'a point suffi pour m'arrêter. On me jugera mieux en me lisant. Peut-être a-t-on supposé que j'étais allé ramasser, dans la fange des lettres, quelques gâcheur de phrases pour tailler un livre sur mon nom, et de là les indignations et les railleries qui se sont élevées contre celui-ci avant même son apparition. On ne tardera point à s'apercevoir que c'est une œuvre sincère, authentique, et qui ne pouvait germer que dans la pensée d'un homme éprouvé par les douleurs qui ont été mon apanage, et instruit par les enseignements qui m'en sont restés.

Peut-être alors les lecteurs qui cherchent avidement, dans les colonnes des journaux judiciaires, le compte rendu, aussi uniforme qu'infidèle, des exécutions capitales, accueilleront-ils avec moins d'hostilité le seul ouvrage qui, pour près de deux siècles de notre histoire, puisse offrir un récit exact de ces drames sanglants ; peut-être la souveraine répulsion qui s'attache aux fonctions que j'ai exercées, répulsion que je n'ai point la prétention de taxer de préjugé, sera-t-elle un instant diminuée par l'intérêt philosophique, historique et, j'ose le dire, moral répandu sur la plupart de ces pages.

Quelques journaux, très hospitaliers pour les sanglantes immoralités du roman-feuilleton, ont foudroyé de leur anathème le *titre* de mon œuvre.

Les plus indulgents se sont écriés : Pourquoi ce livre ?

Je n'ai point, hélas ! reconquis mon droit à la susceptibilité : ce sera donc à ceux-là seulement qui ont semblé me poser cette question que je demanderai la permission de répliquer.

Si la société répudie justement jusqu'à la mémoire des criminels, elle revendique tout ce qui concerne les hommes qui ont été des victimes.

La dernière pulsation du cœur d'un martyr appartient à la postérité ; elle a le droit, elle a le devoir d'apprendre vers quel horizon il tournait ses regards en expirant.

Laissez donc l'homme auquel vos pères, dans leurs discordes, assignaient un rôle si affreusement militant, apporter à l'histoire son témoignage ; laissez-le raconter ce qu'ils le condamnaient à voir.

Si cette œuvre n'avait d'autre objet que de fournir un nouvel aliment à la curiosité blasée des gens qui, n'osant aller chercher eux-mêmes leurs émotions au pied de l'échafaud, voudraient néanmoins les trouver dans une sorte de photographie écrite des péripéties qui se dénouent sur ce théâtre de la mort, vos répulsions deviendraient légitimes ; mais je n'eusse pas attendu qu'elles se manifestassent pour donner aux flammes le soin de faire justice d'un livre écrit dans un tel but.

Enfin, à Dieu ne plaise que j'aie eu un instant la pensée, comme d'autres encore ont pu le croire, d'entreprendre l'apologie de la guillotine ou la réhabilitation de l'exécuteur ! Ma main se serait séchée, plutôt que d'essayer une œuvre si contraire à mes convictions intimes et aux aspirations de toute ma vie. Loin de là, s'il est une raison d'ordre supérieur qui m'ait armé de la plume que je tiens en ce moment, c'est le spectacle de cette grande cause pendante devant le tribunal de la civilisation, et dans laquelle tant de voix éloquentes, depuis Montesquieu, Beccaria, Filangieri, jusqu'à Victor Hugo, se sont fait entendre pour réclamer l'abolition du châtiment implacable dont j'ai eu le malheur d'être la vivante personnification.

En présence du travail constant qui s'opère dans les esprits sur cette grave question, de la généreuse initiative prise par un petit État de l'Allemagne, qui s'honore d'avoir donné le jour à Goëthe, à Schiller et à Wieland, ce Voltaire germanique, je me suis dit qu'il ne m'était plus permis de rester neutre, et que c'était pour moi un suprême devoir d'apporter, à mon tour, ma boule noire ou mon témoignage à charge dans l'instruction de ce grand procès, poursuivi depuis plus d'un siècle, contre une peine à laquelle nos mœurs répugnent de plus en plus.

Il n'est point de livre qui ait fait sur ma jeunesse une impression plus profonde que *Le dernier jour d'un condamné*. Je le lus pour la première fois longtemps avant d'accompagner mon père à la première exécution où il me demanda de l'assister, et je crois que, si la demande m'avait été faite au moment où j'étais encore sous l'impression de cette lecture, j'aurais méconnu les devoirs de la piété filiale.

J'éprouve aujourd'hui une singulière satisfaction à publier cet ouvrage, presque en même temps qu'une œuvre nouvelle de l'auteur du *Dernier jour d'un condamné*. Je ne me dissimule pas l'immensité de l'abîme qui nous sépare et l'ombre que les rayons de sa gloire jettent sur ma sinistre personnalité ; mais je n'en suis pas moins heureux d'élever humblement la voix pour une cause dont il a été et demeurera le plus admirable défenseur.

Si l'on demande comment, avec de pareils sentiments, j'ai pu remplir si longtemps les horribles fonctions qui m'étaient échues en partage, je n'ai que ceci à répondre : qu'on veuille bien jeter les yeux sur la condition dans laquelle j'étais né. Les fils de Jacques d'Armagnac sentirent, dit-on, le sang de leur père dégoutter sur eux à travers les planches mal jointes d'un échafaud. Non moins à plaindre, j'ai revêtu la robe virile sur l'autel des expiations de la justice humaine, le jour où, jeune lévite, j'assistai pour la première fois mon père dans l'exercice de ce terrible sacerdoce, que de Maistre appelle la clef de voûte des sociétés. Le glaive de la loi s'est transmis dans ma famille comme l'épée chez les gentilshommes, comme le sceptre dans les races royales : pouvais-je me choisir une autre destinée sans renier la mémoire de mes ancêtres et outrager la vieillesse de mon père assis à mon foyer ? Rivé par des devoirs sacrés au billot et à la hache, j'ai dû remplir la sinistre tâche que m'imposait ma naissance. Mais au milieu de ma carrière, unique rejeton de cette sorte de dynastie d'exécuteurs, j'ai résigné avec bonheur la pourpre de l'échafaud et le sceptre de la mort. Puissé-je, avant d'aller reposer ma tête sous la sépulture honnie de mes pères, voir disparaître de nos institutions une peine dont l'adoucissement des mœurs rend l'application de plus en plus rare, un supplice qui est, au milieu de notre civilisation, comme le dernier vestige des sacrifices humains de la barbarie ! Puissent dans un avenir prochain ceux qui auront parcouru ces pages dire en fermant le livre : C'est le testament de la peine de mort par le dernier bourreau !

Sanson.

COUP D'ŒIL HISTORIQUE SUR LES SUPPLICES

AVANT-PROPOS

Avant d'entrer directement en scène dans ce récit, et d'y mettre ceux de mes ancêtres qui m'ont précédé dans le terrible office d'exécuteur des arrêts de la justice humaine, j'ai cru devoir, comme je viens de l'annoncer, passer rapidement en revue la lugubre série des supplices pratiqués en France depuis les temps les plus reculés. Je vais donc essayer de montrer, confession horrible, jusqu'où peut aller l'imagination des hommes en fait de barbarie et de cruauté. Je dirai les différentes formes de condamnation, les divers genres d'exécution, les appareils et les machines des supplices, sans toutefois chercher à présenter dans un ensemble méthodique ce qu'on pourrait appeler la théorie de notre ancienne législation pénale. Il m'a semblé que les considérations toujours abstraites du légiste seraient froides et superflues à côté d'un récit véridique et simple qui, par le salutaire épouvantement qu'il inspire, porte avec lui son enseignement. Celui qui, du milieu de la foule entourant l'échafaud, se lèverait pour protester contre les rigueurs de la loi et invoquer les droits de l'humanité, ne serait point entendu; sa voix, dominée par le retentissement du couperet, resterait sans écho. Les angoisses du patient, les apprêts de la mort, l'échafaud ruisselant ont une autre puissance que la parole pour éveiller, dans les cœurs les plus durs, les sentiments de pitié, et, dans les consciences les plus obscurcies, la notion de la justice.

Il serait d'ailleurs bien difficile, sinon impossible, de renfermer dans un cadre méthodique une *Histoire des Supplices*. La simple lecture de notre Code pénal et de presque toutes les lois répressives de l'Europe moderne permet de découvrir une pensée philosophique qui les domine et qui a présidé à leur rédaction. Édicter des peines justes, exemplaires, instructives et réformatrices, poursuivre ce but complexe si admirablement exprimé par Sénèque dans ce précepte: *In vindicandis injuriis hæc tria lex secuta est: ut eum quem punit emendet, aut ut pœna ejus cæteros reddat meliores, aut ut sublatis malis securiores cæteri vivant.* Tels sont les principes que l'étude la plus superficielle des textes ferait reconnaître, si le législateur n'avait pris le soin de les proclamer lui-même. De là la possibilité, la nécessité même de rattacher à ces règles supérieures les dispositions particulières de la loi, toutes les fois qu'on veut entreprendre une étude générale et d'ensemble sur les législations modernes.

Mais une pareille étude est loin de se présenter dans les mêmes conditions, lorsqu'on veut l'appliquer aux monuments de la législation criminelle du moyen âge. Là, selon l'expression de Montesquieu, tout est mer et les rivages même manquent. À la confusion des textes, à l'incertitude des dates, qui ne permettent pas même d'adopter l'ordre chronologique, vient s'ajouter l'absence de tout principe et de toute règle. La loi pénale abandonnée au caprice du prince varie au gré de ses passions, et s'il arrive quelquefois qu'elle soit dictée par l'amour du bien public, jamais elle ne respire ce respect de l'humanité, cette modération qui sont l'apanage de la justice et de la force, et feront l'éternel honneur du XIXe siècle.

Le respect de l'humanité, la notion des limites posées par Dieu même au droit de punir, voilà ce qui fit défaut aux sociétés passées, et c'est ce défaut qui donne aux législations de l'antiquité, comme à celle du moyen âge, leur caractère propre, celui sous lequel je prétends étudier cette dernière.

Jusqu'en 1791, la loi criminelle est le Code de la cruauté légale. Ce Code, je vais le commenter, article par article, c'est-à-dire supplice par supplice, et on verra que ce qu'il demande au coupable ce n'est pas une larme de repentir, mais un cri de douleur. Art de bourreau, non de législateur ! « À nos guerres, à nos lois, à tant d'erreurs meurtrières, s'écrie Servan, ne dirait-on pas que nous sommes chargés de venger sur notre propre espèce les carnages que nous ne cessons de faire dans celle des animaux ? »

La division des peines en afflictives, infamantes, pécuniaires, corporelles ou morales, serait ici hors de lieu, et d'ailleurs rarement applicable aux supplices, qui ne sont bien souvent que l'accessoire de la peine. J'ai préféré suivre la trace ensanglantée que l'imagination des hommes a laissée dans le domaine de l'atroce, et décrire les supplices en les classant, autant qu'il est possible, d'après leur degré de cruauté.

Je présenterai d'abord ceux qui devaient flétrir le coupable sans entraîner la mort, ensuite ceux qui n'avaient de terme qu'avec la vie. Dans la première catégorie, j'irai jusqu'aux mutilations ; dans la seconde, je ferai entrer tous les supplices suivis de mort.

Un chapitre sera spécialement consacré à la *Torture* ou *Question*, et je terminerai par une étude historique sur le ministre de toutes ces cruautés, celui que les peuples indignés ont poursuivi à travers les siècles de l'épithète flétrissante de *Bourreau*.

I. LA DÉGRADATION

La première catégorie des supplices comprendra : la dégradation, le pilori et le carcan, l'amende honorable, la flagellation et la longue liste des mutilations. Les trois premières de ces peines, qui sont bien plus morales que corporelles, ne méritent pas peut-être le nom de supplices, mais elles sont si éloignées des mœurs actuelles, elles ont un tel caractère de rigueur et de violence, et d'ailleurs les documents historiques que leur étude me permettra de mettre en lumière offrent un tel intérêt, que je n'ai pas hésité à les maintenir dans le cadre que j'avais adopté.

Par la dégradation, l'homme reconnu coupable est ignominieusement dépouillé des fonctions, des privilèges, des titres honorifiques qui peuvent lui appartenir.

Cette peine éminemment juste, en principe, se retrouve à peu près chez tous les peuples arrivés à un certain degré de civilisation. Moïse l'applique, lorsque sur l'ordre de Dieu, il dépouille de sa robe de grand prêtre, Aaron, condamné à mort pour son incrédulité. À Rome, elle existait sous les noms divers de *militiæ mutilatio*, *de gradu dejectio*, *ignominiosa missio*, et pendant le moyen âge, nous la voyons frapper l'homme d'Église, l'homme d'épée ou de robe.

En pareil cas, c'est toujours par leurs pairs que les hommes appartenant à ces ordres différents sont jugés. Le prêtre comparaît devant l'évêque et sa sentence est généralement exécutée dans l'église ; c'est la noblesse qui inflige le châtiment au gentilhomme, et le Parlement prononce son arrêt contre le magistrat, dans la salle de ses audiences.

Juvénal des Ursins(1) raconte que deux moines augustins, ayant trompé le roi Charles VI, sous prétexte de le guérir, furent condamnés à mort. Leur caractère sacré de prêtres ne permettant pas que la justice séculière touchât à leur personne, l'exécution dut être précédée de la dégradation en place de Grève. Un échafaud, dressé devant l'Hôtel-de-Ville et l'église du Saint-Esprit, se reliait par un pont de planches aux fenêtres de la salle du Saint-Esprit. Par une de ces fenêtres servant de porte, les deux augustins habillés, comme s'ils marchaient à l'autel, s'avancèrent sur l'échafaud. L'évêque de Paris les reçut en habits pontificaux et leur fit une exhortation. Ensuite, leur

(1) Juvénal des Ursins, *Histoire de Charles VI*

ayant enlevé la chasuble, l'étole, le manipule et l'aube, il fit raser leur couronne en sa présence. Alors, seulement, l'exécuteur s'empara de leurs personnes, les dépouilla de tous leurs vêtements, à l'exception de la chemise et les conduisit en cet état aux Halles pour être décapités.

La mort même ne fut pas toujours un abri contre la dégradation. On connaît l'atroce vengeance d'Etienne VI. À peine élu Pape en 896, il fait comparaître en habits pontificaux, devant un synode assemblé, le cadavre de Formose ; il interroge cette dépouille muette, l'accuse d'avoir usurpé le siège de Rome, l'anathématise pour la livrer ensuite au bourreau. La tête du cadavre fut tranchée, les doigts qui servaient à bénir coupés, et tous ces hideux débris jetés dans le Tibre.

Les officiers de justice, nous apprend Loiseau, étaient dégradés publiquement. Il raconte le fait[1] d'un conseiller clerc au Parlement, du nom de Pierre Ledet, lequel fut, par arrêt de 1528, *exauctoré* solennellement : sa robe rouge lui fut ôtée en présence de toutes les chambres, puis il fut renvoyé au juge d'église.

La condamnation à mort prononcée contre les dignitaires du royaume devait toujours être précédée de la dégradation. C'est pourquoi, au moment où le maréchal de Biron allait être exécuté, le chancelier lui ôta le cordon de l'ordre du Saint-Esprit ; il lui demanda en même temps son bâton de maréchal, à quoi Biron répondit qu'il n'en avait jamais porté.

La dégradation de noblesse se faisait dans le plus grand appareil. Trente chevaliers sans reproche se réunissaient en conseil et appelaient devant eux le gentilhomme accusé de félonie. Un roi ou héraut d'armes portait contre lui l'accusation de trahison et foi mentie, et si cette accusation n'était pas victorieusement repoussée, on procédait à la dégradation dans les formes

(1) *Traité des Ordres*

suivantes : deux échafauds étaient dressés en public ; sur l'un se plaçaient les juges, entourés de hérauts et poursuivants d'armes. Sur l'autre se trouvait le condamné, armé de toutes pièces, ayant son écu planté sur un pieu devant lui, renversé et la pointe en haut. On le dépouillait alors successivement de toutes ses armes, en commençant par le heaume ; son écu était brisé en trois pièces avec un marteau. Le roi d'armes versait sur sa tête un bassin d'eau chaude et les prêtres chantaient les offices des morts pendant tout le temps que durait cette émouvante cérémonie. Lorsqu'elle était terminée, les juges, couverts d'habits de deuil, se rendaient à l'église où le dégradé était porté sur une civière. Après que l'assistance avait récité les prières des trépassés, le coupable était livré au juge royal et à l'exécution de la haute justice. D'autres fois on le laissait aller et survivre à son infamie. C'est ainsi que le capitaine Franget, gentilhomme gascon, qui avait lâchement rendu Fontarabie aux Espagnols, fut dégradé à Lyon en 1523, dans les formes que je viens de raconter, et qu'il fut ensuite rendu à la liberté.

Jousse nous apprend(1) que de son temps l'usage de prononcer la dégradation était tombé en désuétude, parce qu'on avait admis qu'elle résultait du crime même.

Le Code pénal de 1791 la fit revivre(2) sous le titre de dégradation civique ; il en réglait ainsi l'exécution : « Le coupable qui aura été condamné à la peine de la dégradation civique, sera conduit au milieu de la place publique où siège le tribunal criminel qui l'aura jugé. Le greffier du tribunal lui adressera ces mots à haute voix : *Votre pays vous a trouvé convaincu d'une action infâme ; la loi et le tribunal vous dégradent de la qualité de citoyen français*. Le condamné sera ensuite mis au carcan… » La dégradation civique est encore une peine en vigueur ; mais elle ne donne plus lieu à une exécution solennelle

---

(1) Jousse, t. I, p. 307 et t. II, p. 538

(2) Art. 1er et 31

et publique, et consiste uniquement en la privation de certains droits énumérés dans l'art. 34 du Code pénal.

Toutefois, d'après les lois militaires, aucune condamnation infamante ne peut être exécutée avant qu'il y ait eu une dégradation effective dans certaines formes, qu'il n'entre plus dans mon cadre d'énumérer. Je rappellerai seulement que, lorsqu'un membre de la Légion d'honneur est condamné à une peine infamante, le président du tribunal doit immédiatement prononcer contre lui la dégradation en ces termes : « Vous avez manqué à l'honneur, je déclare au nom de la Légion que vous avez cessé d'en être membre[1] ».

II. LE PILORI ET LE CARCAN

La peine du pilori a précédé celle du carcan, qui, adoptée en 1719, ne devait disparaître que dans ces derniers temps. Le pilori était un poteau ou pilier où l'on attachait habituellement les criminels en signe d'infamie. Ordinairement le pilori était placé dans un lieu fréquenté. À Paris, il était situé aux Halles : c'était une tour octogone, avec un rez-de-chaussée et un seul étage au dessus. Le coupable était exposé par trois jours de marchés consécutifs : chaque jour, de demi-heure en demi-heure, on lui faisait faire le tour du pilori, pour qu'il fût vu de la foule. Ce genre d'exposition différait pour certaines villes : ainsi à Orléans, où pour la première fois on fit usage du pilori, nous trouvons que ce pilori consistait dans une cage en bois, haute de six pieds, large de deux pieds et demi seulement, montée sur un pivot un peu élevé, dans laquelle le condamné était renfermé et forcé de se tenir debout. Le peuple avait le droit de faire tourner cette cage pour voir le patient de tous les

(1) Ord. du 26 mars 1816, 57 et 58. A. Morin, Rép. de droit crim...

côtés, le huer, lui cracher au visage et lui jeter des ordures.

Le carcan doit être plutôt considéré comme une adjonction au pilori que comme une peine nouvelle. C'était un cercle ou collier de fer avec lequel l'exécuteur de la haute justice attachait par le cou celui qui était convaincu de crimes ou délits. Le condamné était mené à pied, les deux mains attachées derrière la charrette de l'exécuteur, ou liées derrière le dos. Au lieu désigné pour l'exposition, se trouvait un poteau auquel était attachée une longue chaîne, terminée par un collier de fer de trois doigts de largeur, ayant une charnière pour l'ouvrir. On faisait entrer le cou du patient dans ce collier, qu'ensuite on fermait avec un cadenas. Je dois dire que souvent on attachait un écriteau pour indiquer le crime du coupable.

Les cas pour lesquels on prononçait la condamnation au pilori étaient : la banqueroute, le faux, la bigamie, l'escroquerie, le proxénétisme, les friponneries au jeu, le vol des fruits des champs, le colportage des livres défendus, et enfin le blasphème ; sous François Ier et Henri II ce crime était puni de six heures de carcan. Les cas qui entraînaient cette peine au moyen âge changèrent, et au moment où le carcan disparut de notre Code pénal, ce châtiment consistait à être attaché par le cou à un collier de fer appendu à un poteau sur la place publique, à y demeurer exposé aux regards du peuple durant une heure, et à avoir au-dessus de sa tête un écriteau portant, en caractères gros et lisibles, ses noms, sa profession, son domicile et la cause de sa condamnation (art. 22 et 24). Les condamnés à la réclusion et aux travaux forcés à perpétuité ou à temps devaient, avant de subir leur peine, être attachés au carcan.

Les nations étrangères qui employèrent ce châtiment sont assez nombreuses. En Perse, c'est une des punitions les plus communes. Toutefois le carcan y diffère de celui que nous avons employé en France : il est long d'environ trois pieds et composé de trois pièces de bois, dont l'une est plus courte que les autres, ce qui forme un triangle allongé. Celui qui le porte a le col pris au sommet du triangle, tandis que sa main est attachée à l'extrémité. Dans les colonies on mettait au cou des nègres qui avaient déserté, un grand carcan auquel était attachée horizontalement une longue barre de fer les empêchant de passer entre les arbres. Souvent ils devaient porter ce lourd fardeau pendant toute leur vie. Enfin, l'Espagne et la Toscane usent aussi fréquemment de cette peine.

III. L'AMENDE HONORABLE

Dans la longue et si triste liste des peines qui, dans les temps anciens, étaient infligées aux coupables, l'amende honorable occupait un des derniers degrés de l'échelle. Peut-être cette révoltante punition aurait-elle dû occuper une place plus élevée, mais elle n'attaquait que le moral et l'amour-propre de l'individu, et en définitive, elle ne faisait souffrir en rien la partie matérielle de son être, que l'on appelle le corps ; aussi les historiens de cette époque n'ont-ils voulu en faire qu'un des moindres de ces supplices atroces qui venaient châtier le membre de la société révolté contre elle. J'ai dû envisager la question comme eux, en faisant remarquer toutefois que cette punition, subie en général par les condamnés d'un rang élevé, devait, quoique la moins cruelle physiquement, être la plus dure et la plus pénible à supporter ; j'ajoute même que souvent elle fut la plus triste et la plus révoltante.

Peut-être est-il nécessaire ici de dire un mot du supplice infamant qui consistait à être traîné dans une charrette ; ordinairement cette peine n'était, comme la marque, par exemple, que l'accessoire ou le préliminaire d'une autre peine plus grave et plus sévère. Mais cependant, le fait seul d'être traîné par les rues de la ville dans une charrette, était une punition infligée aux larrons et autres malfaiteurs. « En ce temps-là (au moyen âge), était accoustumé que charrette était si vile que nul n'était dedans qui tout los et tout honneur n'eût perdu. Et quand on voulait à aucun tollir honneur, si le faisait-on monter en une charrette; car charrette servait en ce temps-là de pilori[1] ». Le fait seul d'être traîné dans une charrette emportait une peine infamante pour celui qui la subissait; ceci ne peut être mis en doute; nous trouvons en effet, dans le roman de Lancelot du Lac, que: « Un chevalier fut dégradé, traîné dans une charrette à laquelle était attelé un cheval dont on avait coupé la queue et les oreilles; il était accompagné d'un nain, revêtu d'une chemise sale et déchirée, les mains liées derrière le dos et son écu renversé. Son cheval de bataille suivait la charrette, et la populace lui jetait de la boue. »

Au moyen âge donc, c'est un fait, la charrette était regardée comme une voiture ignominieuse. Ceci ne nous explique-t-il pas comment existe encore aujourd'hui l'usage, si ancien déjà, de transporter le condamné à mort sur cette même charrette, de la prison au lieu du supplice? Dans le moyen âge, nous ne rencontrons pas d'exemple de femmes qui aient eu à subir cette peine infamante; mais, dans le nouveau *Coutumier général*[2], nous voyons certaines coutumes qui veulent que les femmes qui auront dit des injures soient condamnées à porter une ou deux pierres suspendues à leur cou à travers toute la ville.

Nous ne devons pas clore ici la liste des peines infamantes appliquées aux coupables dans le seul but de faire souffrir l'amour-propre et le cœur, tout en épargnant la douleur physique. Nous voyons encore figurer au moyen âge la selle. Le comte Hugues[3] est forcé de « se présenter à la porte du

(1) Sainte-Palaye

(2) Le roman de Lancelot du Lac

(3) Tome II. page 264

château de Richard, duc de Normandie, la selle sur le cou : il se laissa choir aux pieds de Richard, afin que celui-ci le chevauchât, s'il lui plaisait. » La félonie du vassal coupable était encore châtiée par d'autres punitions spéciales. En l'année 1423, des gentilshommes, amenés prisonniers à Paris, tenaient chacun en la main droite une épée nue, la pointe contre la poitrine, en signe de gens qui s'étaient rendus à la volonté du prince. Trancher les éperons sur du fumier était aussi un supplice infamant mentionné dans les établissements de saint Louis. D'après certaines coutumes, le mari qui se laissait battre par sa femme était contraint de parcourir la ville, monté sur un âne, la tête tournée vers la queue. Enfin, je dois également ici mentionner l'ancien usage qui consistait à trancher la nappe devant celui qui avait commis quelque acte de bassesse ou de lâcheté. La *Chronique du moyen âge* cite un exemple remarquable de cet usage sous Charles VI. Le roi de France avait admis à sa table Guillaume de Hainaut. Tout à coup un héraut d'armes se présenta devant ce seigneur et trancha la nappe, lui disant qu'un prince qui ne portait pas d'armes était indigne de manger à la table du roi. Guillaume surpris répondit qu'il portait le heaume, la lance et l'écu comme les autres chevaliers. — Non, sire, cela ne se peut, reprit le plus vieux des hérauts, vous savez que votre grand-oncle a été tué par les Frisons, et que sa mort est restée impunie. Certes, si vous possédiez des armes, il y a longtemps qu'elle serait vengée. — Nous savons comment cette leçon sanglante profita à Guillaume, qui vengea l'outrage de sa famille, et reconquit l'honneur perdu ou au moins compromis par cette punition publique et infamante.

IV. LA FLAGELLATION

La *flagellation* est un supplice à la fois des plus cruels et des plus humiliants. Les instruments dont on s'est servi ont varié suivant les lieux et les temps. C'est tantôt un fouet, armé de plusieurs lanières de cuir ou de chaînes de fer, tantôt une poignée de verges, souvent un lourd bâton qui brise les os en déchirant la chair.

On peut dire que l'usage de la flagellation est universel ; on a fouetté et l'on fouette encore en Égypte, en Perse, dans l'Inde, en Chine, à Rome, de Madrid à Moscou, de Londres à Constantinople.

Ce supplice n'a pas été inventé seulement pour châtier le crime ; on s'en est encore servi pour marquer l'autorité du maître sur l'esclave. Il a pour emblèmes les faisceaux du licteur et le sceptre du despote. L'ilote est fustigé par le spartiate, le nègre par le planteur, l'écolier par le pédagogue. Le père même bat son enfant, et Clotaire Ier, poursuivant son fils Chramne, l'atteint dans une cabane, le fait étendre tout nu sur un banc et fouetter jusqu'à ce que mort s'en suive.

L'histoire du fouet est des plus variées, des plus riches en documents. Je me bornerai à reproduire les plus intéressants d'entre eux. J'y trouve que le coupable condamné à la flagellation était étendu tout nu sur un tréteau, les mains liées à un tourniquet et les pieds à un pieu ; tandis que ses membres étaient ainsi allongés et raidis d'une façon si cruelle, l'exécuteur, à grands coups d'étrivières, de courroies doubles et triples, le déchirait impitoyablement. Il ne le quittait pas même lorsque le sang jaillissait de toutes parts. Souvent on laissait les blessures se fermer, et quelques jours après on frappait sur ces plaies saignantes et purulentes.

Au temps où l'Église ordonnait des peines publiques, le pénitent était souvent fouetté jusqu'au pied des autels. Raymond VI, comte de Toulouse, reçut publiquement les verges à la porte de l'Église de Saint-Gilles, à Valence, pour crime d'hérésie. Milon, légat du pape, qui avait prononcé la sentence, l'exécuta lui-même. Louis VIII, fils de Philippe-Auguste, pour avoir, malgré l'Église, continué à prétendre à la couronne d'Angleterre, dut se présenter nu-pieds, en chemise, à la porte de l'église Notre-Dame de Paris, avec des verges, pour être fouetté par les chanoines. Enfin les cardinaux Duperron et d'Ossat, ambassadeurs d'Henri IV à Rome, reçurent publiquement du pape Clément VIII les coups de verges destinés au monarque, pour le châtiment et l'absolution de son hérésie.

Dans l'ancienne jurisprudence française, la peine du fouet était publique, ou s'exécutait dans l'intérieur de la prison. Pour la flagellation publique, le patient, nu jusqu'à la ceinture, attaché au *cul de la charrette*, était traîné au carcan sur chaque place publique, où le cortège s'arrêtait; il recevait, par la main de l'exécuteur armé d'une poignée de verges, la quantité de coups marquée par l'arrêt. L'autre peine s'appliquait dans la prison par les mains du questionnaire ou du geôlier, le plus souvent sur la demande des parents, aux enfants qui n'avaient pas encore atteint l'âge de puberté. On verra, dans le chapitre consacré à l'histoire du bourreau en France, que la peine du fouet était aussi appliquée aux femmes; mais, dans l'intérêt de la décence publique, l'exécution avait lieu par les mains d'une femme.

Le fouet était aussi appliqué aux vagabonds, batteurs de pavés, *cagnairdiers*, comme on les appelait autrefois. « De tant qu'en ma grande jeunesse, dit Pasquier, dans ses recherches sur la France, ces fainéants avaient accoustumé, au temps d'esté, de se venir loger sous les pontz de Paris, garçons et filles peslemesle; et Dieu sait quel mesnage ils faisaient ensemble. Tant qu'il me souvient qu'autrefois par cry publicq émané du prévost de Paris, il leur fut défendu, sous peine de fouest, de plus y hanter: et comme quelques uns y furent désobéissants, j'en viz fouetter pour un coup plus d'une douzaine sous les mesmes pontz, depuis lequel temps ils en oublièrent le chemin. Ce lieu était appelé le Caignard et ceux qui le fréquentaient Caignardiers, comme si on les eust voulu nommer canardiers, parce que, tout ainsi que les canards, ils vouaient leur demeure à l'eau. » — Au dix-septième et au dix-huitième siècle, on fouettait aussi dans les carrefours les filles de mauvaise vie.

Parmi les applications les plus détestables de la peine du fouet, nous devons signaler celle qui en a été faite aux enfants et aux soldats. « C'est une vraie geôle de jeunesse captive, s'écrie éloquemment Montaigne dans ses Essais ; on la rend débauchée, l'en punissant avant qu'elle le soit. Arrivez-y sur le point de leur office, vous n'oyez que cris et d'enfans suppliciés et de maîtres enivrés en leur colère. Quelle manière pour éveiller l'appétit envers leur leçon, à ces tendres âmes et craintives, de les y guider d'une trogne effroyable, les mains armées de fouets ! Inique et pernicieuse forme, joint ce que Quintilien en a très-bien remarqué, que cette impérieuse autorité tire des suites périlleuses, nommément à notre façon de chastiment. Combien leurs classes seraient plus décemment jonchées de fleurs et de feuillets que de tronçons d'osiers sanglants ! »

Voltaire, dont l'indignation contre les coups de bâtons s'expliquerait, d'ailleurs, suffisamment par les événements de sa jeunesse, trouve aussi contre ce châtiment appliqué aux enfants les paroles les plus vives. Mais il entre dans des détails trop circonstanciés pour qu'il me soit permis de les reproduire. Il faut le dire, cependant, nos mœurs et nos lois ont fait de grands progrès sur ce point, et à part quelques faits aussi rares qu'odieux, il est permis d'affirmer que la jeunesse de nos jours est à l'abri de la violence des hommes auxquels est confiée son éducation. On a fini par comprendre que les châtiments moraux avaient plus d'empire que la férule sur ces jeunes âmes, ouvertes aux conseils, susceptibles de tous les sentiments généreux, et que le système des verges pouvait être bon pour dresser des sujets en Chine, mais non pour former des citoyens dans un État libre.

Enfin, le gouvernement provisoire de 1848 a rayé du code pénal maritime, la *bouline* et les coups de corde, derniers vestiges d'une législation inepte et barbare, en déclarant que le châtiment corporel dégrade l'homme. L'empire du bâton n'a plus de refuge qu'au bagne.

Mais l'exemple de la France en cette matière est loin d'avoir été suivi par les autres législateurs de l'Europe. À part la diète suédoise, je crois, qui a aboli la peine du fouet en 1860, et le pacha d'Égypte, qui vient de supprimer la bastonnade pour ses marins et ses soldats, on peut dire que la flagellation est encore en grand honneur sur la terre.

Si l'empereur Nicolas a aboli le knout, c'est pour le remplacer par la *pleite*, instrument formé de longues lanières de cuir qui déchirent la chair et la mettent en lambeaux, et par les verges dont l'application pour certains crimes militaires est souvent suivie de mort.

En Autriche, dans le code de 1853, on lit, aux articles 17 et 20, que la peine de la prison peut être aggravée de coups de verges et de bâton, à la discrétion du juge, jusqu'à cinquante. Les Hongrois, au nombre de leurs anciennes franchises, réclament le droit de pouvoir en donner jusqu'à cent.

L'Angleterre elle-même, dans la session de 1861, a maintenu la peine du fouet pour les armées de terre et de mer, à la majorité de 144 voix contre 39.

Que penser d'une nation dont les législateurs croient encore que la discipline des armées ne peut s'obtenir que par une crainte servile ? — Que sont des soldats qui ne remplissent leur devoir que sous la menace du fouet ?

Les vertus militaires, le sentiment exalté de l'honneur, la dignité de l'homme libre, voilà ce qui fait la gloire de nos armées et peut-être leur force irrésistible.

V. LES MUTILATIONS

Il n'y a pas une partie du corps humain qui n'ait été l'objet d'un supplice particulier. La main du bourreau, qui semble avoir été à la recherche du point le plus douloureux, a fouillé jusque dans les entrailles du patient. Les yeux, la bouche, la langue, les oreilles, les dents, les bras, les mains, les pieds, le cœur, ont été autant de sources de souffrance successivement épuisées par le fer et le feu.

L'aveuglement, en usage surtout sous les rois des deux premières races, était appliqué par les princes aux personnages considérables dont ils redoutaient les attaques, mais qu'ils n'osaient point faire périr. Louis le Débonnaire, en 814, fit aveugler Tulle, l'amant de sa sœur. Le même supplice fut aussi appliqué à Bernard, Roi d'Italie, petit-fils de Charlemagne, et le parlement de Senlis, en 873, ordonna que le fils révolté de Charles le Chauve, Carloman, serait privé de la vue.

Un bassin ardent, un fer rouge qu'on passait devant les yeux, jusqu'à ce qu'ils fussent *cuits*, comme dit Joinville, une pointe d'acier que l'on plongeait au centre de l'organe, l'arrachement hors de l'orbite, tels étaient les instruments et les moyens employés par la vengeance et la justice qui se confondent dans ces siècles barbares.

La langue a aussi de tout temps été l'objet de l'attention des législateurs. Louis IX, l'un des plus sages et des plus justes de nos rois, ordonna que les blasphémateurs seraient marqués au front et qu'ils auraient les lèvres brûlées et la langue percée avec un fer rouge. Il avait inventé pour ce supplice un fer rond que le bourreau appliquait tout rouge sur les lèvres du patient attaché à une échelle. Je dois dire que le pape blâma ce roi trop zélé pour la défense de Dieu sur la terre. Le père du peuple, Louis XII, faisait couper la langue entièrement à qui blasphémait huit fois par récidive, et Louis XIV, en vue du bien de l'État sans doute, renouvela cette ordonnance. Le zèle de François Ier pour le triomphe de la religion catholique lui fit trouver des supplices nouveaux qu'il appliquait dans les persécutions contre les protestants. Parmi les hérétiques brûlés vifs, le 21 janvier 1535, en présence de ce prince, on remarque un nommé Antoine Poile qui eut la langue percée et attachée à la joue avec une cheville de fer. Les anciens criminalistes nous apprennent que c'était ordinairement devant la porte de l'église qu'avait lieu le supplice, et, suivant l'arrêt, le bourreau se servait d'un couteau ou d'un fer aigu et rougi.

L'essorillement, c'est-à-dire l'amputation de l'oreille, a été fort en usage dans les premiers siècles de notre histoire. C'était le châtiment du serf qui mécontentait son maître. Deux ordonnances, l'une du mois de mars 1498, et l'autre du 24 juillet 1534, parlent de ce genre de supplice qui se trouve aussi établi dans les Coutumes d'Anjou, art. 148, de Loudunois, chapitre XXXIX, art. 2, de la Marche et plusieurs autres encore. Sauval nous raconte dans le passage suivant la manière d'exécuter l'essorillement à Paris : « À un serviteur larron ou coupeur de bourses, on lui coupait l'oreille pour la première fois, et pour la seconde, l'autre, après quoi la mort suivait la troisième. Quand le premier vol était considérable, on leur coupait l'oreille gauche, d'autant qu'il y a en icelle une veine qui répond aux parties naturelles, laquelle étant coupée, rend l'homme incapable de pouvoir engendrer, afin que telle race de gens ne laisse au monde une engeance méchante et vicieuse, dont il n'y a que trop. À Paris, en ce petit carrefour que l'on voit entre le bout du pont Notre-Dame, Saint-Jacques-la-Boucherie et la Grève, où jadis il y avait une échelle comme celle du Temple, était une place nommée le carrefour *Guigne-Oreille*, à cause de cette exécution, et en langage corrompu, *Guillori*, par le vulgaire. »

Les dents elles-mêmes n'ont pas été à l'abri de l'atteinte du bourreau. Sans parler de la Pologne, où anciennement on arrachait les dents à quiconque était convaincu d'avoir mangé de la viande en carême, on les arrachait aussi en France aux Juifs pour avoir leur argent, et Louis XI, après le supplice de Jacques d'Armagnac, comte de Nemours, ordonna que ses enfants fussent conduits à la Bastille, dans les cachots faits en forme de hotte, et qu'on leur arrachât toutes les dents, à plusieurs intervalles.

L'*Amputation du poing* est, de toutes les mutilations, celle qui a résisté le plus longtemps aux progrès de la civilisation. Le code de 1791, art. 4, portait : « Quiconque aura été condamné à mort pour crime d'assassinat, d'incendie ou de poison, sera conduit au lieu de l'exécution, revêtu d'une chemise rouge. Le parricide aura la tête et le visage voilés d'une étoffe noire ; il ne sera découvert qu'au moment de l'exécution. » Mais le Code de 1810, revenant en arrière, ajouta que le parricide, ainsi que cela avait lieu sous l'ancienne législation, aurait le poing coupé. (Art. 13.) Ce ne fut qu'en 1832 que cette barbarie inutile, indigne d'un peuple civilisé, fut supprimée. L'art. 13 révisé porte : « Le coupable, condamné à mort pour parricide, sera conduit sur le lieu de l'exécution, en chemise, nu-pieds, et la tête couverte d'un voile noir. Il sera exposé sur l'échafaud, pendant qu'un huissier fera au peuple lecture de l'arrêt de condamnation, et il sera immédiatement exécuté à mort. »

Voilà sans doute un progrès. N'y a-t-il pas cependant encore, dans la formalité si longue de la lecture de la sentence, un reste de barbarie, une aggravation de supplice, un outrage à l'humanité ?

Quoi qu'il en soit, à la difficulté avec laquelle ce châtiment a disparu de nos lois, il est facile de juger quelles profondes racines son institution avait dans nos mœurs. Les annales historiques ou judiciaires fourmillent d'exemples de la mutilation du poing. En 1349, le 24 mars, Geoffroy de Saint-Dizier eut le point coupé pour avoir maltraité un sergent du roi. Jean Leclerc, en 1525, est condamné pour avoir renversé des statues de saints : on lui tenaille les bras, on lui coupe le poing, on lui arrache le nez, on le fait consumer lentement sur un bûcher. Barrière, qui avait tenté d'assassiner Henri IV, eut le point coupé, tenant le couteau avec lequel il avait eu le projet d'exécuter son crime. Triste et douloureuse énumération qu'il serait malheureusement facile de poursuivre longtemps.

Je dirai en peu de mots la manière dont s'exécutait cette peine. Le patient agenouillé étendait sa main à plat sur un billot haut d'un pied environ, et, d'un coup de hachette ou de couperet, le bourreau lui faisait sauter la main. Le moignon était aussitôt renfermé dans un sac plein de son et fortement lié afin d'arrêter l'hémorragie. Sous l'empire du code de 1810, cette mutilation se faisait à l'aide d'un couperet, sur l'échafaud même où était dressée la guillotine.

Il y a trente ans à peine qu'on donnait encore ce spectacle sur nos places publiques !

Nous touchons enfin au terme des supplices par mutilation, et le dernier qu'il me reste à enregistrer, l'*Amputation des pieds*, ne fut guère en honneur, mieux vaudrait dire en horreur, que sous les premiers rois de France. Le plus ancien exemple que nous ayons retrouvé de ce genre de mutilation, fut donné par Frédégonde, qui fit couper un pied et une main au prêtre qu'elle avait envoyé pour assassiner Brunehaut et qui n'avait pas réussi. Il était encore assez ordinaire à la même époque de punir de ce supplice les serfs, pour des fautes légères, et dans les guerres privées que se livraient les seigneurs du onzième siècle, il arrivait souvent que les captifs eussent les yeux arrachés et les pieds coupés. Ainsi firent Enguerrand Ier, seigneur de Coucy, et le comte de Namur dans leur querelle bien connue. On trouve enfin, dans les établissements de saint Louis, que la peine du second larcin était d'avoir le pied coupé.

Si l'on veut porter un jugement sur ce genre de supplice que je viens de décrire et de raconter, il faudra dire que rien n'égalait sa barbarie, si ce n'est son absurdité.

Six siècles d'expérience sur le sol de notre France, depuis les ordonnances de 1272 jusqu'au code de 1832, ont démontré que le résultat espéré de la mutilation, c'est-à-dire l'amélioration du coupable par le désir d'effacer la marque indélébile de son infamie, est une chimère aussi vaine que dangereuse... dangereuse sans doute, car la mutilation ne rejetait pas seulement de la société le coupable en le signalant au mépris public, elle le mettait encore hors de l'humanité. Marqué d'un signe indélébile, celui qui n'était peut-être qu'égaré devenait un monstre dont la responsabilité diminuait avec les organes d'activité dont on l'avait privé. La société pouvait-elle commander de marcher à celui qu'elle venait de rendre impotent ? Aussi cruelle qu'injuste pouvait-elle exiger le travail de celui qu'elle avait privé de ses bras ou de ses yeux ?

Avant de terminer ce chapitre, je crois devoir dire quelques mots de la *Marque*, qui peut presque, par le caractère ineffaçable qu'elle imprimait au condamné, se confondre avec les mutilations.

La marque, peine très ancienne, connue des Romains sous le nom d'*inscriptio*, consistait à marquer le coupable d'un signe indélébile. Jusqu'à l'empereur Constantin la marque se plaçait sur la figure. Ce prince ordonna de l'imprimer sur la main ou sur la jambe, *afin que la face de l'homme, qui est l'image de la beauté céleste, ne soit pas déshonorée*. Autrefois, en France, on marquait le coupable d'une fleur de lis sur une partie de son corps. Dans la suite on l'a marqué d'un V sur l'épaule s'il avait été condamné pour vol, ou des lettres GAL quand il avait été condamné aux galères. Plus tard encore on y substitua les lettres TF (travaux forcés). Sur la place publique, le coupable, les épaules nues, recevait un instant sur la peau un fer que le bourreau avait fait rougir. Peut-être est-ce à cette fatale et éternelle empreinte qu'il faut attribuer en partie les maux causés à la société par les forçats libérés. En infligeant à un condamné une marque éternelle, on bannit de son cœur l'espoir de rentrer dans la société et d'y figurer comme citoyen après avoir expié ses fautes. Cette marque insultante, qui le séparait à jamais de ses semblables dont il devenait l'ennemi forcé, a été abolie par la loi du 28 avril 1832.

VI. SUPPLICES SUIVIS DE MORT

La peine de mort fut en usage sous toutes les législations et chez tous les peuples du monde; elle dut être, malheureusement, pendant un temps trop long, accompagnée de tortures atroces.

Le droit de punir est une nécessité attachée à l'ordre social; c'est un droit incontestable en effet et incontesté que celui qui appartient à toute association humaine de veiller à sa conservation, et conséquemment d'instituer des peines contre tout délit qui tendrait à la dissoudre ou à la troubler; c'est un devoir de l'association en corps de protéger la vie, l'honneur et la propriété de chacun de ses membres contre toute violente atteinte, car c'est pour obtenir cette protection individuelle que l'association s'est établie et s'est maintenue. Aussi, partout où il se forma des réunions de plusieurs familles, il ne tarda pas à s'introduire des peines qui durent varier, selon que les intérêts de l'association se modifièrent, ou suivant que la civilisation fit des progrès.

C'est d'après cette loi naturelle et obligatoire qu'une longue suite de siècles s'est écoulée sans qu'en France ni ailleurs il se soit élevé de doutes sur la légitimité de la peine de mort. Tout en en déplorant la nécessité, les écrivains les plus philanthropes se bornaient à demander qu'elle fût resserrée dans ses plus étroites limites. Quelques-uns avaient exprimé le vœu si humain qu'en l'appliquant on l'exemptât au moins de toutes les tortures qui l'aggravaient. Enfin tous les publicistes considéraient avec douleur, mais sans hésitation aucune, la peine de mort comme un châtiment nécessaire[1].

Telles étaient les opinions et les habitudes de nos sociétés européennes, lorsqu'au siècle dernier, un savant italien, Beccaria, fit paraître un ouvrage[2] dans lequel il s'élevait contre la peine de mort ; cette opinion devait, quelques années après, être soutenue par le jurisconsulte anglais Bentham[3] et trouver par là même de nombreux partisans parmi ceux auxquels répugne si naturellement l'effusion du sang. L'époque où s'agitait cet important débat semblait favorable aussi à l'innovation proposée : les esprits disposés en France à de nombreuses réformes ne pouvaient manquer, sinon d'accueillir celle-ci, au moins de l'examiner avec soin et attention. Elle devint, dans l'Assemblée constituante, et sur le rapport de Michel Lepelletier de Saint-Fargeau, l'objet d'une sérieuse et savante discussion. Malgré l'unanimité des membres composant les deux comités de constitution et de législation criminelle, l'Assemblée se borna à restreindre les cas où la peine capitale pouvait s'appliquer, et à écarter ce qu'elle offrait de plus barbare dans les divers modes d'exécution, que je me propose de passer en revue dans les pages suivantes. La question devait se reproduire sous la Convention nationale, et cette fois ce fut sans beaucoup d'efforts que l'abolition de la peine de mort fut admise en principe, mais avec *ajournement jusqu'à la paix générale*, terme toujours reculé et auquel on n'était pas encore parvenu quand, sous l'Empire et en 1810, fut rédigé le nouveau Code pénal des Français. Celui-ci, de même que la loi émanée de l'Assemblée constituante, admet ou maintient la peine de mort dans plusieurs cas déterminés.

Ce rétablissement, par la volonté souveraine, de la peine de

(1) Montaigne : *Essais*, liv. II, chap. II

(2) *Traité des Délits et des Peines*

(3) *Traité de Législation*, ch. IX

mort ne pouvait ni prescrire le silence aux écrivains, ni les empêcher par leurs écrits d'arriver au perfectionnement de la législation, sur le point le plus important des institutions humaines. Lors de la Révolution de 1848, après l'ouvrage de M. Charles Lucas, et les pages si éloquentes de notre grand poète Victor Hugo, la question de la peine de mort fut encore soumise à la Chambre. Un nouveau pas fut fait, car l'abolition de la peine de mort, en matière politique, fut votée à une grande majorité.

Il n'entre pas dans le cadre de cet ouvrage de présenter et de tracer une analyse des nombreux écrits qui ont paru pour ou contre l'abolition de la peine capitale. Quel que doive être définitivement le sort réservé à cette importante question, qu'il me soit permis de dire ici qu'on ne saurait nier ni méconnaître les immenses services qu'a rendus Beccaria en l'agitant et en ouvrant une voie où tant d'autres écrivains de cœur et de talent l'ont suivi; car, ne l'oublions pas, si ce nouveau et généreux système n'a pas encore obtenu tout l'effet qu'en attendait son auteur, du moins a-t-il conduit à examiner beaucoup de cas auxquels s'appliquait la peine de mort, et à en diminuer considérablement le nombre. Ce n'était pas seulement le meurtre prémédité ou la conspiration contre l'État qui étaient frappés de cette peine: parmi les crimes auxquels elle était infligée, on comptait le rapt, les exactions pécuniaires commises par les greffiers, la rébellion à la justice, même sans homicide, la banqueroute frauduleuse, le faux commis par les officiers publics(1), le péculat(2), le faux témoignage en matière grave(3), le vol avec effraction dans les maisons ou sur la voie publique, même sans port d'armes(4), la contrebande avec attroupement

(1) Édit de 1660

(2) Ordonnance de 1531

(3) Ordonnance de François Ier de 1545

(4) Ordonnance du 15 janvier 1534

de cinq personnes ou plus[1], l'usage de faux poinçons en matière d'orfèvrerie[2], le vol domestique le plus modique[3], les profanations sacrilèges[4], le duel, même non suivi de blessures[5], etc., etc. Sans fouiller davantage dans les monuments épars de l'ancienne législation de la France, pour y trouver d'autres exemples de cette exorbitante application de la peine de mort, heureusement plus limitée depuis l'introduction, dans le code criminel, des circonstances atténuantes, je vais faire une rapide énumération des trop nombreux supplices ayant pour but de donner la mort, et qui furent en usage depuis les temps les plus reculés jusqu'à nos jours.

Le supplice de la *Croix*, s'il est le plus ancien de ceux qu'on a imaginés, est aussi le plus cruel ; à ce double titre, il doit occuper le premier rang dans l'étude que j'ai entreprise. Employé dès la plus haute antiquité chez tous les peuples, il est encore en usage dans certaines contrées de l'Asie, au Japon, par exemple, où le crucifiement est assez commun. Ce supplice consistait à faire mourir quelqu'un en le clouant sur du bois, disposé en croix de différentes manières. L'instrument du supplice ne fut d'abord qu'une simple pièce de bois plantée en terre sur laquelle le condamné était fixé avec des cordes ou des clous ; souvent la pièce de bois était remplacée par un arbre : alors le criminel était ou cloué au tronc ou attaché par les bras à des branches différentes ; mais le plus ordinairement la croix était composée de deux pièces de bois différemment assemblées ; elle avait tantôt la forme d'un T, tantôt la forme d'un X, comme celle que nous appelons croix de St-André,

(1) Déclaration du 2 août 1729
(2) Déclaration du 24 janvier 1724
(3) Déclaration du 30 mars 1724
(4) Édit de juillet 1682
(5) Édit de 1679

tantôt celle d'un Y, et alors elle prenait le nom de fourche (furca). Il y avait encore une infinité d'autres croix diversement construites, comme celle, par exemple, où fut attaché le Sauveur du monde; mais jamais elles ne s'éloignèrent beaucoup des trois formes principales que je viens d'indiquer(1).

Cette variation si grande des formes diverses et multipliées que prenaient les croix explique comment le mot latin *crux* signifie plutôt *torture*, de même que *cruciare* signifie *tourmenter*. Les Romains avaient, pour désigner ce supplice, d'autres termes, tels que *infelix arbor*, *infelix lignum*, *infamis stipes patibulum*, bien plus souvent employés que le mot *crux*.

Les écrivains sont partagés sur plusieurs points concernant le mode de mettre ce supplice à exécution. Le condamné était-il attaché à la croix avant qu'elle fût plantée en terre, comme les peintres le représentent dans le crucifiement de Jésus-Christ? quel était le nombre de clous employés ? le patient était-il nu ou couvert ? ses pieds étaient-ils appuyés sur un petit tasseau ou cloués ? En s'arrêtant aux conjectures les plus vraisemblables, on doit penser que les condamnés étaient cloués d'abord sur la croix, et que cette croix, hissée au moyen de cordages et de leviers, était plantée en terre; pour ceux qui étaient simplement attachés, on pouvait, au moyen d'échelles, les garrotter sur la croix déjà plantée.

Les Grecs et les Romains laissaient mourir les condamnés sur la croix(2). Les Juifs, au contraire, avaient coutume de les détacher pour les enterrer, mais après leur avoir brisé les os des cuisses, dans le cas où ils n'étaient pas encore morts. Ce complément de cruauté avait presque toujours lieu, car, avant de les mettre en croix, ils leur faisaient boire du vin excellent, mélangé de drogues fortifiantes et surtout de myrrhe, d'où le

(1) Pour plus de détails voir : *Lipsii Justi de cruce Libri tres*. Amsterdam, 1670

(2) Les corps devaient tomber en pourriture

nom de *vinum myrrhatum*. Les condamnés, une fois placés sur la croix, on avait soin de leur donner de temps en temps du vinaigre, où l'on avait fait infuser de l'*hysope*, plante qui avait selon Pline, la propriété d'étancher le sang. Lorsque les soldats vinrent pour rompre les jambes au Sauveur du monde, ils le trouvèrent mort ; un des soldats alors lui perça le côté avec une lance.

Cicéron, en dirigeant contre Verrès une accusation pour avoir fait crucifier un citoyen contre la disposition des lois, nous donne une preuve que ce supplice n'était jamais réservé aux citoyens. Valère-Maxime nous a fait parvenir de tristes détails sur le mode de mettre cette sentence à exécution. L'esclave condamné à ce supplice devait, après avoir été battu de fouets de cuir, être traîné aux travers des rues les plus fréquentées, attaché aux bras d'une fourche.

Le supplice de la croix fut aboli par Constantin, et à partir de cette époque cet instrument, réputé jusque-là infâme, est devenu l'objet de la vénération des chrétiens. Si ce supplice apparut quelquefois encore dans les siècles suivants, la croix conserva toujours la forme de celle de Saint-André. Avant le siècle dernier, où l'on vit à l'époque des saturnales du cimetière Saint-Médard, de malheureuses convulsionnaires se faire crucifier, les cas où ce cruel supplice fut mis en usage sont heureusement rares. En 1127, Louis le Gros fit mettre en croix Bertholde, auteur de l'assassinat de Charles le Bon, avec un chien attaché près de lui, qu'on battait de temps en temps afin de le faire mordre[1]. Le triste usage de crucifier la tête en bas fut en vigueur chez les Macédoniens, et mis quelquefois, suivant certains auteurs, en usage en France pour les juifs et les hérétiques.

(1) Aimon

La *Décapitation* semble être une peine aussi ancienne que le monde. En Chine et au Japon elle est en usage depuis un temps immémorial, aussi bien qu'en Perse ; dans la première de ces contrées elle passe pour le supplice le plus infamant parce que le criminel en mourant de cette façon ne conserve pas son corps tel qu'il l'a reçu de la nature. Chez les Romains la décapitation se faisait de deux manières différentes : par la hache, selon l'ancien usage, *more maiorum*, c'était l'ouvrage des licteurs ; dans ce cas ce supplice n'avait rien de déshonorant ; par l'épée, c'était alors le bourreau qui l'infligeait, et il était infamant. Les Romains semblent avoir été les premiers à se servir de la hache pour exécuter ce châtiment. Comme le patient devait être couché, les licteurs frappaient de leurs verges le criminel jusqu'à ce qu'il tombât de faiblesse. En France la décapitation était réservée pour les nobles : les chroniques sont remplies de ce supplice ; un exemple suffira pour donner une idée de son mode d'exécution : « Le premier jour de juillet 1413, le prévôt de Paris[1] fut pris dans le palais, assis sur une charrette, une croix de bois en la main, vêtu d'une houppelande noire, fourrée de martre, une chausse blanche, et un escafin à ses pieds. En ce point mené aux Halles de Paris, quand il vit qu'il convenait qu'il mourût, il s'agenouilla devant le bourreau, et baisa une petite image d'argent qu'il avait en sa poitrine, et lui pardonna sa mort moult doucement, et pria tous les seigneurs que son fait ne fut point crié, jusqu'à ce qu'il fut décollé, et on lui octroya [2] ».

L'époque où la décapitation fut en France le plus en usage fut celle où Richelieu, dans le but de donner raison à sa politique, s'attaqua à la noblesse de France, et fit tomber plus de têtes par le tranchant du glaive qu'on en avait abattu depuis l'origine de

(1) Pierre des Essarts

(2) *Journal d'un bon bourgeois de Paris*, sous Charles VI et Charles VII

la monarchie. Tout le mérite de cette exécution capitale reposait sur l'habileté du bourreau, qui malheureusement ne pouvait s'exercer que par l'habitude. L'histoire conserve des exemples effrayants de maladresse. Qui ne sait que de Thou ne fut décapité qu'au onzième coup : le bourreau s'était troublé. Un événement semblable arriva, comme on le verra plus loin, à l'exécution de madame Tiquet. En Angleterre, ce supplice atroce d'être exposé à recevoir plusieurs morts au lieu d'une, ne peut se rencontrer. Le patient, couché de toute sa longueur, pose sa tête sur un billot, qui n'a que six pouces de hauteur, ce qui rend l'exécution et plus sûre et plus prompte. Mais hâtons-nous d'ajouter que malheureusement la décapitation en Angleterre était, et est encore une faveur que la clémence du souverain n'accorde que rarement. On n'y connaît guère d'autre genre de supplice que la corde. Ce supplice, qui est encore en usage en Allemagne, a été remplacé en France par l'instrument inventé, ou pour mieux dire, perfectionné par le docteur Guillotin.

En France, concurremment avec la décapitation, figurait la *Pendaison*. Si, comme je l'ai dit, le premier supplice était exclusivement réservé à la noblesse, le second, au contraire, n'était subi que par les vilains. J'ajoute cependant qu'il fut un temps où les nobles subissaient quelquefois cette peine : par exemple, le gentilhomme qui séduisait ou déshonorait une demoiselle confiée à sa garde était dépouillé de son fief, et s'il avait agi avec violence il était pendu(1). Enfin des personnages considérables, subirent aussi après leur mort, l'ignominie d'être exposés à la potence. Parmi eux est-il besoin de citer : Enguerrand de Marigny, ministre de Philippe le Bel ; Jean de Montaigu, ministre de Charles VI ; Olivier le Daim, favori de Louis XI ; Jacques de Beaume de Semblançay, surintendant des

(1) *Journal d'un bon bourgeois de Paris*, sous Charles VI et Charles VII

finances sous François Ier; l'amiral de Coligny, dont le cadavre était déjà tombé en putréfaction, lorsque Charles IX, entouré de toute la cour, alla le voir au gibet. C'est dans cette occasion que le jeune monarque, empruntant le triste mot d'un empereur romain, osa dire aux personnes qui se tenaient à l'écart: « Sachez que le corps d'un ennemi mort ne sent jamais mauvais. » Parmi les victimes dont le corps fut arraché au gibet après leur supplice, je citerai encore Delisle, un des puissants seigneurs du XIVe siècle, et Brisson, qui devait succéder au président de Harlay(1) .

Le criminel condamné à la potence devait avoir trois cordes au cou: les deux premières, de la grosseur du petit doigt et appelées Tortouses, avaient chacune un nœud coulant et servaient à étrangler le patient. La troisième, appelée le Jet, ne servait qu'à jeter le patient hors de l'échelle. Assis dans la charrette de l'exécuteur, le dos tourné au cheval, il avait à côté de lui le confesseur et derrière le bourreau. Arrivé à la potence où était appuyée et liée une échelle, le bourreau montait le premier à reculons et aidait, au moyen d'une corde, le criminel à monter de la même façon. Le confesseur descendu, d'un coup de genou et aidé du Jet, l'exécuteur faisait quitter l'échelle au patient qui se trouvait suspendu. Puis le bourreau, se tenant des mains aux branches de la potence, à force de secousses et de coups de genou dans l'estomac, terminait le supplice par la mort.

(1) Le curé de Saint-Merry, instruit que ce brigand avait épousé la nièce du pape, le fit enterrer dans son église pour s'attirer les bonnes grâces du Saint-Père, et lui adressa la lettre suivante: « À peine votre neveu était-il pendu, qu'avec grand luminaire nous allâmes le prendre à la potence et nous le fismes porter en notre église, où nous l'avons enterré honorablement et gratis. » *(Bibliothèque Impériale, Manuscrits)*

Le supplice de la corde disparut devant la guillotine ; avant la Révolution et dans les derniers temps où il était encore en usage chez nous, il servait à punir un grand nombre de crimes et de délits tels que : l'infanticide, la bigamie, le vol domestique, le vol militaire, la désertion, la fabrication de fausse monnaie, l'assassinat. Sans m'étendre longuement sur l'histoire de ce supplice dans les autres nations, je dois cependant en dire quelques mots relativement à l'Angleterre, où il n'a point été remplacé par la guillotine et où par conséquent elle est restée comme la seule peine de mort, avec la décapitation. Aussi, lorsque l'accusé est déclaré coupable d'un crime capital, le juge lui prononce la sentence en ces termes : « X..., vous êtes condamné à être pendu par votre cou jusqu'à ce que vous soyez mort, mort, mort[1] ». Les criminels condamnés, en attendant leur supplice, se réjouissent autant qu'ils le peuvent dans leur prison, mangent tout ce dont ils peuvent disposer et convertissent en espèces jusqu'à leur propre cadavre, qu'ils vendent d'avance aux chirurgiens. Le condamné marche au supplice dans une charrette tendue de noir. Arrivé au bas de la potence, le bourreau prend des mains du patient la corde qui doit servir à son exécution, fixe un côté de cette corde à la traverse de la potence et l'autre bout au cou du patient. Ceci fait, l'exécuteur lui couvre la tête d'un bonnet qu'il rabat sur le visage jusqu'au menton ; alors sur le signal que fait le premier shérif, il fouette le cheval, la charrette avance et le patient reste suspendu. Après une heure de suspension on détache le corps, qui est rendu aux parents ou livré aux écoles d'anatomie dans le cas d'assassinat seulement.

Au onzième siècle, en France, alors que la validité des contrats reposait seulement sur la foi des témoins, on avait coutume, le jour de la signature d'un acte, de frapper les jeunes gens et les

(1) X... You are sentenced to be hanged by your neck, till you be dead, dead, dead.

enfants assez fort pour leur graver dans la mémoire ce fait important[1]. Le même usage existe encore en Espagne à propos de la pendaison : plus d'une mère est dans l'habitude de mener ses enfants en bas âge au spectacle d'une semblable exécution et de les frapper violemment au moment du dernier soupir du mourant, afin que l'exemple gravé chez eux les préserve à jamais de pareils crimes. La potence a été en usage chez tous les peuples. Au Maroc, lorsqu'un condamné doit subir ce supplice, on le pend par les pieds à un gibet, et on lui coupe la gorge. Les annales de notre histoire nous citent, comme un événement extraordinaire, une femme pendue en 1449, « Car oncques plus ne fut vu au royaume de France[2]. »

Une autre peine qui, de tout temps, chez les peuples civilisés comme chez les peuples sauvages, a été fort en usage, c'est le *Bûcher*; mais nous devons dire que, presque toujours, cette peine a été appliquée aux crimes qui réclamaient de grands exemples. Le fanatisme n'a pas cessé d'allumer les bûchers pour assouvir ses vengeances, sous le prétexte de venger les offenses faites à la Divinité. Néanmoins comme je crois l'avoir dit précédemment, ce supplice était aussi usité chez les anciens. Vulcatius Gallicus a laissé une description révoltante de la manière dont ils brûlaient les criminels. On élevait un bûcher haut de cent quatre-vingts pieds romains, sur lequel on attachait, à différentes hauteurs, les hommes condamnés à périr par le feu. En France, depuis le commencement de la monarchie jusqu'en 1789, ce genre de supplice a eu lieu dans des circonstances où il s'agissait moins de punir les coupables que de porter la terreur dans les esprits. Tout d'abord le supplice du bûcher se préparait et s'exécutait de cette façon : on

(1) Cartulaire de Saint-Jean en Vallée. Bibliothèque Impériale. Manuscrits
(2) Monstrelet

commençait par planter un poteau de sept à huit pieds de long autour duquel, laissant la place du patient, on construisait un bûcher en carré, composé alternativement de fagots, de bûches et de paille. Avant que le bûcher ne fût monté à la hauteur d'un homme, on y faisait entrer le patient, qui, déshabillé et couvert seulement d'une chemise soufrée, était attaché au poteau, par les pieds, par le cou et par le milieu du corps ; ensuite on finissait la construction du bûcher, puis on mettait le feu de toutes parts. Le plus ordinairement la douleur des flammes était évitée aux condamnés. Comme les constructeurs du bûcher se servaient ordinairement de crocs de batelier, dont le fer avait deux pointes, on ajustait un de ces crocs dans le bûcher en le confectionnant, de façon que la pointe se trouvât vis-à-vis du cœur, et, aussitôt que le feu était mis au bûcher, on poussait fortement le croc qui, en perçant le cœur du criminel, lui donnait la mort. Plus tard, on se contenta d'élever un bûcher et d'y placer debout, attaché à un poteau, le criminel ; entre autres exemples célèbres de ce supplice, on peut citer Jeanne d'Arc. Comme nous l'avons déjà dit, en France, le supplice du feu punissait, non pas seulement le crime, mais le plus souvent les opinions. L'infanticide paraît, sous Louis IX, avoir été puni de cette peine. Nous lisons en effet que, « s'il arrive à une femme de tuer ou d'étouffer son enfant par cas fortuit, soit de jour, soit de nuit, elle ne sera pas condamnée la première fois au supplice du feu ; la seconde, elle sera condamnée au feu, parce qu'en elle, ce sera une habitude criminelle(1). » Mais, à part de très-rares exemples, le bûcher ne s'éleva guère, en France, que pour punir les opinions religieuses. Ainsi, on brûlait un juif parce qu'il n'était pas chrétien, un protestant parce qu'il n'était pas catholique, un catholique même parce

(1) Établissements de Louis IX

qu'on le soupçonnait d'être athée. Que de sentences, emportant ce terrible supplice, portaient ces mots : X..., *oubliant toute crainte de Dieu, aurait commis crime d'apostasie et de lèze majesté divine au premier chef, ayant combattu la Sainte-Trinité, renié Nostre Seigneur et Sauveur Jésus-Christ, blasphémé son saint nom, renoncé son baptême pour embrasser le judaïsme et la circoncision, et se serait parjuré.*

En 1314, cinquante-neuf Templiers sont brûlés vifs près l'abbaye Saint-Antoine ; le grand bailly, Jacques de Molay et Guy Dauphin, fils de Robert II, furent jetés vifs dans les flammes à l'endroit où se trouve la statue d'Henri IV. Deux cent un témoins les avaient accusés de renier Jésus-Christ. Le véritable crime des Templiers ne fut que leurs richesses. Pour les dépouiller, on dut les accuser de forfaits effroyables et révoltants.

En Angleterre, les opinions religieuses furent aussi presque les seuls crimes punis par le bûcher. La chronique ancienne relate la triste mort de cette femme enceinte, brûlée comme hérétique. Au moment où l'on mettait le feu au bûcher, l'effroi et les douleurs la firent accoucher. L'enfant fut rejeté dans les flammes, comme étant un petit hérétique.

Dans l'Inde et chez les sauvages de l'Amérique du Sud le supplice du feu est réservé surtout aux ennemis. Il faut citer un exemple pour montrer à quelles atroces tortures ils soumettent le malheureux prisonnier : « Ils plantent en terre un gros pieu auquel ce dernier est attaché par les deux mains ; les sauvages s'étant assis autour du poteau, on allume à quelques pas de là un grand feu où ils font rougir des haches, des canons de fusil et d'autres ferrements. Ensuite ils viennent les uns après les autres, et les lui appliquent tout rouges sur les diverses parties du corps. Il y en a qui le brûlent avec des tisons ardents, d'autres lui remplissent ses plaies de poudre et lui en frottent tout le corps, après quoi ils y mettent le feu. Enfin chacun le tourmente suivant son caprice, et cela pendant quatre ou cinq heures, quelquefois même pendant un et deux jours. »

Le supplice qui consistait à *enterrer vivant* le coupable fut en usage chez les anciens et eut lieu à Rome, pour la première fois, sous le règne de Tarquin l'Ancien. Ce fut primitivement des Romains, qui faisaient ainsi périr les vestales qui avaient violé leur vœu de chasteté, que ce supplice passa en France, où il ne devait heureusement pas être longtemps en usage. Sous Pépin et ses premiers successeurs, les juifs étaient enterrés vivants. Dans la suite quelques autres exemples nous sont conservés par l'histoire : un nommé Prévot, natif de Paris, fut enterré vivant par ordre de Philippe Auguste, pour avoir porté un faux serment(1). En 1295, Marie de Romainville, soupçonnée de larcin, fut enterrée vivante à Auteuil, par sentence du bailly de Sainte-Geneviève. En 1302, le même bailly condamna à cet horrible supplice, Amelotte de Christeuil pour avoir dérobé, entre autres choses, une cotte, deux anneaux et deux ceintures. En 1460, sous Louis XI, Perrette Mauger fut enterrée vivante comme laronnesse et receleuse. Ce supplice, longtemps en usage en Angleterre, s'est conservé en Allemagne à l'égard des femmes qui font périr leurs enfants(2).

Les Romains, dans la prison de leur ville, appelée Tullianum, avaient un endroit très-élevé d'où l'on précipitait les criminels dans un gouffre qui portait le nom de *Barathrum*. Ce gouffre, revêtu de pierres de taille, était hérissé de crampons de fer crochus ; quelques-uns avaient la pointe en haut et d'autres de côté pour déchirer et accrocher les condamnés. Ce fut, sans aucun doute, ce Barathrum de l'ancienne Rome qui donna naissance en France aux *Oubliettes*, primitivement construites dans les prisons pour servir de cachots aux condamnés à une détention perpétuelle, mais qui, au moyen âge, ne furent qu'un autre genre de mort qu'on ne peut mieux comparer qu'à celui

(1) Sauval. *Antiquités de Paris*

(2) *Ordonnance Caroline*, chap. 131

précédemment cité et qui consistait à enterrer vivant. Qui ne connaît l'histoire des oubliettes du cardinal de Richelieu ? Ces oubliettes, situées dans son château de Bayeux et fouillées à la fin du siècle dernier, firent découvrir les ossements de plus de quarante cadavres avec les débris de leurs vêtements, montres, bijoux et argent. Le cardinal comblait de caresses et d'amitié ceux qu'il ne pouvait attaquer publiquement ; il les faisait sortir par un escalier dérobé, au bout duquel était le gouffre qui attendait la victime de ce guet-apens. Les premiers qui y restèrent furent ceux-là même qui l'avaient creusé. En 1804 on découvrit, à Grenoble, des oubliettes en tout semblables au Barathrum romain. Les crampons de fer étaient remplacés par des lames tranchantes. Le condamné ne pouvait échapper à la mort : ou il mourait de ses blessures ou il mourait de faim. Les couvents et les abbayes avaient aussi leurs oubliettes(1), qui prenaient le nom d'*In pace*. Avant de précipiter le moine coupable dans ce trou, où il devait inévitablement trouver la mort, on le conduisait en plein chapitre, on le plaçait sur une sellette pour lui lire sa sentence ; ceci fait, on le promenait processionnellement avec la croix, les cierges, le bénitier, l'encensoir, près de l'*In pace*. Puis, après avoir chanté le *Libera*, aspergé et encensé le criminel, après lui avoir donné un pain, un pot à l'eau, un chapelet, un cierge béni, on le descendait dans le caveau, où il mourait bientôt de désespoir et de rage(2). Disons, pour terminer, que les oubliettes servirent bien plus souvent la cruauté et la vengeance particulières, qu'elles n'aidèrent la société à punir un de ses membres révoltés.

Un des plus affreux supplices des temps anciens fut l'*Écartèlement*. Tout d'abord, sous l'empereur Aurélien qui avait voulu, par des peines très-sévères, rétablir la discipline dans les

(1) Des oubliettes de ce genre furent découvertes à Paris en 1790

(2) Ces détails sont donnés par Delangle, dans un ouvrage assez rare : *Voyage en Espagne*

troupes romaines, le soldat qui avait commis le crime d'adultère avec la femme de son hôte était condamné à subir l'écartèlement par les branches d'arbres. À deux grosses branches que l'on avait fait fléchir avec effort en les attirant à soi et qu'on avait soin de maintenir dans cette position avec des cordes, on attachait les pieds du soldat coupable ; ces branches, qu'on abandonnait ensuite à leur élasticité, se partageaient le corps de ce malheureux. Mais l'écartèlement le plus en usage, et qui subsista jusqu'en 1757[(1)], consistait à attacher le patient par les pieds et par les mains à quatre vigoureux chevaux qui tiraient en sens contraire jusqu'à ce que les membres fussent séparés du tronc. Presque toujours ce supplice horrible était réservé à ceux qui s'étaient rendus coupables du crime de lèse-majesté. Deux heures de souffrances impossibles à décrire étaient endurées par le patient avant qu'il rendît le dernier soupir. Malgré ce raffinement de cruauté, l'écartèlement était précédé de plusieurs autres peines qui ne faisaient qu'ajouter à sa barbarie. En effet, le criminel, après avoir fait amende honorable et avoir subi la question ordinaire et extraordinaire, était conduit nu au supplice dans une charrette. Il était placé à plat sur le dos au milieu de l'échafaud[(2)] haut de deux pieds et demi à trois pieds, où il était attaché avec des chaînes, dont l'une lui entourait la poitrine et l'autre les cuisses ; on lui liait ensuite à la main droite l'arme dont il s'était servi, puis on la lui brûlait avec un feu de soufre. Ensuite, avec des tenailles, on lui arrachait des morceaux de chair aux cuisses, aux mamelles, aux bras et aux mollets ; puis on versait sur ces blessures une composition de cire, de soufre et de résine. Cela fait, on attachait une corde à chaque membre, aux jambes, depuis le genou jusqu'au pied, et

(1) Damiens fut le dernier régicide écartelé

(2) Anciennement on disait *chaffault*. Il est ainsi écrit en un acte de 1413, dans un recueil de pièces concernant la ville de Dijon

aux bras, depuis l'épaule jusqu'au poignet; le surplus de la corde s'attachait au palonnier de chaque cheval, qu'on faisait tirer d'abord par petites secousses, puis ensuite à toute force. Le plus souvent, malgré l'effort des quatre chevaux, les membres ne se séparaient pas: alors le bourreau faisait des entailles à chaque jointure, afin de hâter la fin du supplice. Chaque cheval entraînait un membre: on réunissait ensuite sur un bûcher ces lambeaux sanglants, et on les brûlait. C'est de cette triste et cruelle façon qu'après Jean Chastel, qui, en 1595, avait blessé Henri IV d'un coup de couteau au visage, nous voyons périr Ravaillac et Damiens, ces deux régicides dont l'histoire a conservé la longue et cruelle agonie.

Le supplice de la *Roue* est de toute antiquité, si on ne le fait pas consister dans la rupture des membres. La fable n'a-t-elle pas placé un tourment de ce genre dans son enfer? Les poètes ne parlent jamais de ce lieu de punition sans peindre la roue sur laquelle Ixion est attaché tournant sans cesse(1). S'il est vrai que le supplice de la roue a été en usage chez les peuples anciens, il fut renouvelé tout d'abord en Allemagne et devint l'équivalent de ce qu'on pourrait appeler être rompu vif. Jusqu'au règne de François Ier il fut peu en usage en France. Grégoire de Tours en cite le premier un exemple: *D'autres furent étendus sur l'ornière des routes, et, des pieux étant fixés en terre, on fit passer dessus des voitures chargées et on brisa ainsi sous les roues les os de ces malheureux, qui furent ensuite donnés en pâture aux oiseaux et aux chiens*. Mais notons ici que ce n'était pas là le vrai supplice de la roue, tel au moins que dans la suite il devait être subi: Suger, dans la *Vie de Louis le Gros*, nous cite un exemple où ce supplice commence à se rapprocher de celui si

(1) Virgile décrit ce supplice au liv. IV de ses *Géorgiques*

souvent répété en France à partir du XVIe siècle[1]. Ce supplice atroce consistait à placer le condamné les jambes écartées et les bras étendus sur deux morceaux de bois disposés en croix de Saint-André, et taillés de manière que chaque membre portât sur un espace vide. Le bourreau lui brisait à coups de barre de fer[2] les bras, les avant-bras, les cuisses, les jambes et la poitrine. On l'attachait ensuite sur une petite roue de carrosse supportée par un poteau. On ramenait les jambes et les bras brisés derrière le dos, et on tournait la face du supplicié vers le ciel afin qu'il expirât en cet état. Je dois ajouter que souvent par un *retentum*[3] les juges ordonnaient d'étrangler le patient avant de lui briser les os.

Si l'on en croit Tallemant des Réaux, auteur, du reste, assez suspect, les amateurs de supplices se plaignaient au XVIIe siècle de ce qu'on leur enlevait ainsi une partie du spectacle[4]. Quoi qu'il en soit, ce supplice fut certainement un des plus répandus en France, et, chose affreuse à dire, c'est que plusieurs innocents furent ainsi martyrisés avec une barbarie qu'on retrouve à peine chez les nations les plus sauvages. Qui

(1) Bouchard, assassin de Charles le Gros, fut lié sur une roue élevée où il resta exposé à la voracité des oiseaux de proie, après avoir péri à coups de flèches, de dards et de javelots, qu'on lui lançait d'en bas

(2) Cette barre de fer carrée, longue d'un pied et demi, se terminait par un bouton

(3) *Retentum* signifiait ce qui était retenu *in mente judicis*. Le *retentum* n'était guère usité qu'en matière criminelle, par exemple : lorsqu'un homme était condamné au supplice de la roue, la cour mettait en *retentum* que le criminel serait étranglé au premier, second ou troisième coup. L'usage du *retentum* est fort ancien. On en trouve un exemple dans des registres de 1310, où il est dit que le Parlement condamna un particulier à l'amende de deux mille livres au profit du roi. *Sed intentio curiæ est quod non leventur nisi mille libræ et quod rex quittet residuum.*

(4) *Historiettes*, tome IV, page 117

ne connaît l'histoire du malheureux Calas ? La roue ne fut supprimée en France qu'à la Révolution, lorsqu'en 1790 il fut décrété que la guillotine serait désormais le seul instrument pour la peine capitale.

Dès le commencement de la monarchie, les sorciers furent condamnés à être *noyés*. En 1181, Philippe-Auguste rendait un édit par lequel ceux qui prononçaient les jurements de têtebleu, ventrebleu, corbleu, sangbleu, devaient payer une amende s'ils étaient nobles ou être noyés s'ils étaient roturiers. Charles VI étendit cette peine à tous ceux qui étaient compromis dans un mouvement séditieux. On enfermait ces malheureux dans un sac lié par le haut avec une corde et on les précipitait dans l'eau. Louis de Bois-Bourdon, qui s'était signalé en différentes occasions, et entre autres à la bataille d'Azincourt, allant un jour voir la reine, Isabeau de Bavière, au château de Vincennes, rencontra le roi qui en revenait et qu'il salua, mais sans s'arrêter ni mettre pied à terre. Charles VI, l'ayant reconnu, ordonna à Tanneguy du Châtel, prévôt de Paris, de le conduire en prison. La nuit même il fut mis à la question, puis enfermé dans un sac et jeté dans la Seine, avec ces mots inscrits sur le sac : *Laissez passer la justice du roi*. Louis XI ordonna aussi ce supplice pour certains criminels ; mais fort peu usité en France, il semble avoir disparu quelques années après la mort de ce roi.

Un autre supplice, peut être encore plus atroce que le précédent, était celui qui consistait à être *écorché vif*. Je dois avouer que malheureusement on en a fait souvent usage en France. Marguerite, Jeanne et Blanche, toutes trois femmes des enfants de Philippe le Bel, furent accusées d'adultère. Celle de Louis le Hutin, Marguerite, et celle de Charles, Blanche, convaincues de ce crime(1), avec Philippe et Gautier d'Aulnay, furent confinées

(1) Mezeray. *Histoire de France*

à Château-Gaillard-d'Andelys, et les galants écorchés tout vifs. En 1366, le chambellan du comte de Rouci fut écorché vif, pour avoir laissé pénétrer par trahison les Anglais à Laon. Au temps où la querelle des Armagnacs et des Bourguignons couvrait la France de sang et de ruines, le connétable d'Armagnac fut livré à ses ennemis par un maçon, chez lequel il s'était caché. Ses ennemis l'écorchèrent vif et formèrent sur son corps une croix de St-André afin qu'il fût Bourguignon après sa mort.

Ce cruel et monstrueux supplice semble avoir pris naissance chez les Perses. Qui ne connaît la punition que Cambyse fit endurer à un juge qui s'était vendu? Il fit étendre sa peau sur le banc de ses collègues. Les Chinois, qui font usage de tortures atroces, écorchent seulement par degrés le corps du criminel, et on lui enlève de petites lanières de peau jusqu'à ce qu'il ait avoué son crime.

Après avoir passé en revue les supplices le plus communément employés pour donner la mort aux criminels, nous arrivons à ceux qui, sur le sol de la France, furent mis en usage pendant un laps de temps bien plus court ou tout au moins ne firent qu'apparaître: je citerai donc tout d'abord la *Lapidation*(1).

Ce supplice, qui consistait à tuer un homme à coups de pierres, était fort en usage chez les Hébreux: quand un homme était condamné à mort, il était conduit hors la ville, ayant devant lui un huissier avec une pique en main au haut de laquelle était un drapeau pour attirer l'attention de toutes parts, afin que ceux qui avaient quelque chose à dire pour la justification du coupable, le pussent exposer avant d'aller plus loin. Si personne ne se présentait, on le lapidait. La lapidation se faisait de deux manières: on accablait de pierres le coupable, ou bien, après

(1) Du latin *lapis*, pierre

l'avoir mené sur une hauteur, l'un des conducteurs le précipitait tandis que l'autre lui faisait rouler une grosse pierre sur le corps. J'ai hâte de dire que la lapidation, très en usage chez les Romains, n'est mentionnée dans les annales de notre histoire qu'une seule fois(1). En 570, Sigebert Ier, roi d'Austrasie, après s'être emparé de Paris, fit lapider quelques séditieux à la tête de son armée. Un Gallo-Romain, nommé Parthenius, ministre du roi Théodebert Ier, avait tenté de soumettre les Francs à l'impôt. Ils le poursuivirent après la mort de Théodebert, l'arrachèrent de l'église de Trèves, où il s'était réfugié, l'attachèrent à une colonne, et le lapidèrent. Ce seul fait, s'il n'était accompagné du précédent, ne prouverait pas que le supplice de la lapidation ait été en usage ; en tout cas il est incontestable que ce supplice n'apparaît en France que comme une exception.

Il en fut de même de l'*Empalement*, qui ne fut appliqué dans notre pays qu'à l'époque de Frédégonde. Elle le fit subir à une jeune fille remarquable par sa noblesse et sa beauté. L'empalement fut très en usage chez les Orientaux, où il subsiste encore aujourd'hui. Voici en quoi consiste ce barbare et horrible supplice : une fois le patient couché à plat ventre, les mains liées derrière le dos, un homme assis sur lui pour l'empêcher de remuer, un autre lui tenant le cou, on lui enfonce un pal dans le fondement, qui ensuite est chassé avec un maillet ; une fois le pal planté en terre, le poids du corps le faisant entrer davantage, il finit par sortir sous l'aisselle ou par la poitrine.

Enfin, en dernier lieu je dois citer l'*Estrapade*, non pas à cause du peu de temps que fut usité ce supplice en France, mais à cause de l'époque récente, comparativement à celles que j'ai

(1) Grégoire de Tours

passées en revue, où il fut employé. L'invention de l'estrapade remonte seulement à François Ier (1), et c'est sous son règne que la place, lieu ordinaire de ces supplices, prit le nom d'Estrapade, qu'elle porte encore de nos jours. Primitivement, ce genre de supplice employé en France contre les militaires et les marins, consistait à hisser le condamné les mains liées derrière le dos au haut d'une longue pièce de bois et à le laisser retomber de manière que le poids du corps disloquât ses membres. Sous François Ier ces malheureux tombaient dans un brasier enflammé. Auparavant, les individus, bien qu'estropiés pour le reste de leur vie, pouvaient encore sortir vivants de cette cruelle épreuve. L'innovation de François Ier ne devait avoir d'autre résultat que de leur enlever cette dernière chance de salut.

Il est un autre genre de supplice qui en France fut réservé à une certaine classe de criminels : les faux-monnayeurs devaient être *bouillis*. Les lois romaines condamnaient le coupable au supplice du feu avec confiscation de ses biens(2). C'était simplement dans l'eau qu'on faisait bouillir les condamnés ; cependant, dans certains cas graves, l'eau était remplacée par de l'huile bouillante. Sauval(3) rapporte qu'en 1410, un gantier de Paris fut brûlé vif dans l'huile pour ce crime, et ajoute que ce supplice était encore en usage au XVIe siècle(4). Au XVIIe siècle, ils ne furent plus condamnés qu'à être pendus, mais toutefois ce ne fut que le 27 septembre 1791, que cette peine tombée depuis longtemps en désuétude, fut définitivement rayée du code pénal français.

(1) Six protestants furent soumis à ce cruel supplice

(2) Code Théodosien, loi 9. — Code de Justinien, loi 1, 2 et 3, *De falsâ monetâ*

(3) *Antiquités de Paris*

(4) *Antiquités de Paris*, tom. II. pag. 596

Un supplice beaucoup plus rare, et qui suppose un atroce raffinement de cruauté, consistait à étouffer le condamné sous une *chape de plomb*. On lit dans Mathieu Pâris que Jean-sans-Terre fit périr par ce supplice un archidiacre qui l'avait offensé par quelques paroles imprudentes. Dante, qui a décrit ce supplice dans son *Enfer*, ne l'avait donc point inventé.

Les plus anciens monuments historiques font mention de la *Strangulation*, qui a été une des premières inventions du génie destructeur et vindicatif de notre espèce : la strangulation dut vite être remplacée par la pendaison, qui n'était autre que la même peine ; cependant, dans le courant du XIVe siècle, vers 1314, nous voyons un exemple qui prouve que la pendaison n'était pas encore en usage : Marguerite de Bourgogne, petite-fille de Louis IX et femme de Louis le Hutin, ayant été convaincue d'adultère, fut étranglée avec une serviette.

Pour terminer avec cette classe des supplices donnant la mort, mais peu en usage en France, ou n'y ayant fait qu'une courte apparition, il faut dire un mot du *Tenaillement*. Le plus généralement cette peine n'était, il est vrai, que l'adjonction ou les préliminaires d'une peine plus grave ; mais dans quelques cas elle était seule imposée au coupable, et comme presque toujours il y succombait, j'ai cru devoir la faire figurer dans cette si navrante histoire des supplices devant entraîner la mort.

Ce supplice atroce, très-fréquent chez les anciens, consistait à tirer et déchirer la peau du patient avec des tenailles rougies au feu[1].

---

(1) Brantôme cite un exemple de tenaillement où il semble que les défenseurs de la société aient porté aux malfaiteurs cet horrible défi : « Commettez les crimes les plus grands et les plus inouïs, nous saurons nous rendre par notre vengeance plus odieux que vous. En 1584, Gérard, assassin de Guillaume d'Orange, le troisième jour fut tenaillé par-devant aux mamelles et aux bras ; le quatrième, il fut de même tenaillé aux bras et aux fesses, et ainsi fut cet homme martyrisé pendant l'espace de 18 jours. Le plus grand qu'il endura, (...)

Quelquefois on ajoutait à tous ces raffinements de cruauté, en versant du plomb fondu dans la bouche et dans les plaies de la victime.

Un mot aussi de la peine du *talion*, qui était en vigueur anciennement[(1)], et qui semble être le résultat d'une loi très-juste, puisqu'elle punissait le coupable en lui faisant subir le même mal qu'il avait causé. Une charte de 1185 nous atteste que cette loi, plutôt que cette peine, existait en France : « Que celui qui est convaincu d'un crime rende tête pour tête, membre pour membre[(2)]. » Avec le temps la peine du talion cessa d'être en usage. En France on la remplaça par des peines arbitraires. Mais disons cependant qu'il se conserva toujours quelque chose de cette loi dans un grand nombre de dispositions pénales : ainsi on fendait les lèvres et on perçait la langue aux blasphémateurs, on coupait le poing aux parjures et aux parricides.

Avant de parler de la guillotine, seul instrument de mort à notre époque, pour la société outragée, je consacrerai quelques lignes au supplice de la *Cale*, réservé spécialement aux marins et matelots. Avant la Révolution on infligeait à l'homme de l'équipage convaincu d'avoir volé, employé des voies de fait envers un officier, excité quelque révolte ou commis un assassinat, le supplice de la cale sèche, qui par conséquent, sur le vaisseau, correspondait à la peine de mort. On attachait le criminel avec une corde qui lui passait sous les bras et allait rejoindre une poulie attachée à la grande vergue précisément au-dessus du pont. Trois ou quatre matelots hissaient le coupable jusqu'à la

---

(...) c'est qu'il fut attaché tout nu au milieu de la place, et tout à l'entour de lui fut mis force charbon, auquel on mit le feu. Pour la fin, en dernier martyre, il fut roué et mailloté, dont il ne mourut point et vécut encore plus de six heures. Enfin le lieutenant criminel fut prié de le faire parachever et étrangler. »

(1) Si quelqu'un a tenté de s'emparer du faucon d'autrui, le faucon mangera six onces de chair sur son sein. *(Loi des Burgondes)*

(2) Et encore : Cartulaire de l'abbaye de Saint-Bertin de Chartres, lettre 51e

vergue, et lâchant ensuite le bout de la corde, le laissaient retomber sur le pont de toute la pesanteur de son corps, ce qui lui disloquait tous les membres. Il y avait aussi la cale ordinaire ou mouillée: on hissait le patient au haut de la vergue du grand mât, et on le précipitait dans la mer une ou plusieurs fois, selon la nature de la faute qu'il avait commise. Quelquefois on lui attachait aux pieds un boulet de canon pour rendre la chute plus rapide et le supplice plus cruel. À Marseille et à Bordeaux, on soumettait à la cale les filles de mauvaise vie et les blasphémateurs. On les enfermait nus dans une cage de fer amarrée à la vergue d'un navire et on les plongeait plusieurs fois dans l'eau. La loi du 21 août 1790, réformant l'ordonnance de 1681, a ordonné qu'elle ne pourrait être prononcée que par un conseil de justice; un décret du 22 juillet 1806, confirmatif de la précédente loi, porte que l'homme condamné à cette peine ne pourra être plongé plus de trois fois dans l'eau.

J'en ai maintenant fini avec l'histoire épouvantable des divers genres de mort si cruellement mis en usage pendant les temps anciens et jusqu'à la Révolution française. Avant d'arriver au seul genre de mort reconnu maintenant par la loi française, et avant de laisser de côté cette ancienne société féodale dont les défenseurs, comme Brantôme le faisait si justement observer tout-à-l'heure, semblaient avoir porté aux criminels ce défi terrible: Commettez les crimes les plus grands et les plus inouïs, nous saurons nous rendre, par notre vengeance, plus criminels et plus odieux que vous; avant, dis-je, d'arriver au supplice de la guillotine, jetons encore un regard en arrière et voyons, comme compensation, quel soulagement, quelles consolations cette même société avait successivement apportés au coupable.

Au moyen âge, un condamné à mort pouvait être sauvé par une femme, si cette dernière consentait à l'épouser. Les historiens en citent de nombreux exemples, et plusieurs contes populaires en ont perpétué le souvenir: qui ne connaît l'histoire du Picard, « auquel étant déjà à l'échelle on amena une pauvre fille qui s'était mal gouvernée, en lui promettant qu'on lui sauverait la vie s'il voulait promettre, sur sa foi et la damnation de son âme, qu'il la prendrait à femme; mais ayant voulu l'aller voir, quand il s'aperçut qu'elle était boiteuse, il se tourna vers le bourreau et lui dit: Attaque, attaque, alle clocque. »(1)

Charles VI, sur la prière de Pierre de Craon, le 12 février 1396, abolissait la coutume de refuser des confesseurs aux condamnés à mort. Ce même Pierre de Craon fit dresser auprès du gibet de Paris une croix de pierre avec l'image du Christ, où les criminels s'arrêtaient pour se confesser; en même temps il fit une donation aux cordeliers de Paris pour les obliger à se charger à perpétuité de cette œuvre de miséricorde. Ce furent en effet les cordeliers qui assistèrent d'abord les patients, ensuite les docteurs en théologie de la maison de Sorbonne remplirent cette triste mission. Aujourd'hui les ministres des différents cultes sont autorisés à accompagner les criminels jusqu'au lieu du supplice, soit à pied, soit montés sur la charrette(2). Au moyen âge, l'exécution des criminels était un spectacle qu'on réservait pour les jours de fête; en les menant au supplice on avait soin de leur faire faire plusieurs pauses, entre autres dans la cour des Filles-Dieu, où on leur servait un verre de vin et trois morceaux de pain; on appelait cette collation: le dernier morceau du patient. S'il mangeait avec appétit, c'était d'un bon augure pour son âme.

La Révolution française qui devait rendre tout citoyen égal devant la loi, devait presque en même temps, en cas de crime, le rendre égal aussi devant la mort. Le 21 janvier 1790 paraissait le décret suivant: « Dans tous les cas où la loi prononcera la peine de mort contre un accusé, le supplice sera le même,

---

(1) Henri Estienne

(2) Lorsque Ravaillac fut conduit au supplice, il était accompagné de deux confesseurs à cheval

quelle que soit la nature du délit : le criminel sera décapité, et il le sera par l'effet d'une simple machine. » Cette machine, qui devait prendre le nom, non pas de son inventeur, mais seulement du docteur Guillotin qui l'avait perfectionnée, était la *Guillotine*. Ce zélé citoyen, mû par un sentiment d'humanité qui n'avait pour objet que d'abréger et de rendre moins douloureux le supplice des condamnés, n'avait fait que perfectionner un instrument déjà connu en Italie sous le nom de *mannaia*, dès l'année 1507(1). « C'était, écrivait au XVIIIe siècle un homme qui venait de visiter l'Italie(2), un châssis de quatre à cinq pieds de hauteur, d'environ quinze pouces de largeur ; il est composé de deux montants d'environ trois pouces en carré, avec des rainures en dedans, pour donner passage à une coulisse dont nous dirons l'usage ci-après. Les deux montants sont joints l'un à l'autre par trois traverses à tenons et à mortaises ; c'est sur l'une de ces traverses que le patient, à genoux, pose son cou. Au-dessus de celle-ci s'en trouve une autre mobile, en coulisse, qui se meut dans les rainures des montants. Sa partie inférieure est garnie d'un large couperet, de 9 à 10 pouces de longueur et de 6 de largeur, bien tranchant et bien aiguisé. La partie supérieure est chargée d'un poids de plomb de 60 à 80 livres fortement attaché à la traverse ; on lève cette traverse meurtrière jusqu'à un pouce ou deux près de la traverse d'en haut, à laquelle on l'attache avec une petite corde ; l'exécuteur ne fait que couper cette petite corde et la coulisse tombant à plomb sur le cou du patient, le lui coupe

(1) Jean d'Auton, historiographe de Louis XII, en parle en l'année 1507. « Le bourreau prit une corde à laquelle était attaché un gros bloc avec un couteau tranchant venant d'amont, entre deux poteaux, et tira ladite corde de manière que le bloc tranchant tomba entre la tête et les épaules. La tête s'en alla d'un côté, et le corps tomba de l'autre. »

(2) Le père Labat

net. » Lorsque le docteur Guillotin proposa ce genre de mort à l'Assemblée constituante, dont il était membre, on s'égaya beaucoup sur son compte : un médecin qui proposait une machine propre à donner la mort ! Cependant on devait l'adopter. Louis, célèbre anatomiste, secrétaire perpétuel de l'académie de chirurgie, fut chargé d'un rapport dont nous croyons devoir citer quelques extraits : « L'expérience et la raison démontrent que le mode en usage par le passé pour trancher la tête à un criminel, l'expose à un supplice plus affreux que la simple privation de la vie, qui est le vœu formel de la loi. Pour le remplir, il faut que l'exécution soit faite en un instant et d'un seul coup ; les exemples prouvent combien il est difficile d'y parvenir. »

« Personne n'ignore que les instruments tranchants n'ont que peu ou point d'effet lorsqu'ils frappent perpendiculairement. En les examinant au microscope, on voit qu'ils ne sont que des scies plus ou moins fines, qu'il faut faire agir sur les corps à diviser. En considérant la structure du col dont le centre est la colonne vertébrale, composée de plusieurs os dont la connexion forme des enchevêtrures de manière qu'il n'y ait point de joints à chercher, il n'est pas possible d'être assuré d'une prompte et parfaite séparation en la confiant à un agent susceptible de varier en adresse, pour des causes morales et physiques ; il faut nécessairement, pour la certitude du procédé, qu'il dépende de moyens mécaniques invariables, dont on puisse également déterminer la force et l'effet. Le dos de l'instrument doit être assez fort et assez lourd pour agir efficacement, comme le mouton qui sert à enfoncer des pilotis : on sait que sa force augmente en raison de la hauteur d'où il tombe. Il est aisé de faire construire une pareille machine dont l'effet est immanquable : la décapitation sera faite en un instant suivant le vœu et l'esprit de la nouvelle loi : il sera facile d'en faire l'épreuve sur des cadavres et même sur un mouton vivant. On verra s'il ne serait pas nécessaire de fixer la tête du patient par un croissant qui embrasserait le cou au niveau de la base du crâne ; les cornes ou prolongements de ce croissant pourraient être arrêtées par des clavettes sous l'échafaud. »

La machine a été construite d'après ces principes. Sur un échafaud, haut de 7 à 8 pieds, d'une forme de carré long, on plante à une des extrémités deux fortes poutres ou jumelles à rainures, assurées à leur base par des tenons, et réunies à leur sommet par une forte traverse. Cette traverse est garnie, dans le milieu, d'un gros anneau de fer, dans lequel passe la corde qui fixe et retient le mouton. Il est armé perpendiculairement d'une lame tranchante qui s'élargit insensiblement sur toute sa surface, de sorte qu'au lieu de frapper d'aplomb, comme le fer de la machine italienne, il frappe de côté en prenant du faible jusqu'au dernier point du fort, ce qui fait qu'il n'y a pas une ligne de la lame qui ne serve. Le mouton pèse soixante à quatre-vingts livres, et à l'instant de sa chute son poids est décuplé ; il est enclavé dans la rainure des poutres. Un déclic l'assujettit à la poutre gauche ; une bande de fer descend le long de cette même poutre en dehors et la poignée est fixée à un anneau avec un cadenas, de sorte qu'il n'y a point d'accident à craindre et que le poids ne tombe que lorsque l'exécuteur le juge à propos. Une planche à bascule est garnie de fortes courroies à demeure. Elles servent à attacher le patient sous les aisselles et au défaut des mollets, de façon qu'il ne peut jeter son corps ni à droite ni à gauche. Dès que la bascule est renversée, la tête qui se trouve entre les poutres est soutenue par une épaisse traverse cintrée en dessus pour recevoir la partie inférieure du cou. Ceci fait, les aides de l'exécuteur font glisser une autre traverse qui, cintrée en dessous et s'abaissant sur l'autre, enveloppe la partie supérieure du col, de manière que la tête enclavée dans un rond parfait ne peut vaciller dans aucun sens. Cette précaution est utile pour prévenir les inconvénients terribles de la peur. Quand la tête est prise, l'exécuteur lâche le déclic. Le supplice est exécuté si promptement que le bruit seul produit par le couteau annonce que le condamné a cessé de vivre et que la justice humaine est satisfaite. La tête tombe dans une boîte pleine de son, placée en bas, et pour dérober la vue du cou et du sang, jaillissant par mille canaux ouverts, un rideau de cuir, décrivant une forme circulaire, masque la boîte et s'élève jusqu'à la hauteur du point où se fait la décapitation. Le corps est poussé dans un panier d'osier, garni d'un cuir très-épais. Dans le commencement des exécutions par la guillotine, un des frères de l'exécuteur tomba à terre et se blessa si dangereusement que pendant quelques jours on le crut mort. Depuis ce temps l'échafaud est garni d'une balustre à la hauteur d'appui qui règne dans tout son pourtour. Au commencement de la Révolution, les condamnés à mort devaient aller au supplice revêtus d'une robe rouge[1] Le coupable condamné à mort pour parricide était conduit sur le lieu de l'exécution en chemise, nu-pieds, la tête couverte d'un voile noir. Avant 1832, les parricides avaient le poing coupé.

Qui ne sait par quels excès la France s'est déshonorée pendant la Révolution ? À la lanterne, à la lanterne ! cris de mort qui prouvent par quels crimes elle s'est souillée. Mettre à la lanterne signifiait alors l'action de pendre un citoyen convaincu ou même soupçonné d'être opposé au mouvement populaire : il était pendu à une potence en fer supportant une lanterne, à la place de Grève. Le premier qui subit ce supplice fut le conseiller d'État Foulon, qui fut accroché trois fois de suite à la lanterne,

---

(1) novembre 1793. Pierre Robert Robin, huissier à Boiscommun, et Drouart, maître tailleur audit lieu, sont condamnés à mort par la cour criminelle d'Orléans, l'un pour avoir assassiné son neveu, afin d'être dispensé de lui rendre son compte de tutelle, et l'autre pour avoir participé à ce meurtre dans l'espoir d'épouser la fille du premier. Ces deux misérables, exécutés sur la place de la République, furent, à Orléans, les premiers conduits au supplice en robe rouge. (*Recherches sur Orléans*, Lostig, 8e vol.).

la corde s'étant rompue les deux premières fois[1] .

Un autre genre de supplice devait naître de la barbarie des hommes de cette époque; je veux parler des *mariages républicains.* Lorsque Carrier gouvernait Nantes: les prisons étaient toujours remplies par suite des révoltes de la Vendée; la guillotine permanente moissonnait des milliers de malheureux, mais elle eut bientôt pour le farouche proconsul une action trop lente; il inventa les mariages républicains. Il fit construire des bateaux à soupape qu'on chargeait de jeunes gens et de jeunes filles liés ensemble et qui disparaissaient dans la Loire. « La quantité de cadavres engloutis dans ce fleuve, dit un historien de cette ville, a été telle, que l'eau en a été infectée au point qu'une ordonnance de police en a défendu l'usage aux habitants de Nantes, interdisant aussi de manger du poisson. »

Avant la Révolution, le soldat qui désertait était fusillé; son régiment était mis en bataille sur le lieu même de l'exécution; les tambours battaient au champ et le major disait à haute voix: *De par le roi défense sous peine de la vie de crier grâce*; puis on lisait au condamné sa sentence, le sergent de sa compagnie lui bandait les yeux et sept ou huit soldats de l'escorte qu'on appelait ses parrains, tiraient, ceux de droite à la tête et ceux de gauche au cœur, au signal donné par le major. Peu de temps après la Terreur, et encore maintenant, lorsqu'un militaire a mérité la mort, le même genre d'exécution a lieu, et l'échafaud ne se dresse pas. Le même appareil est conservé; mais lorsque le condamné est arrivé au lieu du supplice, le capitaine-rapporteur du conseil de guerre lui lit son jugement, le fait mettre à genoux sur le bord de sa fosse, et le détachement commis à cet effet complète l'exécution.

(1) L'abbé Maury était poursuivi par la foule qui criait: À la lanterne! Quand vous m'aurez mis à la place du réverbère, dit il froidement, y verrez-vous plus clair? Un rire général s'éleva et ce mot piquant lui sauva la vie. C'est de la main de cet illustre prélat que je reçus le sacrement de la confirmation. (S.)

J'en ai fini avec l'affreux tableau des divers supplices inventés par l'homme pour donner la mort à ses semblables ; j'ajouterai qu'autrefois, pour une exécution capitale, on choisissait un jour de fête et la place la plus fréquentée ; dans un grand nombre de villes même, les instruments de supplice, potence, chevalet, roue, restaient en permanence aux yeux du public. On croyait par là effrayer le crime, comme si l'idée du châtiment et des tortures pouvait arrêter l'homme au moment du délit ou du crime ! On finit cependant par reconnaître que l'atrocité des supplices n'atteignait pas le but qu'on s'était proposé. Grâce à Montesquieu, à Montaigne le premier, et aux philosophes du XVIIIe siècle on chercha un moyen de délivrer la société des criminels sans les torturer. La guillotine, élevée en plein jour sur la place publique, devait peu à peu se retirer dans les endroits déserts, remplir sa triste mission[(1)]. presque dans l'ombre, jusqu'au jour, peu éloigné, espérons-le, où, grâce à la civilisation toujours croissante sur la terre de France, elle aura enfin disparu et cessera de blesser le vœu de la nature en usurpant un droit qui n'appartient qu'à Dieu.

VII. LES ÉPREUVES JUDICIAIRES

Je crois devoir faire entrer les *Épreuves judiciaires* dans cette longue étude sur les supplices, et je terminerai par la *Question* ou *Torture*.

Pour arriver à la découverte de la vérité, nos ancêtres n'ont pas craint de tenter le sort et se sont peu à peu persuadés que ces arrêts du hasard émanaient de la Divinité elle-même. Ils ont

(1) Les exécutions se font maintenant le matin à la première heure

cru très-longtemps que Dieu devait répondre à ce que pouvaient lui demander les mortels, même en intervertissant les lois de la nature. Cette façon de décider de la vérité ou de la fausseté des accusations en matière criminelle fut fort en usage dans les IXe, X^e et XIe siècles; elle a dû subsister bien plus longtemps dans certains pays. Ces épreuves judiciaires, que nos pères gratifiaient du nom de *Jugements de Dieu* ou *Ordalies*, de l'allemand *urtheil*, jugement, pouvaient toujours se ramener au *Serment*, au *Duel* appelé aussi l'ordalie par excellence, et aux épreuves par les *éléments*. L'aveugle et trop durable superstition ne devait pas tarder à faire adopter et à rendre plus fréquentes ces épreuves judiciaires. L'Église les toléra d'abord, plus tard elle devait non-seulement permettre à ses membres d'y prêter leur ministère, mais même elle devait en régler les cérémonies et donner la formule des prières, des imprécations et des exorcismes.

Les Barbares attachaient une très-grande importance au serment. On en trouve la preuve dans leurs lois qui permettaient à un accusé de se libérer par le serment de ses parents ou de ses amis, qui alors prenaient le nom de conjurateurs *(conjuratores)*; ce n'étaient pas, on le voit, de simples témoins, mais bien des parents, des amis, qui venaient certifier devant le juge que la personne accusée n'avait pu se rendre coupable du crime qu'on lui reprochait. Le nombre des conjurateurs variait; le plus souvent il était de douze[1]. On trouve encore au XIIIe siècle, dans certaines villes de France, l'usage de déférer le serment à celui qui était accusé de meurtre ou de maléfices. En général, le serment se faisait sur les Évangiles, mais il devint la cause de

(1) Lorsque Frédégonde fut accusée du meurtre de Chilpéric, elle comparut devant Gontran avec soixante-douze *conjurateurs*, et se justifia par leur serment

tant de parjures, qu'en 1255, le concile de Bordeaux fut obligé de l'interdire dans certains cas(1). Le duel ou *Combat judiciaire* remonte aux premiers temps de l'invasion des Barbares. La loi des Bourguignons déférait le duel à ceux qui ne voulaient pas s'en tenir au serment. La féodalité étendit le duel judiciaire : les femmes, les enfants et les ecclésiastiques devaient fournir un champion qui soutînt leur cause par les armes. Le duel judiciaire, qui primitivement ne consistait que dans une lutte, dut dans la suite s'entourer de formes solennelles, réglées et imposantes.

Le duel judiciaire était précédé d'un *défi* porté devant le tribunal : là, la personne qui voulait le duel, jetait son gant comme *gage de bataille* ; on mesurait le champ clos où devaient combattre les deux adversaires ; il était entouré de palissades et gardé par quatre chevaliers. Les Juges qui avaient ordonné le duel y assistaient. Les champions, avant d'en venir aux mains, juraient sur la croix et sur le canon du missel, de ne point s'aider de l'art de la magie, dans la juste querelle qu'ils allaient soutenir les armes à la main. Ils attestaient par serment que leurs armes n'étaient point enchantées par sorcellerie et qu'ils ne portaient sur eux ni écrits ni brevets ni charmes d'aucune espèce, ne se confiant qu'en Dieu, en leur bon droit, en leurs armes et en leur force corporelle(2). Les armes variaient suivant les classes : les serfs avaient pour armes un couteau et un bâton et portaient un bouclier de cuir nommé *canevas* ; les écuyers n'avaient que l'épée et l'écu. Le vaincu était regardé comme condamné par le jugement de Dieu, et s'il ne périssait pas sous les coups de son adversaire, une mort ignominieuse l'attendait.

---

(1) *Manuscrits De Camps*, tome XXXII

(2) La Jaille, *Traité du champ de bataille*

On pouvait dans certains cas se faire remplacer par un champion. En 591 Gontray ordonna à un de ses chambellans et à un de ses gardes-chasse, qui s'accusaient réciproquement d'avoir tué un buffle, de se battre en champ clos. Le champion que le chambellan avait mis à sa place et le garde-chasse s'entretuèrent tous deux. Le chambellan étant convaincu du crime par la mort de son champion, fut attaché à un poteau et lapidé(1). On permettait aussi dans certains cas le combat entre un homme et un animal. Qui donc ne se souvient de l'histoire du chien de Montargis ? Le duel avait lieu pour toutes les actions civiles et criminelles, même pour les incidents et interlocutoires(2), et aussi pour toutes les demandes de dettes(3). Louis le Gros essaya le premier de réformer cette coutume ; Louis le Jeune, après lui, déclara que le duel judiciaire n'aurait lieu que lorsque la demande excéderait 5 sols ; saint Louis essaya de substituer la preuve par témoins au duel judiciaire ; enfin, à partir du règne de Philippe-Auguste et jusqu'au XVIe siècle, le duel n'avait lieu qu'après autorisation du roi accordée en son grand conseil.

Un des plus célèbres exemples de ces combats judiciaires est celui de Jarnac et La Châtaigneraie, sous le règne d'Henri II en 1547, combat qui est resté célèbre par le coup que Jarnac porta à La Châtaigneraie, auquel il coupa le jarret.

Les épreuves, dites des éléments, étaient au nombre de quatre :

1° L'épreuve de la *croix*, qui était en usage en France au commencement du IXe siècle, consistait à tenir ses bras étendus en croix le plus longtemps possible pendant le service divin.

---

(1) Lottin, *Recherches sur Orléans*, pag. 35, 1er vol.

(2) Beaumanoir en cite plusieurs exemples

(3) Montesquieu, *Esprit des lois*, 28.

Celui des deux adversaires qui restait le plus longtemps dans cette position l'emportait sur l'autre. Charlemagne ordonna dans son testament qu'on eût recours au jugement de la croix pour terminer les différends qui naîtraient du partage qu'il faisait de ses États entre ses enfants. Mais son fils Louis le Débonnaire s'y opposa, de peur que l'instrument glorifié par la mort du Sauveur ne fût profané par la témérité de quelqu'un.

2° L'épreuve du *feu* était une des plus solennelles. Disons d'abord ce qu'elle était lorsqu'elle s'appliquait aux écrits : on jetait des livres au feu, et s'ils brûlaient ou non, on jugeait de l'orthodoxie ou de la fausseté des choses qu'ils contenaient. Lorsque cette épreuve s'appliquait à l'homme, on élevait côte à côte deux bûchers, dont les flammes se touchaient. L'accusé, l'hostie à la main, traversait rapidement les flammes, et, s'il n'en recevait pas d'atteintes, il était réputé innocent. Parmi les exemples célèbres de ce genre de jugement, qui consistait aussi à brûler la plante des pieds à l'accusé ou à l'exposer nu à un brasier ardent, parmi ces exemples, dis-je, on cite, lors de la première croisade, celui du prêtre Pierre Barthélemy. Ce prêtre prétendit, à la suite d'une révélation, avoir trouvé le fer de la sainte lance ; accusé d'imposture, il traversa les flammes l'hostie à la main et en sortit sain et sauf ; mais les historiens ajoutent qu'il mourut peu après.

3° L'épreuve de l'*eau froide* ou de l'*eau bouillante* : la première de ces épreuves était, en général, subie par les gens de basse condition. Le patient assistait à la messe, puis, après quelques oraisons, le prêtre lui faisait baiser la croix et l'Évangile, puis l'arrosait d'eau bénite ; cela fait, une fois déshabillé, et la main droite liée avec le pied gauche, on le jetait tantôt dans une rivière, tantôt dans une grande cuve : s'il allait au fond, comme c'était naturel, il était réputé innocent ; si, au contraire, il surnageait, on disait que l'eau le rejetait, et il était reconnu coupable. L'épreuve de l'eau bouillante consistait à placer sur un feu ardent une chaudière pleine d'eau; une fois cette eau arrivée à ébullition, on la retirait du foyer; au-dessus, on attachait une corde, à laquelle était suspendue une bague ou tout autre objet que l'on plongeait dans l'eau à différentes profondeurs; à la première épreuve, le patient n'avait besoin pour l'atteindre, que de mettre la main dans l'eau; à la deuxième, le bras jusqu'au coude; à la troisième le bras tout entier. Une fois l'épreuve accomplie, la main ou le bras du patient était enveloppé dans un sac, sur lequel le juge mettait son sceau, qui n'était levé qu'au bout de trois jours, et, alors, si quelque marque de brûlure apparaissait, l'accusé était considéré comme coupable; dans le cas contraire il était absous.

4° L'épreuve du *fer chaud, fer ardent*, ou *fer rouge*. Cette épreuve consistait à prendre avec la main un fer rougi au feu ou à marcher pieds nus sur du fer brûlant. Au temps de la féodalité, les nobles et les prêtres s'en servaient pour se dispenser du combat. L'accusé, après avoir jeûné trois jours au pain et à l'eau, entendait la messe et était conduit à l'endroit de l'église destiné à faire l'épreuve: là il prenait le fer qu'on avait fait rougir plus ou moins, selon la gravité du crime; il le soulevait deux ou trois fois, ou le portait plus ou moins loin selon la sentence. Comme dans l'épreuve précédente, sa main placée dans un sac recevait une espèce de scellé, qu'on ne levait que trois jours après, et alors s'il ne paraissait pas de marques de brûlure, et quelquefois aussi suivant la nature et à l'inspection de la plaie, l'accusé était absous ou déclaré coupable. L'épreuve du fer rouge consistait aussi quelquefois à mettre un gantelet de fer rouge, ou à marcher pieds nus sur des barres de fer au nombre le plus ordinairement de neuf, mais qui pouvait aller jusqu'à douze. Michel Paléologue, à la proposition qui lui fut faite de tenter cette épreuve, répondit: *Si quelqu'un m'accuse personnellement, je suis prêt à le démentir et à le combattre. Je sais attaquer et me défendre, mais je ne sais pas faire des miracles. J'ignore le moyen de tenir dans ma main un fer brûlant sans être brûlé*. Phocas, métropolitain de Philadelphie, lui répondit: *Votre naissance demande de vous plus de courage pour votre honneur et votre famille: il faut écarter de vous tout soupçon. Justifiez-vous par l'épreuve sacrée qu'on vous propose.* — Mon maître, lui répondit Michel, *je n'ai pas les yeux assez bons pour rien voir de sacré dans cette opération. Je suis pécheur, c'est à vous, homme céleste qui conversez avec Dieu même, de faire des prodiges. Prenez le fer ardent de vos mains sacrées et mettez-le dans les miennes, je le recevrai avec résignation.*

Tous les juges furent persuadés de l'innocence de Michel Paléologue.

Avant de terminer ce chapitre sur les épreuves, nous croyons devoir emprunter à Canciani[1] une ancienne formule relative à l'ordalie: « Un homme poursuivi pour vol, débauche, adultère ou tout autre crime, refusant d'avouer au seigneur ou à ses délégués, on aura recours à l'épreuve suivante: Un prêtre, revêtu des ornements sacrés, tenant en main l'Évangile avec le saint-chrême, le calice et la patène, se présentera au peuple en présence de l'accusé et là il dira: *Voyez, mes frères, le devoir de la loi chrétienne; voici la loi qui est l'espérance et le pardon de tous les pécheurs; voici le saint-chrême, voici le corps et le sang de Notre-Seigneur. Prenez garde de perdre l'héritage et la participation au bonheur céleste en vous rendant complices du crime d'autrui, car il est écrit: Non-seulement ceux qui feront le mal, mais encore ceux qui seront d'accord avec les malfaiteurs seront condamnés.* Ensuite se tournant vers l'accusé, le prêtre lui disait: *O homme, au nom du Père, du Fils et du Saint-Esprit, par le jour redoutable du jugement, par le mystère du baptême, par la vénération due à tous les saints, si tu es*

(1) *Recueil des lois des Barbares*, t. II, p. 97.

coupable de ce crime, si tu l'as commis, connu ou favorisé, si tu y as consenti, si tu as sciemment aidé les coupables après la perpétration du crime, je t'interdis d'entrer à l'église et de te mêler à la société des fidèles avant que tu aies été soumis à un jugement public. Ensuite le prêtre indiquait le lieu où l'on devait allumer le feu, suspendre une chaudière, ou faire chauffer le fer. Ce lieu était d'abord purifié avec l'eau bénite, dont on arrosait aussi l'eau contenue dans la chaudière. Le prêtre commençait ensuite l'*introït* et on chantait pendant la messe des antiennes et des psaumes. Après la célébration de la messe, le prêtre, suivi du peuple, se rendait au lieu de l'épreuve, et prononçait des prières qui se terminaient ainsi : *Nous vous supplions et vous conjurons, Maître très-clément, que l'innocent qui plongera la main dans cette eau bouillante, ou qui portera ce fer brûlant, n'en reçoive aucune blessure, par vous, Sauveur et Rédempteur du monde, qui devez venir juger les vivants et les morts.* »

Les épreuves fondées sur cette croyance que Dieu doit toujours manifester par un miracle l'innocence de l'accusé furent abandonnées au XIIIe siècle, lorsque saint Louis, supérieur aux préjugés de son temps, déclara que le combat n'était pas voie de droit et substitua les preuves testimoniales aux épreuves judiciaires ou ordalies. Cependant les traces de cette institution se conservèrent jusqu'au XVIe siècle.

VIII. LA TORTURE OU QUESTION

Nul doute pour moi que la *Torture* ne soit la suite de l'ancienne superstition qui avait donné naissance aux épreuves judiciaires dont je viens de parler. La torture comprenait certains tourments gradués qu'on faisait subir à un accusé, soit pour lui arracher l'aveu de son crime, soit encore pour arriver à connaître le nom de ses complices. À mesure que le condamné subissait un de ces tourments, un juge, placé auprès du *questionnaire* ou *tortureur*, sommait alors le patient de dire la vérité, et dressait procès-verbal de ses déclarations ; de là le nom de *Question* qui fut donné à la torture. La question était de deux sortes, ou *préparatoire* ou *définitive* et *préalable*. Ces deux espèces se subdivisaient elles-mêmes en question *ordinaire* et *extraordinaire*. Par la première, on cherchait à obtenir de l'accusé l'aveu de son crime ; par la seconde, on cherchait à connaître le nom des complices qu'il pouvait avoir eus dans la perpétration du crime. Les tourments portés jusqu'à un certain degré constituaient la question ordinaire ; on les doublait dans les cas de la question extraordinaire, qui, en général, n'était subie que par des coupables déjà condamnés à mort.

Les tortureurs ou questionnaires, chargés de soumettre le patient à la torture, avaient multiplié les instruments de supplice. Nous verrons plus loin que chaque parlement avait sa manière particulière, de laquelle il ne pouvait s'écarter ; mais avant, occupons-nous des genres de question le plus en usage, pour lesquels on employait toujours l'eau, le bois, le fer ou le feu.

La question par l'*Eau* consistait, une fois que le condamné avait entendu lire sa sentence, à le faire asseoir sur un tabouret en pierre ; on lui attachait derrière le dos les poignets à deux anneaux de fer, distants l'un de l'autre ; puis les deux pieds à deux autres anneaux, placés devant ; on tendait toutes les cordes avec force, et lorsque le corps du patient commençait à ne pouvoir plus s'étendre, on lui passait un tréteau sous les reins. Le questionnaire tenait d'une main une corne de bœuf creuse, de l'autre il versait de l'eau dans la corne et en faisait avaler au criminel, quatre pintes pour la question ordinaire et huit pour la question extraordinaire. Un chirurgien faisait suspendre la question pour un instant lorsqu'il sentait faiblir le pouls du patient. Pendant cet intervalle on l'interrogeait[1].

Le *Brodequin* consistait à serrer la jambe du patient entre quatre planches de chêne. Ces planches étaient percées de trous, dans lesquels on passait des cordes pour serrer plus fortement les planches; le bourreau enfonçait ensuite, à coup de maillet, des coins de bois entre ces planches, de manière à comprimer et même briser les membres du patient. Dans certains parlements, cette torture consistait à appliquer, sur la jambe du condamné, un bas de parchemin; on approchait la jambe du feu après avoir mouillé le parchemin, ce qui, occasionnant un violent rétrécissement, causait un mal insupportable. La question ordinaire était de quatre coins, la question extraordinaire de huit.

L'*Estrapade* qui, ainsi que je l'ai dit plus haut, était quelquefois employée comme supplice devant occasionner la mort, était aussi souvent un mode de torture. On élevait l'accusé au moyen d'un câble passé dans une poulie attachée au plafond; on hissait ainsi à une certaine hauteur le patient, qui avait un poids de 180 livres attaché au pied droit et une clef de fer entre les deux revers des mains liées l'une sur l'autre derrière le dos. Dans la question extraordinaire on suspendait aux pieds du patient un poids de 252 livres, puis on l'élevait lentement jusqu'au plafond, et on le laissait retomber par une secousse violente qui lui disloquait les membres. On renouvelait trois fois ce supplice, et chaque fois on le sommait de dire la vérité.

Le *Chevalet* ou *cheval de bois* consistait à placer le patient à cheval sur une pièce de bois taillée à vives arêtes et dont l'un des angles était en l'air; on attachait des poids à chacun de ses pieds, afin que son corps s'enfonçât sur les angles du chevalet. Ce châtiment était surtout particulier aux soldats. C'était le genre de torture que les Romains employaient le plus souvent

(1) Un mémoire de 1697 dit: « Si c'est une femme ou fille, il lui sera laissé une jupe avec sa chemise, et sera la jupe liée aux genoux. »

pour tourmenter ceux qu'ils faisaient appliquer à la question. Cicéron lui-même en parle en disant : *Facti in eculeo quæstio est, juris in judicio* (1). Le fer rougi au feu, les charbons ardents avaient aussi été employés pendant le moyen âge pour torturer les condamnés et leur arracher des aveux. Disons même qu'à cette époque, en France, lorsqu'on appliquait les accusés à la question, quelquefois on leur mettait des mèches allumées entre les doigts, ou même on leur faisait brûler les extrémités des doigts.

Nous l'avons dit au commencement de ce chapitre, la manière de donner la question était différente dans presque tous les parlements du royaume, et les juges ne pouvaient employer que celle qui était usitée dans le ressort du Parlement où était situé leur tribunal. Le Parlement de Paris n'admettait que deux genres de tortures, par l'eau et par les brodequins(2). Dans le ressort du Parlement de Bretagne on attachait le patient sur une chaise de fer, puis on présentait ses jambes au feu dont on les approchait par degré. À Rouen, on serrait le pouce ou un autre doigt, ou une jambe du condamné avec une machine de fer, pour la question ordinaire ; on lui comprimait, soit deux doigts, soit les deux jambes, pour la question extraordinaire ; au Parlement de Besançon on se servait du chevalet ; à Autun la question se donnait en versant de l'huile bouillante sur les pieds de l'accusé. Enfin, pendant longtemps, à Orléans, on se servit de l'estrapade ; mais le 18 janvier 1697, il fut ordonné aux juges du bailliage d'Orléans de la laisser de côté pour n'employer que les genres de question usités à Paris.

Je trouve, dans un auteur orléanais(3), des détails curieux sur certains genres de torture ; je tiens à reproduire ici ces détails,

(1) Discours pour Milon

(2) On disait toujours le brodequin, même quand il s'agissait du bas en parchemin.

(1) Lottin, *Recherches sur Orléans*

qui prouvent que la question était quelquefois donnée d'une façon différente, et viennent par là même confirmer ce que je disais plus haut, que les tortureurs non-seulement multiplièrent les instruments de torture, mais même changèrent certaines de ces tortures. En 1697, les magistrats d'Orléans sollicitent et obtiennent de remplacer la question dite estrapade, qui faisait évanouir le patient le plus robuste et l'empêchait d'avouer ses crimes, par celle de l'eau et des brodequins usités à Paris. L'estrapade consistait à mettre une clef de fer entre les deux revers de mains du patient, liées avec force l'une sur l'autre derrière son dos ; ensuite, au moyen d'une corde placée dans une poulie, on l'élevait à deux pieds de terre, après lui avoir attaché un poids de 250 livres au pied droit. Dans cet état, on lui donnait par trois fois une forte secousse, laquelle disloquait les bras du patient et les faisait venir sur sa tête. La question par l'eau consistait, en couchant sur une table l'accusé, à lui découvrir la poitrine et laisser tomber, de quatre à cinq pieds de haut, dans le creux de son estomac, de l'eau goutte à goutte, en l'essuyant à mesure, ce qui produisait l'effet d'un coup de massue. Cette question pour l'ordinaire, était de trois pots d'eau, et de six pour l'extraordinaire. La première était donnée aux accusés, la seconde aux condamnés à mort, pour connaître leurs complices ; elle se donnait aussi en faisant boire une certaine quantité d'eau aux criminels, que l'on étendait sur des tréteaux. La question par les brodequins, usitée à Orléans à dater de cette époque, consistait à enfermer les jambes du patient dans des chaussures de cuir liées en haut et en bas, et à introduire entre ces deux ligatures des coins de fer que l'on enfonçait avec une masse, dont les coups étaient ordonnés, réglés et comptés par le juge chargé du procès-verbal de torture[1].

---

(1) Lottin, *Recherches sur Orléans*, tome I, page 247.

Il serait inutile aujourd'hui de chercher à démontrer combien une pareille institution était à la fois tyrannique et absurde. La France a été la dernière à abolir la question ; et cependant tous les efforts des plus grands philosophes et des premiers génies ont tendu à faire disparaître ces atroces barbaries. L'éloquence vint souvent mêler sa voix imposante à cette réclamation presque générale : « Est-ce dans le trouble et la douleur que nous espérons trouver la vérité ? s'écriait l'avocat-général Servan, dans l'enceinte même où siégeaient les ministres. Ramassez, si vous le voulez, tous les crimes, et poursuivez un homme par la douleur, il va s'en couvrir, s'il croit trouver un asile. Le plus grand crime pour notre nature, c'est de souffrir, et la mort même ne serait rien si la douleur ne la précédait. Je me défierais de mon jugement incertain, si je ne voyais les meilleurs gouvernements et les plus sages proscrire avec horreur la question et l'insulter chez nous comme son dernier refuge. »

Avant lui, et dès le XVIe siècle, Robert Estienne et Montaigne s'étaient élevés contre la torture ; le premier écrivait : « Les témoignages tirés des tortures ne sont point certains, attendu que parfois il se trouve des hommes forts et robustes, lesquels ayant la peau dure comme la pierre et le courage fort et puissant, endurent et supportent constamment la rigueur de la géhenne, au lieu que des hommes timides et appréhensifs, avant que d'avoir vu les tortures, demeurent incontinent éperdus et troublés, tellement qu'il n'y a point de certitude au témoignage des tortures. » Montaigne, dans son livre des *Essais*, attaqua la torture avec une vigueur irrésistible : « C'est une dangereuse invention que celle des géhennes, et semble que ce soit plutôt un essai de patience que de vérité, et celui qui les peut souffrir cache la vérité, et celui qui ne les peut souffrir. Car pourquoi la douleur me fera-t-elle confesser plutôt ce qui est, qu'elle me forcera de dire ce qui n'est pas ? Et, au rebours, si celui qui n'a pas fait ce de quoi on l'accuse est assez patient pour supporter ces tourments, pourquoi ne le sera celui qui l'a fait, un si beau guerdon que la vie lui étant proposé ? Je pense que le fondement de cette invention vient de la considération de l'effort de la conscience ; car, au coupable, il semble qu'elle l'aide à la torture, pour lui faire confesser sa faute et qu'elle l'affaiblisse, et de l'autre part, qu'elle fortifie l'innocent contre la torture. Pour dire vrai, c'est un moyen plein d'incertitude et de danger. Que ne dirait-on, que ne ferait-on pour fuir de si grièves douleurs ? D'où il advient que celui que le juge a géhenné, pour ne le faire mourir innocent, il le fasse mourir et innocent et géhenné. Mille et mille en ont chargé leur tête de fausses confessions. Plusieurs nations, moins barbares en cela que la grecque et la romaine, qui les appellent ainsi, estiment horrible et cruel de tourmenter et de rompre un homme de la faute duquel vous êtes encore en doute. Que peut il croire de votre ignorance ? Êtes-vous pas injustes, vous qui, pour ne le tuer sans occasions, lui faites pis que de le tuer[(1)] ? »

Malgré ces justes et énergiques réclamations, l'usage d'appliquer les condamnés à la torture dura pendant les XVIIe et XVIIIe siècles. Montesquieu en demandait l'abolition dans *l'Esprit des lois*, et Voltaire éleva la voix, en 1777, pour supplier Louis XVI d'ajouter cette réforme à celles qui honoraient le commencement de son règne : *Un roi a-t-il le temps de songer à ces mêmes détails d'horreur au milieu de ses fêtes, de ses conquêtes et de ses maîtresses ? Daignez-vous en occuper, ô Louis XVI, qui n'avez aucune de ces distractions*. Une déclaration, en date du 24 août 1780, abolit la question préparatoire tout en laissant subsister la question préalable. Une seconde déclaration du 1er mai 1788 supprima la torture ; le roi y reconnaissait que : *Cette épreuve, presque toujours équivoque par des aveux absurdes, les contradictions et les rétractations des criminels,*

(1) Essais, liv. II, chap. V.

était embarrassante pour les juges qui ne peuvent plus démêler la vérité au milieu des cris de la douleur, et dangereuse pour l'innocence, en ce que la torture pousse les patients à des déclarations fausses qu'ils n'osent plus rétracter, de peur de voir renouveler leurs tourments. L'honneur de cette conquête de la civilisation sur la barbarie doit donc revenir à Louis XVI, à ce roi qui devait expier les fautes de Louis XIV, les excès de la Régence et les saturnales de Louis XV. Peu de temps après cette glorieuse et humaine réforme, le vieux trône, où s'était assis un saint, allait s'abîmer sous un martyr.

IX. L'EXÉCUTEUR

Les chapitres précédents ont passé en revue le laboratoire de la mort.

Toute la variété des supplices que consacrait l'ancienne jurisprudence, depuis les verges qui châtiaient les simples délits jusqu'aux roues, jusqu'aux gibets, sur lesquels les grands coupables ou les grandes victimes expiaient leurs forfaits, ou recevaient la palme du martyre, a défilé sous les yeux de mes lecteurs, avec son horrible cortège de cruautés et d'épouvantements.

Pour compléter cette étude, il me reste à parler du maître de cet arsenal du châtiment, de celui qui fouettait, marquait, pendait, décapitait, rouait, brûlait au nom de la loi.

Mais, avant d'esquisser ce que fut en France la charge d'exécuteur, je crois nécessaire de dire quelques mots de ce qu'elle a été chez les anciens, de ce qu'elle est aujourd'hui chez quelques nations étrangères.

Le bourreau est un produit de la civilisation en travail, qu'une civilisation plus parfaite emportera sans aucun doute.

Les tribus des peuples pasteurs, des sauvages indigènes des continents découverts par Christophe Colomb, n'étaient que des extensions de la famille, pratiquant la loi de justice dans sa simplicité, dans sa pureté, dans sa grandeur.

Les vieillards, les sages, et, dans les théocraties, les prêtres, s'assemblaient, jugeaient, condamnaient, et la nation entière exécutait les arrêts qu'ils avaient rendus.

La justice et Dieu se confondant dans la même idée, frapper un coupable c'était glorifier le Créateur. Refuser de s'associer à un châtiment, c'eût été plus qu'une honte, c'eût été un sacrilège.

Chez les Israélites, la famille de la victime revendiquait le droit de la venger.

À cette coutume en succéda une autre : les juges eux-mêmes exécutèrent leurs jugements.

La peine de mort ne figurait pas dans le *Vendidad sadé*, qui était à la fois le Code et le Livre sacré des pâtres.

Le criminel recevait un nombre de coups de lanières proportionné à son crime, et déterminé par la loi. S'il succombait à la rigueur de la peine, sa mort pouvait être considérée comme le résultat du jugement de Dieu ; et ses frères, qui l'avaient frappé, n'étaient point souillés.

Lorsque l'homme passa de l'état patriarcal au régime du despotisme, la peine capitale cessa de n'être qu'un châtiment : elle fut un frein, et le bourreau devint la pierre angulaire des sociétés constituées.

La théocratie égyptienne est la première société où l'office de mettre à mort les condamnés apparaît comme institution.

La Grèce républicaine avait ses exécuteurs ; mais ses lois, dans leurs rigueurs les plus légitimes, rendaient à la liberté un suprême hommage. Le bourreau préparait la ciguë, il la présentait au coupable, qui s'immolait lui-même.

Ce serviteur de la chose publique n'était pas méprisé.

Aristote, dans le livre VI de ses Politiques, ne se contente pas de le placer au rang des magistrats ; il ajoute que son office est si nécessaire dans un État, qu'il doit être regardé comme un des principaux.

L'usage de laisser exécuter par les accusateurs les sentences qui prononçaient des peines afflictives contre les accusés existait chez les Romains ; mais, plus tard, lorsque cet usage eut été abrogé, malgré leurs dédains pour la vie humaine, les Romains partagèrent nos sentiments de répulsion pour ceux entre les mains desquels tomba ce triste emploi.

À leurs fonctions de gardes et de messagers des Consuls, les licteurs adjoignaient celles d'exécuteurs des arrêts de ces magistrats. Ce dernier office leur avait donné leur nom, qui dérive du verbe *ligere*, parce qu'ils liaient les pieds du criminel.

Je dois ajouter que quelquefois on se servait d'autres personnes pour les exécutions.

Souvent on employait des soldats, non-seulement dans les camps, mais à la ville même ; ce qu'on leur demandait était considéré comme un service public, et ne déshonorait pas plus que la mort du condamné militaire ne déshonore chez nous ses camarades qui le fusillent.

En Allemagne, avant que cette fonction eût été érigée en office, le plus jeune membre de la communauté ou du corps de la ville était contraint de s'en charger, et comme il arriva que ceux que leur âge désignait montraient de la répugnance à obéir à la loi, on imposa des amendes assez considérables aux récalcitrants.

En Franconie, le nouveau marié avait à acquitter, en remplissant cette fonction terrible, la dette contractée par lui envers la société au milieu de laquelle il venait prendre une place.

En Thuringe, celui des habitants qui s'était le plus récemment fixé dans la localité où devait avoir lieu le supplice, était chargé de l'exécution.

Le collège des échevins de la ville d'Anvers désignait un

boucher, choisi parmi les plus anciens de la corporation, pour lui confier le glaive de la loi.

En Crimée, lorsque la Crimée était un royaume, le roi chargeait la partie plaignante de mettre à mort le condamné. Une femme eut ainsi à poignarder l'assassin de son mari ; elle accomplit cette *loi de Lynch* dans toute sa rigueur.

Les lois anglaises et américaines ne descendent pas jusqu'à se préoccuper du bourreau ; par une fiction qui ne manque pas de grandeur, elles semblent dédaigner de vouloir connaître l'instrument de leur décret de mort.

L'arrêt de la justice étant rendu, le shérif pourvoit, à ses risques et périls et sous sa responsabilité, à ce que cet arrêt soit exécuté. Le *Langman* est un homme aux gages du shérif, et qui pend pour un prix convenu. L'infamie n'est point attachée aux fonctions judiciaires qu'il remplit. S'il est méprisé, c'est parce qu'il appartient ordinairement à la lie de la populace ; s'il est méprisable, c'est en raison du lucre qui l'a déterminé à exercer son horrible métier. Mais s'il venait à faire défaut au shérif, au moment de conduire le patient au gibet, si celui-ci ne trouvait personne pour le remplacer, les devoirs de sa charge le contraindraient à remplir lui-même l'office d'exécuteur.

En Espagne, cette charge se transmet du père au fils, et il ne lui est permis de s'allier qu'avec les familles pourvues du même office.

Sa maison est peinte en rouge et isolée de toutes les autres.

Le despotisme et l'inquisition ont assigné aux exécuteurs un rôle si actif au sein de la société espagnole, qu'il n'y a pas à s'étonner de l'horreur et de la terreur qu'ils inspirent.

Personne n'a de relations avec eux, ils vivent isolés au milieu des cités les plus peuplées : enfants, femmes et hommes, tous s'écartent sur leur passage.

Repoussés de leurs semblables, ils se tournent vers Dieu : c'est en lui qu'ils mettent leur unique consolation et leur seul espoir.

La veille d'une exécution, on les voit dans les églises prier avec ferveur. Ils joignent très-souvent leurs pieuses exhortations à celles du prêtre, et, lorsque le malheureux a expié son crime, ils retournent s'agenouiller sur les dalles des parvis sacrés, et ils implorent la miséricorde divine pour l'âme qu'ils ont violemment retranchée de ce monde.

Divers accidents ont démontré, en Espagne, les inconvénients de cette monstrueuse hérédité dans l'emploi de tortionnaire.

Un des bourreaux de Burgos, obligé de remplacer son père, s'évanouit à plusieurs reprises, et quoique maltraité et violenté par six alguazils, il se refusa à achever l'exécution. Un exécuteur de Salamanque tombait gravement malade chaque fois qu'il avait à donner la question; il finit par mourir dans les accès d'un délire furieux.

Les émoluments des bourreaux espagnols sont considérables. Au marché de chaque ville, ils ont le droit d'exiger de chacun des marchands de gibier ou de volaille la valeur de deux sols. Ils prélevaient jadis un tribut d'œufs sur les vendeurs de cette denrée, ils joignaient encore à leurs attributions la profession de crieurs dans les ventes publiques. Nous retrouverons en France de grandes similitudes avec ce mode d'assigner des revenus aux exécuteurs.

Ils portaient enfin, en Espagne, un costume uniforme, qui consistait en une veste de drap brun à liserés rouges, une ceinture jaune et un chapeau à larges bords, sur lequel était brodée une échelle en or ou en argent.

L'homme auquel, aux premiers temps de notre société française, incomba la triste mission de mettre à mort les criminels ou de leur arracher des aveux par la torture, prit le nom d'*exécuteur de la haute justice*, parce que les hauts justiciers, en y comprenant aussi les juges royaux, étaient les seuls qui eussent le droit de condamner aux peines capitales: *Jus gladii*. Le nom de *maître des hautes œuvres*, qu'ils reçurent presque concurremment avec la désignation précédente, leur venait de ce que, la plupart du temps, les exécutions à mort et les autres peines afflictives ou infamantes avaient lieu sur un échafaud, une potence qui dominait la foule et assurait ainsi au châtiment une publicité salutaire.

En 1323, dans le jugement du baron de Meuillan, on donne aux exécuteurs le nom de *commissaires spiculateurs*.

Ce fut sous Louis IX, vers l'an 1260, que l'on vit pour la première fois apparaître l'épithète de bourreau.

Les écrivains ne sont pas d'accord sur son étymologie.

Les uns veulent qu'il dérive du latin *bourrea*, qui signifiait une poignée de verges de saule, premier instrument de répression des licteurs romains. D'autre le font venir d'un adjectif grec qui exprime la qualification de carnassier; d'autres enfin ont cherché son origine dans la langue celtique[1] Quoi qu'il en soit, il est constant que ce mot fut d'abord un terme de mépris, jeté par le peuple à l'exécuteur comme une flétrissure, et que l'opinion publique a consacré. Ce n'est qu'à la longue que l'injure est devenue le nom par excellence.

On trouve, en effet, dans plusieurs arrêts, inhibitions et défenses très-expresses de traiter de bourreau l'exécuteur des hautes œuvres. Parmi les décisions ainsi motivées, je citerai l'arrêt du parlement de Rouen, en date du 7 novembre 1681; celui du parlement de Paris, rendu en faveur de Joseph Doublot, exécuteur de la ville de Blois; un autre arrêt du parlement de Rouen en faveur des nommés Ferey et Jouenne, exécuteurs en cette ville. Ce dernier arrêt fait, en outre, défense d'intercepter la liberté des requérants dans tous les lieux publics, tels que les églises, les promenades, les spectacles et autres endroits; enfin je

(1) D'après Sauval, le nom de Bourreau ne viendrait ni du grec ni du latin· Un clerc, nommé *Borel*, ayant obtenu, en 1220, le fief de Bellencombre, à la charge de pendre tous les voleurs du canton, aurait laissé son nom à la profession.

mentionnerai encore un arrêt du 12 janvier 1787, *Ouï le rapport, Sa Majesté étant en son conseil*, qui fait très-expresses défenses de désigner désormais sous la dénomination de bourreaux, les exécuteurs des jugements criminels.

On peut conclure de tous ces arrêts et des actes qui les avaient motivés que, de tout temps, en France, la charge que j'ai remplie a été, injustement peut-être, l'objet de l'animadversion publique.

Après les adoucissements de la pénalité judiciaire, lorsque le mouvement d'une machine eut remplacé les hideuses boucheries d'autrefois, j'ai respecté même l'excès du sentiment que nous inspirions. Ce n'était pas à moi qu'il appartenait de supposer que l'abnégation avec laquelle nous servions la société nous donnât le droit de considérer ce sentiment comme un préjugé.

Avant la Révolution, l'exécuteur était reçu, à titre d'office, et avait des lettres de provisions émanées de la grande chancellerie de France, et signées par le roi.

Loyseau, qui donne ce détail, ajoute que cet office était le seul auquel aucun honneur ne fût attaché, et il croit nécessaire d'expliquer qu'il en était ainsi par la raison que cet emploi, quoique très-nécessaire, était contre nature.

La coutume prenait encore soin d'établir le degré hiérarchique de la profession. Lorsque le roi avait pourvu à une vacance, une fois les lettres patentes de nomination à la charge d'exécuteur des hautes œuvres signées et scellées, les chauffecires de la grande chancellerie les jetaient sous la table, où le titulaire était tenu de les ramasser.

Cet usage fut aboli vers 1645. Les provisions d'exécuteurs leur furent remises manuellement. Ils prêtèrent leur serment debout comme tous ceux qui étaient pourvus d'offices, au tribunal ordinaire du lieu de leur résidence, audience tenante et furent reçus sur les conclusions du ministère public après une ample information de vie et mœurs accompagnée d'un certificat de catholicité.

Généralement il n'était pas permis à l'exécuteur de résider dans la ville à moins que ce ne fût dans la maison du Pilori qui lui était assignée pour logis.

Dans certains bailliages il portait un costume qui se composait d'une casaque aux couleurs de la ville et sur laquelle étaient brodées, par-devant, une potence et derrière, une échelle.

La charge de maître des hautes œuvres n'était pas en France strictement héréditaire comme en Espagne ; cependant, et par toutes sortes de raisons assez faciles à déterminer pour que je ne me donne pas la peine de les énumérer, une fois entrée dans une famille, il était bien rare qu'elle en sortît.

Ce respect de la succession directe et légitime alla jusqu'à reconnaître à l'échafaud un droit à une espèce de minorité, et il provoqua une décision dont les magistrats qui la rendirent ne comprirent pas sans doute la sacrilège horreur.

J'ai déjà dit, et je ne saurais trop m'appesantir sur ce fait, qu'en 1726 Charles Sanson, un de mes ancêtres, étant mort, son fils Charles-Jean-Baptiste Sanson, fut appelé à lui succéder. Comme il n'avait que sept ans, le Parlement désigna un questionnaire nommé Prudhomme pour faire le *service de la place*, mais ne voulant rien sacrifier de la *forme*, il exigea que le malheureux enfant légalisât toutes les exécutions par sa présence.

L'échafaud pouvait tomber en quenouille. Celui qui épousait la fille unique de l'exécuteur des hautes œuvres succédait à son beau-père.

On verra plus tard que c'est ainsi que ce funeste apanage est arrivé jusqu'à moi.

L'emploi ne devait jamais rester vacant.

Si le dernier titulaire n'avait pas d'enfants, si personne ne revendiquait sa place, la loi permettait au juge d'absoudre un criminel, à la condition qu'il deviendrait exécuteur des hautes œuvres, soit pour toute sa vie, soit pour un temps limité ; et, si le criminel se révoltait contre ce nouveau châtiment, s'il préférait aller au gibet comme patient, plutôt que comme bourreau, le juge désignait d'office un pauvre pour procéder aux exécutions, et dans l'un ou l'autre cas la personne choisie devait recevoir cinq écus chaque fois qu'elle exerçait son ministère.

La France a eu des femmes bourreaux.

On lit dans une ordonnance rendue par saint Louis en 1264, « que celui qui aura méfait ou médit sera battu par la justice du lieu tout de verges en appert, c'est à savoir, si homme, par homme, et la femme par seule femme sans personne d'hommes. »

Je me hâte d'ajouter que les tortionnaires du sexe féminin subsistèrent peu de temps et que cette ordonnance seule nous prouve qu'elles ont existé.

Si l'office d'exécuteur des hautes œuvres, au moyen âge comme sous la monarchie, était privé d'honneurs, en revanche il avait été très-largement pourvu de droits.

Le premier droit, celui qu'il exerça dans presque toutes les villes, était le droit de *havée*(1).

Ce droit consistait à prélever sur les grains qui se vendaient dans les marchés autant qu'on pouvait en prendre avec ses mains.

Ce droit avait été sans doute accordé à l'exécuteur dans le but de l'aider à subvenir à ses besoins personnels et de le dispenser d'acheter des denrées qu'il ne lui était pas toujours facile de se procurer à prix d'argent, beaucoup de gens se refusant à recevoir celui qui sortait d'une telle bourse.

L'exécuteur ne pouvait affermer son droit de *havée*, mais il

---

(1) Sauval, *Antiquités de Paris* (t. II, page 557) : *Havage, droit de havage ou de havée* : du vieux français, *havir*, prendre, recevoir (Dictionn. de Trévoux), d'où le verbe *avoir, posséder*.

Havadium, vel havagium, tributum quod pro mensura exigitur. — Gallice, havage *vel* havée.

Glossarium mediæ vel infimæ latinitatis. — Lagrange

lui était permis de se faire aider par ses domestiques dans sa perception.

Le nombre des serviteurs qu'il fût amené à employer de cette façon devint assez considérable pour annihiler tous ses profits ; aussi, dans la suite, obtint-il de certaines villes que ce tribut en nature fut changé en une somme d'argent(1).

Une lettre adressée par Tardiveau, exécuteur des hautes-œuvres en la ville d'Orléans, aux gens tenant le bailliage de cette ville, énumère les gens qui composent sa maison, se plaint des nombreux domestiques qu'il est contraint d'entretenir pour la levée et percevance du droit de *havée* sur les différents marchés de la cité.

Afin de distinguer ceux qui avaient acquitté le droit de ceux qui le devaient encore, l'exécuteur et ses aides marquaient les premiers au bras ou à l'épaule avec de la craie.

Ce droit, bien qu'il ne fût pas onéreux pour chaque particulier, n'en était pas plus populaire, mais cette façon de procéder le devint encore moins ; le geste de l'exécuteur prêtait aux lazzis et aux quolibets de la foule, qui ne les épargnait pas à ceux auxquels ce geste s'appliquait.

Bientôt ce contact avec le bourreau amena des émeutes dont quelques-unes dégénérèrent en séditions ; il fallut interdire à l'exécuteur cette façon de donner quittance à ses débiteurs.

Il se trouva également des acheteurs qui manifestèrent une horreur réelle ou simulée pour les marchandises qu'avait souillées une main réputée infâme. Les bailliages contraignirent les exécuteurs à se servir d'une cuillère de fer pour prélever leurs dîmes, et ce furent sans doute ces difficultés de perception,

(1) À Paris, où la consommation des denrées était déjà considérable, ce droit, au moment de sa suppression, rapportait de trente à soixante mille livres par an, mais il fallait à l'exécuteur un nombre de préposés égal à la quantité de barrières existant à cette époque ; il se montait à quinze ou vingt

bien plus que les doléances des tourmenteurs jurés, qui firent convertir le droit de *havée* en une redevance annuelle et perpétuelle.

Beaucoup d'autres droits s'ajoutaient à celui que je viens d'indiquer.

D'après une ordonnance du Châtelet, datée de 1530, d'après les provisions d'exécuteur des hautes-œuvres conservées dans ma famille, et dont la première date de 1688, l'exécuteur de Paris avait droit sur les fruits, verjus, raisins, noix, noisettes, foin, œufs et laines ; sur le passage du Petit-Pont, sur les chasse-marées, sur chaque malade de Saint-Ladre (les lépreux), en la banlieue ; sur les balais, sur le charbon, sur les huîtres, sur le poisson d'eau douce, sur les gâteaux de la veille de l'Épiphanie, sur les vendeurs de cresson, sur la marée, et enfin sur les pourceaux qu'on laissait alors errer dans les rues de Paris.

Lorsque ses gens avaient saisi un de ces animaux, ils devaient le conduire à l'Hôtel-Dieu, où ils exigeaient soit la tête, soit cinq sols en argent pour chaque capture.

Il avait encore son avoir sur les justiciés.

Il ne leur fut d'abord permis de prendre de leurs vêtements que ce qui se trouvait au-dessous de la ceinture ; ils obtinrent plus tard la dépouille entière des condamnés.

Dans certaines cités, à Orléans, par exemple, l'exécuteur prélevait une taxe sur les filles de mauvaise vie. Cette dernière ville possède dans ses archives une pièce qui l'établit.

Cette pièce est ainsi conçue :

« Nous avons aujourd'hui condamné et condamnons Jehannette la Lande, Marie de Hart, Guillemette la guarce, Jeanne la Pierriere, Jehannette du Mans, Catherine de Saint-Omer, Crispine de Lorraine et Alis de Sens, filles de vie, de leur consentement, à rendre et payer chacun an, à toujours et dorénavant, de quinze jours en quinze jours, à maître Pierre Robert, exécuteur de la haute justice de Monseigneur le duc d'Orléans, quatre deniers pour certains droits que ledit exécuteur prend sur les filles de vie. »

D'après Sauval, les religieux de Saint-Martin devaient tous les ans à l'exécuteur de la haute justice, cinq pains et cinq bouteilles de vin pour les exécutions qu'il faisait sur leurs terres. Les religieux de Sainte-Geneviève lui payaient cinq sols tous les ans pour exemption du droit de *havée* ; enfin, le jour de Saint-Vincent, patron de l'abbaye de Saint-Germain-des-Prés, l'abbé lui donnait une tête de pourceau, et le faisait marcher au premier rang de la procession.

Outre tous les droits que je viens d'énumérer, l'exécuteur recevait encore une somme d'argent par exécution.

Au XIVe et au XVe siècle ce droit me paraît avoir été fixé à cinq sols. C'est encore dans les archives d'Orléans que se trouve la confirmation de cette rétribution monétaire.

Les comptes de la prévôté contiennent une note ainsi conçue : « À Guillaume, receveur des exploix de ladite prévosté d'Orléans, payé à maistre Pierre Robert, exécuteur de la haute justice, pour monseigneur le duc d'Orléans, la somme de XV sols parisis, pour son salaire, d'avoir exécuté samedi dernier Sansonnet de Berry, de la cour de mondit seigneur le duc, pour aulcunes vilaines et horribles paroles que ledict Sansonnet avaict dites de Dieu et de la vierge Marie en la manière qui s'ensuit : c'est à savoir : De l'avoir percé la langue d'une broche de fer et lui avoir coppé l'oreille dextre... v s. p. ; pour l'avoir mené par les carrefours d'Orléans v s. p. ; et pour le mectre au pilory et lui flétrir les lèvres d'une broche chaulde v s. p.

» Donné soubs le sceaul de ladite prevosté, le XXVIIe jour de mars et unze avant Pacques. »

Il arriva que l'exécuteur, non content des émoluments qui lui étaient attribués, crût pouvoir les augmenter par la concussion. Cet abus dut être réprimé ; ce fait nous est prouvé par une ordonnance du bailliage d'Orléans qui fait défense à l'exécuteur de la haute justice de percevoir d'autres droits que ceux portés par le règlement de 1684. Nous croyons devoir donner *in extenso* cette pièce curieuse signée de deux gloires orléanaises : Pothier et Jousse.

« À tous ceux qui ces présentes lettres verront : Henry-Gabriel Curault, écuyer, seigneur de Malmuffe, et autres lieux, conseiller du roi et de son Altesse Sérénissime monseigneur le duc d'Orléans, lieutenant général, commissaire enquêteur et examinateur du bailliage et siège présidial d'Orléans, Salut. Sçavoir faisons que, vû la requête à Nous présentée par le procureur du Roi, expositive que les plaintes, souvent répétées, qui lui ont été portées par les différentes personnes qui apportent des denrées aux marchés de cette ville ; les informations qu'il a faites pour s'assurer de la légitimité de ces plaintes, l'ont convaincu de plus en plus de l'irrégularité de la conduite de l'exécuteur de la haute justice dans la perception de son droit de havée sur les objets indiqués par le règlement provisionnel du 29 novembre 1684, soit en percevant ce droit dans tout autre endroit que celui qui lui est prescrit par le même règlement, soit en l'exigeant sur toutes espèces de marchandises qui entrent en cette ville, soit en percevant ce droit à tout autre jour que celui que porte ce règlement. Que ce règlement est si clair et si précis, qu'il n'a jamais pu servir de prétexte à l'exécuteur de l'enfreindre en la moindre partie.

» En effet, l'article premier porte : « Qu'en cette ville d'Orléans ledit exécuteur ne pourra lever lesdits droits de havée que sur les denrées apportées de dehors à vendre ès marchés d'icelle, et aux jours de mercredi et samedi seulement, ou les jours précédant iceux, si se rencontre aucune fête lesdits jours de mercredi et samedi. »

» Que le même exécuteur, sous prétexte d'exécution de justice faite ou à faire, ou que cette exécution a eu lieu contre plusieurs accusés, quoique le même jour, anticipe la perception de son droit, ou la prolonge autant de jours différents qu'il y a eu d'exécutions : ce qui est également contraire à la disposition de notre règlement qui porte, article 5 : « Et le samedi prochain ensuivant le jour de ledit exécuteur aura fait aucune exécution de justice, il prendra au double lesdits droits, en sorte qu'au lieu de deux deniers, il lèvera quatre deniers, et au lieu de cinq deniers il en lèvera dix, de chacun de ceux qui, ledit jour de samedi, apporteront comme dessus de dehors au marché lesdites denrées, sans qu'il puisse exiger le double desdits droits à autre jour que du samedi en suivant l'exécution de justice qu'il aura faite. »

» Que dès l'année mil sept cent soixante ou mil sept cent soixante-un, ledit exécuteur avait étendu ses droits tels qu'il les perçoit aujourd'hui, et sans y être autorisé ; sur les plaintes que le procureur du Roi nous en avait portées alors, nous prîmes avec lui les mesures les plus sages pour arrêter ces entreprises, mais que s'étant pourvû en la cour, il aurait toujours continué, persuadé que la cour l'autoriserait dans sa conduite ; cependant, par arrêt du 30 avril 1763, la cour ordonna que « le règlement de mil six cent quatre-vingt-quatre sera exécuté selon sa forme et teneur, sans qu'il soit permis à l'exécuteur de prendre autres et plus grands droits que ceux qui y sont portés. »

» Cet arrêt qui ordonne l'exécution provisoire du règlement dont l'exécuteur demandait la réformation, a eu lieu pendant quelque temps ; l'exécuteur s'est renfermé dans son exécution, mais insensiblement sous prétexte d'une perception plus facile de son droit et sous divers autres prétextes, l'exécuteur a perdu de vue ce qui lui était prescrit ; on ne reconnaît plus dans sa conduite rien qui puisse être émané d'une autorité légitime ; l'indépendance à laquelle il tend, annonce un dessein formé de ne plus s'assujettir à aucune règle ; mais comme il ne lui est pas permis de s'en écarter ; que par l'arrêt de la cour il y est assujetti plus que jamais ; qu'il serait même dangereux de rester plus longtemps dans le silence à cet égard ; en conséquence nous requiert le procureur du Roi, ordonner que notre règlement du mois de novembre mil six cent quatre-vingt-quatre, sera exécuté selon sa forme et teneur, ce faisant, faire défense à l'exécuteur de la haute justice, de percevoir autres et plus grands droits que ceux qui lui sont prescrits par ledit règlement, et tels de la manière portée par les articles un et cinq dudit règlement, sous telles peines qu'il appartiendra, de cinquante livres d'amende, même de prison contre ledit exécuteur; ordonner que notre présente ordonnance sera imprimée et affichée partout où besoin sera, et notamment dans les places et marchés de cette ville, aux portes de ladite ville et qu'elle sera notifiée à la requête du procureur du Roi audit exécuteur, à ce qu'il n'en puisse prétendre cause d'ignorance: ladite requête signée: Paris, avocat du Roi.

» Le tout considéré, nous ordonnons, se réquérant le procureur du Roi que notre règlement du mois de novembre mil six cent quatre-vingt-quatre sera exécuté selon sa forme et teneur; ce faisant, faisons défenses à l'exécuteur de la haute justice de percevoir autres et plus grands droits que ceux qui lui sont prescrits par ledit règlement, et tels et de la manière portée par les articles un et cinq dudit règlement, sous telles peines qu'il appartiendra, de cinquante livres d'amende, même de prison contre ledit exécuteur. Ordonnons que notre présente ordonnance sera imprimée et affichée partout où besoin sera, et notamment dans les places et marchés de cette ville, aux portes de cette ville, et qu'elle sera notifiée à la requête du procureur du Roi audit exécuteur, à ce qu'il n'en puisse prétendre cause d'ignorance. Donné et arrêté en la Chambre du conseil du Bailliage d'Orléans, par nous Robert-Joseph Pothier, conseiller-doyen, président; où étaient Messieurs René-Louis Delagueulle de Coinces père; François Alix; Daniel Jousse; Jacques-Isaac Seurrat; François-Florent-Théophile Luillier de Planchevilliers; René-Louis Delaguelle de Coinces fils: Jacques-Simon Le Clerc de Douy et François-Raymond Grignon de Bonvalet, tous conseillers, juges-magistrats audit siège, le trente janvier mil sept cent soixante-dix.

Signé : BRUNEAU. »

En 1721 les plaintes auxquelles la perception du *droit de havage* donnait lieu, fatiguèrent tellement les autorités, que S. A. R. Mgr le duc d'Orléans, régent en France, le supprima à Paris, et le remplaça par un traitement fixe de seize mille livres par an(1).

Jusqu'en l'année 1727 ce traitement, comme ceux des autres offices de la couronne, fut payé directement par le trésor royal ; un arrêt du 14 janvier de cette année 1727, le mit à la charge de la caisse des domaines et bois de la généralité de Paris.

Avant la Révolution, l'exécution des jugements de la cour du Parlement, et des autres tribunaux jugeant aux peines capitales, embrassait trois charges qui portaient les dénominations suivantes :

1 L'*Exécuteur* des hautes œuvres de la ville,
Prévôté et vicomté de Paris.

2 Le *Questionnaire*.

3 Le *Charpentier*.

Toutes les peines entraînant la mort immédiate étaient dans les attributions de l'exécuteur. Outre les seize mille livres de traitement que lui attribuait le décret du 1er octobre 1721, il recevait des indemnités pour les exécutions qu'il avait à faire en dehors des murs de Paris ; on lui remboursait le prix des fournitures qu'occasionnaient les exécutions tant à Paris que dans l'étendue de la généralité et du ressort du Parlement.

(1) Arrêt du 1er octobre 1721

Les aides étaient de deux catégories : 1. Les fils d'exécuteurs de province, non appointés, mais nourris et logés ; 2. Les *valets* qui remplissaient au logis l'office de domestiques.

En outre de ces aides, l'exécuteur devait entretenir deux charretiers aux gages de 1200 livres l'un et deux équipages.

Le *Questionnaire* était souvent un fils ou un parent de l'exécuteur des hautes œuvres. Il donnait la question ordinaire et extraordinaire, ainsi que celle que l'on appelait préparatoire et que supprima le roi Louis XVI à son avènement au trône. Il avait la fourniture des cartons sur lesquels on inscrivait le crime des condamnés au carcan, et des tableaux où était peinte l'effigie de ceux que l'on exécutait par contumace. Comme l'exécuteur, il était reçu à titre d'office.

Si on en juge par la valeur de sa charge (quarante à cinquante mille francs) l'office de *Charpentier*, bien qu'aucun traitement fixe n'y fût attaché, devait être fort lucratif. On peut, du reste, en juger par un état de fournitures d'exécutions signé du sieur Matagon, caissier des domaines et bois en la généralité de Paris pour les années 1784, 1785, 1786 et 1787, c'est-à-dire sous le règne du roi Louis XVI qui, de tous les rois de France, fut certainement le plus avare du sang de ses sujets. Le total de cet état s'élève à la somme de 164 758 livres, ce qui donne un autre total de 41 189 livres dix sols par année.

Le *Charpentier* veillait à la conservation des *justices* ; il construisait, il réparait, il entretenait les échafauds et tout le matériel des supplices.

En 1789, dans le grand mouvement qui agitait les esprits et les ramenait aux principes de la justice et de la raison, quelques voix généreuses s'élevèrent en faveur des malheureux sur lesquels, depuis des siècles, pesait un si cruel préjugé.

Si j'ai courbé la tête sous ma destinée, si j'ai accepté sans murmure la flétrissure que la société attachait aux fonctions que les hasards de la naissance m'avaient imposées, je ne me refuserai pas la consolation de répéter ici les éloquentes paroles qui revendiquèrent pour nous les droits de citoyen auprès de l'Assemblée nationale.

C'est un double devoir de reconnaissance envers ceux qui se firent nos défenseurs et de piété filiale envers mes ancêtres, qui portèrent avant moi la croix qui m'a semblé si lourde.

« Que deviendrait la société, disait M. Matton de la Varenne dans cette circonstance, de quelle utilité seraient les juges, à quoi servirait l'autorité, si une force active et légitime n'exécutait les jugements rendus pour venger les outrages faits à la loi, en la personne des citoyens qu'elle protège ? Si la punition du coupable est déshonorante pour celui qui la lui fait subir, les magistrats qui ont instruit le procès de l'accusé et prononcé la peine, le greffier qui a rédigé les jugements, le rapporteur et le lieutenant criminel qui le font exécuter sous leurs yeux, ne doivent-ils pas avoir leur part de déshonneur ? Pourquoi celui qui met la dernière main au supplice, qui déteste le crime qu'il punit, serait-il avili par des fonctions qui ne sont, en quelque sorte, que le complément de celles des magistrats et poursuivent le même but ?

Un scélérat a osé incendier la propriété d'un citoyen, rougir ses mains du sang de son frère, vous demandez sa mort à grands cris, vous y assistez en foule et vous ne voulez point reconnaître pour citoyen, et vous regardez comme infâme celui qui a fait subir au monstre le châtiment que vous-même vous avez provoqué ? Soyez donc justes et conséquents avec vous-mêmes ; convenez donc que ce n'est ni le magistrat, ni l'exécuteur, mais le coupable seul qui mérite votre horreur. »

Le plus illustre orateur de l'assemblée, le grand démolisseur des préjugés se leva dans l'assemblée pour plaider notre cause avec sa véhémence ordinaire. Il s'appuya sur la bizarre contradiction qui note d'infamie l'exécuteur des jugements d'un tribunal, tandis que le soldat qui a fait périr son camarade sous les verges n'est pas jugé indigne de parvenir aux grades et d'obtenir la croix de Saint-Louis ; il rappela qu'à Londres, un shérif n'avait pas cru devoir hésiter à remplir des fonctions nécessaires, en fouettant de ses mains un criminel ; il déclara que la société, qui au nom de son salut nous condamnait à répandre le sang de nos semblables, ne pouvait pas payer le service qu'elle exigeait de nous, en nous repoussant dans son sein.

En 1793, la Convention nationale réforma complètement la juridiction criminelle en ce qui concernait les exécuteurs.

Par un décret du 13 juin 1793, elle décida qu'il y aurait un exécuteur des jugements des tribunaux dans chaque département de la République.

Elle mit le traitement de ces exécuteurs à la charge de l'État.

Dans les villes dont la population n'excède pas 50 000 âmes, ce traitement fut de 2 400 liv.

Dans celles dont la population était de 50 000 à 100 000 âmes, il fut de 4 000 liv.

De 6 000 livres dans les villes dont la population dépassait 100 000 âmes.

Enfin, les appointements de l'exécuteur de Paris furent fixés à 10 000 liv.

Un autre décret du 3 frimaire an II, déterminait le nombre des aides accordés aux exécuteurs des jugements criminels, et décidait qu'il serait payé aux exécuteurs des départements une somme de 1600 livres pour deux aides à raison de 800 livres chacun ; à celui de Paris 4000 livres chacun ; ce décret contenait encore cette singulière disposition que tant que le gouvernement français serait révolutionnaire, l'exécuteur de la ville de Paris recevrait une somme annuelle de 3 000 livres pour supplément à son traitement.

Ce n'était pas trop, en vérité, pour la moisson de têtes qu'on exigeait de lui.

Cette réhabilitation à laquelle nous avions si ardemment et si vainement aspiré, le sanglant régime de ce temps-là nous l'offrait. Il nous admettait au grade d'officier dans les armées. Un représentant du peuple en mission à Rochefort, Lequinio, embrassait tous les exécuteurs de France dans la personne du citoyen Ance qui exerçait ses fonctions dans cette ville, il l'invitait à un dîner où il le plaçait en face de lui entre ses deux collègues Guesno et Topsent. Un décret défendait de nous flétrir de cette épithète tant de fois maudite de bourreau ; pendant la séance dans laquelle ce décret avait été rendu, il fut même question de nous décerner le titre de *vengeur national*, et l'on s'était à grand-peine contenté de la qualification moins sonore d'*exécuteur des jugements criminels*.

Mais en même temps que les comités, que les proconsuls de ce temps-là nous fournissaient ces témoignages de leur tendresse, ils faisaient de nous les proxénètes de l'orgie de sang à laquelle ils présidaient ; ils nous déclaraient des hommes, et ils imposaient aux passifs instruments de leur délire, les appétits de ces monstrueuses idoles de l'extrême Asie, qui, dans l'hécatombe qu'on leur présente, ne choisissent pour victimes que les têtes qui ont été marquées de l'un des signes de l'innocence, de la vertu et du génie.

Plus tard, lorsque le petit-fils de celui qui, pendant ces épouvantables années a tenu la hache, dressera l'*irrécusable* bilan de l'échafaud, on verra de quel prix la Convention nous faisait payer sa justice, et l'on verra quelle a été son *ingratitude* envers ceux qui ont fait couler pour elle ce fleuve de sang, barrière infranchissable entre eux et leurs semblables !

Sous l'Empire, sous la Restauration, la situation des exécuteurs resta telle que la République l'avait instituée.

Une ordonnance du roi Louis-Philippe, datée du 7 octobre 1832, y apporta d'assez graves modifications.

Le nombre des exécuteurs fut réduit de moitié ; elle ne laissa subsister qu'un aide dans toutes les villes, Paris et Rouen exceptées.

Elle établit les traitements sur les bases suivantes :

Pour l'exécuteur résidant à Paris, 8 000 F.

À Lyon. 5 000. Pour l'exécuteur résidant à Rouen, à Bordeaux. 4 000. Dans les autres villes dont la population excède cinquante mille âmes, 3 500. Dans les villes dont la population est de vingt à cinquante mille âmes, 2 400. Dans les villes de vingt mille âmes et au dessous, 2 000.

Un autre arrêté du président de la République, du 9 mars 1849, limita le nombre des exécuteurs au nombre des cours d'appel, en établissant des exécuteurs adjoints dans les villes où siègent les cours d'assises.

Les aides se trouvèrent supprimés.

Néanmoins, le département de la Seine en conserva deux et on en laissa un au département de la Corse.

Dans cet arrêté, les gages des exécuteurs en chef sont fixés comme il suit :

Cinq mille francs à Paris, quatre mille francs à Lyon. Trois mille francs à Bordeaux, Rouen et Toulouse.

Deux mille quatre cents francs dans les vingt-deux autres villes où siègent les cours d'appel.

Nous voilà bien loin de l'époque où Monsieur de Paris percevait cinquante mille livres pour ses droits de havage. Remarquons en même temps que des lettres patentes, des décrets qui réglaient la situation des exécuteurs, nous sommes passés aux simples arrêtés, que le traitement est devenu un gage, et tirons-en cette conclusion, que lorsque des emplois comme celui-là s'amoindrissent, le jour n'est pas éloigné où ils disparaîtront tout à fait.

En donnant au public ces pages, que je crois intéressantes, sur les supplices et sur l'exécuteur, on comprend que je me suis appliqué à conserver l'exactitude et la vérité qui doivent être le cachet de cette œuvre. — Aussi ai-je dû avoir recours, indépendamment de nos traditions et de mes souvenirs à plusieurs auteurs que je me fais un devoir de citer ici, en y renvoyant au besoin le lecteur.

Merlin, *Répertoire de jurisprudence.*
Lachesnaye-Desbois, *Dictionnaire des mœurs et usages des Français.*
Thorillon, *Idées sur les lois criminelles.*
Mezerai, *Histoire de France.*
Delamarre, *Traité de la police.*
Paillet, *Manuel du droit français.*
Loysel, *Institutions coutumières.*
Dulaure, *Histoire de Paris.*
Bourguignon, *Dictionnaire des lois pénales en France.*
Beccaria, *Des délits et des peines.*
Voltaire, *Dictionnaire philosophique.*
Gravina, *Histoire générale de la législation romaine.*
Cheruel, *Institutions, mœurs et coutumes de la France.*
H. Martin, *Histoire des Français.*
Le Maire, *Histoire d'Orléans.*

On voudra bien s'expliquer de cette façon l'emploi du mot de Bourreau, qui se trouve quelquefois dans cette étude : c'est rarement moi qui m'en suis servi, car il m'appartenait moins qu'à tout autre d'employer une expression contre laquelle ma famille et moi n'avons cessé de protester, et qui pourrait blesser de légitimes susceptibilités.

S.

MÉMOIRES DES SANSON

I. ORIGINE DE MA FAMILLE

Les auteurs de mémoires préludent ordinairement à l'autobiographie dont leurs récits sont le prétexte, par de minutieux détails sur la généalogie de celui qui se met en scène.

La vanité humaine ne saurait laisser échapper cette occasion de décliner ses titres, de déployer ses parchemins.

Je comprends trop combien des prétentions nobiliaires peuvent paraître ou ridicules ou odieuses chez le descendant direct et légitime de tant de bourreaux, pour n'avoir pas songé à me soustraire, sur ce point, aux exigences de la situation.

Ce ne sera pas sans répugnance, ce ne sera pas sans avoir soutenu une lutte contre moi-même, que je me serai résigné à dépouiller le cimier du *noble homme* de la rouille sanglante qui cachait à tous les regards l'écusson très-réel de *Messieurs de Paris*.

Mais qui dit mémoires, dit confession.

Le principe essentiel d'une confession, fût-elle profane, est l'humilité; pour premier devoir elle impose le sacrifice de ses sentiments personnels à la vérité.

Force m'est donc de raconter comment, par une amère dérision de la destinée, celui qui légua à son fils le terrible héritage que j'ai recueilli à mon tour, était un gentilhomme; force me sera d'avouer au début de ce livre que ce fut une chute qui précipita six générations de mes ancêtres dans la voie d'opprobre où la fatalité les a maintenues jusqu'à moi.

En 1829, un éditeur nommé Sautelet demanda à une agrégation d'écrivains des mémoires, qu'avec une audace incroyable il ne craignit pas d'attribuer à mon père.

Celui-ci était un homme d'un caractère doux et timide. Tant que la main de la justice ne venait pas heurter à sa porte, tant que la société ne commandait pas, il éprouvait une profonde répugnance à sortir de l'ombre et de l'oubli qui pouvaient seuls adoucir momentanément les amertumes de sa triste profession.

Il hésita longtemps avant de se décider à protester contre cette inqualifiable usurpation de sa personnalité et de son nom. Il était, néanmoins, sur le point de le faire, lorsqu'un tragique événement, le suicide de l'éditeur, vint, en suspendant cette publication, permettre à mon père d'ajourner sa légitime réclamation.

Peu de temps après, la révolution de 1830 était consommée.

La catastrophe qui renversait pour la seconde fois une monarchie de neuf siècles absorbait tous les esprits.

Un roi tombait. Qui pouvait avoir souci du bourreau, de ses plaintes, ou de ses prétendus Mémoires ?

Deux volumes de cette publication avaient été mis en vente, et les souscripteurs eux-mêmes ne paraissaient pas songer à en réclamer la suite.

Mon père ne laissa donc point échapper cette occasion de ne pas sortir du mutisme qu'il considérait comme une des obligations de sa position sociale.

Ces deux volumes sont du reste un tissu d'allégations mensongères et d'inventions puériles, dénuées, je ne dirai pas seulement de vérité, mais même de vraisemblance.

Voici la version que les auteurs avaient imaginé de placer dans la bouche de mon père à propos de l'origine de notre famille.

« En fouillant dans nos annales judiciaires, disaient-ils, on trouve que sous Louis XIII, un Sanson était exécuteur commissionné par le duc de Lorge, grand justicier de France, et qu'il s'était allié à la famille des Ferey, qui avait le privilège de mettre à mort les criminels dans le ressort de l'Ile de France.

En remontant plus avant dans la série de nos ancêtres, on découvre la fatalité héréditaire à laquelle j'ai vainement tenté moi-même de dérober mon existence.

Le premier des Sanson qui ait voué son existence au châtiment des coupables, *Pietro Sansoni*, car il était italien, fut jeté dans cette carrière de réprobation par des sentiments héroïques pour le temps où il vivait et par un concours de circonstances bien affreuses. Son histoire serait un document précieux pour quiconque désire connaître à quel degré d'exaltation peuvent arriver les passions humaines. »

Les auteurs de ces soi-disant Mémoires n'ont pas été plus heureux dans la fable généalogique qu'ils nous prêtaient, que dans les récits historiques qu'ils nous ont attribués. Tout est faux dans ce paragraphe, je veux le démontrer avant d'établir la filiation réelle de mes aïeux.

Le roi Louis XIII avait bien son justicier de fait. C'était cet illustre cardinal qui fauchait grands et petits et couvrait tout de sa soutane rouge ; mais de justicier en titre, il n'en existait pas.

Ayant créé la charge, en affubler un duc de Lorges, c'est en vérité dépasser les bornes de la licence pseudo-historique. Le duc de Lorges de 1635 doit aller retrouver le *grand justicier* dans le royaume des chimères ; ce ne fut qu'après la mort de Turenne, en 1676, que le chef de cette maison fut créé duc et maréchal par Louis XIV.

Avec la moindre notion de la coutume de l'Ile de France, ces messieurs se fussent épargné cette prodigalité d'imagination. Ce n'était pas le grand justicier du royaume qui délivrait les lettres de provision d'office d'exécuteur, c'était le chancelier, au nom du roi, et un élève de quatrième suffisait pour leur indiquer le nom du titulaire de cette charge à l'époque qu'ils indiquent, et leur apprendre qu'il se nommait Pierre Séguier.

Enfin, un dernier argument sera péremptoire : les noms des exécuteurs des hautes-œuvres ont été conservés. Aucun Sanson ne figure parmi eux avant l'année 1688. Celui qui exerçait ces fonctions antérieurement, s'appelait Nicolas Levasseur dit La Rivière.

Je ne disconviens pas que cette invention romanesque qui nous assigne l'Italie pour berceau, et nous fait descendre de quelque *bravo* aux gages de l'une des républiques de la péninsule, n'eût une physionomie pittoresque qui devait séduire des gens en quête de tout ce qui leur paraissait susceptible de surexciter la curiosité publique.

Ces messieurs ne trouvaient pas sans doute en nous assez d'exterminateurs, et peu leur coûtait d'adjoindre le poignard à la hache.

Un peu plus, un peu moins de sang aux mains des bourreaux, que leur importait ?

Si je me suis étendu aussi longuement sur ces Mémoires apocryphes, c'est pour qu'ils ne puissent jamais être opposés par les personnes de bonne foi à l'ouvrage que je publie aujourd'hui, et qui est le seul véritable dépôt des souvenirs de famille. J'ai retrouvé dans les papiers de mon père, un projet de la lettre qu'il se proposait d'écrire aux journaux pour démentir ces faux Mémoires.

Ce projet est ainsi conçu :

> Monsieur le Rédacteur,
>
> Plusieurs personnes recommandables, qui veulent bien m'honorer de leur estime, ont paru croire que j'étais l'auteur des Mémoires de Sanson, exécuteur des arrêts criminels. Je déclare que je n'ai jamais rien écrit de semblable et que les souvenirs que mon père nous a laissés n'offrent aucune analogie avec cette publication dont tous les détails sont romanesques.
>
> J'ai l'honneur d'être, etc.

Au dos se trouve une liste des journaux auxquels cette lettre était destinée ; ils sont au nombre de sept : la *Gazette de France*, le *Journal des débats*, la *Gazette des tribunaux*, le

Constitutionnel, le *Courrier Français*, la *Quotidienne* et le *Courrier des Tribunaux*.

Plus tard, quand mon pauvre père vint lui-même à mourir, je fus à mon tour l'objet de nouvelles sollicitations pour sortir de l'ombre mystérieuse dans laquelle nous nous tenions cachés. Je reçus d'un écrivain très-honorablement connu la lettre suivante que je publie avec la réponse que j'y fis le lendemain même :

Monsieur,
Un libraire étant venu me proposer de faire, sur quelques notes qu'il m'a promises, la biographie de monsieur votre père, j'ai l'honneur de vous avertir que je n'ai pas voulu me rendre à son invitation avant d'avoir reçu votre agrément et la pleine assurance que ce projet ne contrarierait en rien les idées de votre famille. Je n'ignore pas, Monsieur, que la probité ayant toujours été l'héritage de chacun de ses membres, je n'aurai rien à donner à la malignité publique, et c'est là, je vous l'avoue, ce qui me rend attrayante la tâche que l'on demande à ma plume.
S'il vous plaisait, Monsieur, de nous aider de vos conseils et des renseignements que vous possédez mieux que personne, nous ne serions pas exposés à commettre des erreurs dont le moindre inconvénient est de tromper la religion des lecteurs. Je crois d'ailleurs pouvoir dire sans crainte que nous mériterions tous à cette œuvre : vous, de la mémoire d'un père révéré ; nous, en mettant en lumière des vertus que nous apprécions et que nous savons n'avoir que peu de confidents après les pauvres de votre quartier.
Veuillez, Monsieur, me faire répondre le plus tôt qu'il vous sera possible, et recevoir l'assurance de ma considération distinguée.

PARIS, 3 octobre 1840.

Monsieur,
J'ai eu l'honneur de recevoir votre lettre, et je m'empresse de vous remercier des intentions bienveillantes que vous manifestez à l'égard de mon père et de ma famille ; mais puisque vous avez la bonté de me consulter sur ce qu'il conviendrait de faire, je dois

vous dire avec franchise que ce serait malgré moi qu'on publierait une biographie de mon père, comme ç'a été malgré lui qu'ont été imprimés dans le temps des Mémoires qui ne sont qu'un roman; je vous supplie de ne voir aucune intention désobligeante dans ce que j'ai l'honneur de vous dire, mais seulement l'expression du désir que nous avons d'être ignorés dans la position difficile où le sort nous a placés. Ma famille et moi sommes très reconnaissants de l'opinion favorable que vous voulez bien avoir de nous: c'est une consolation dans notre malheur, dont nous garderons éternellement le souvenir.

Veuillez agréer l'assurance du respect et de la haute considération avec lesquels j'ai l'honneur d'être,

Monsieur,

Votre très-humble serviteur.

On voit que nous n'étions rien moins que disposés à entretenir le public de nous, et que, sans l'événement qui m'a fait rentrer dans la vie privée, et a rendu à ma vieillesse une indépendance tardive et inespérée, ces Mémoires, que je publie aujourd'hui, n'auraient sans doute pas vu le jour.

Si je me suis décidé à remonter, dans le passé de ma famille, plus loin que celui dont les fatales passions ont si cruellement bouleversé les destinées de sa race; si j'inflige à ceux de mes aïeux qui dorment dans leur tombe vierges de tous autres meurtres que du meurtre glorieux des ennemis de leur pays, cette lamentable revendication du dernier de leurs fils, c'est à la fois pour opposer la vérité à un mensonge, et pour exposer avec la sincérité que je promettais en commençant ces mémoires, les douloureux événements qui firent de l'un de nous un bourreau, et le forcèrent à échanger son épée contre le glaive sinistre des expiations judiciaires.

L'origine d'une famille s'établit par les documents authentiques, et par les récits légendaires qui se transmettent du père au fils dans les causeries du foyer.

Les uns sont discutables, les autres empruntent une valeur

officielle aux actes légaux dont ils émanent.

Dans ce que je raconterai de mes ancêtres, j'aurai soin de distinguer ce que je tiens de la tradition de ce qui s'appuie sur des titres irrécusables.

Condamnés au plus épouvantable des isolements, solitaires au milieu de douze cent mille de nos semblables, ne rencontrant jamais dans l'immense cité une main pour serrer notre main, un verre pour choquer notre verre, nous devions nécessairement chercher en nous-mêmes des ressources contre l'horreur de cette situation.

Les causeries dont je parlais tout à l'heure étaient donc, chez nous, plus fréquentes, plus intimes, et, le dirai-je ? plus tendres qu'elles ne le sont chez ceux pour lesquels les joies de ce monde ont été faites.

Dans sa grandiose esquisse de notre profession, M. le comte de Maistre nous reconnaît le droit d'aimer une *femelle* et des *petits*.

En lisant ces pages dont chaque mot, goutte d'airain fondu, tombait sur mon cœur et y laissait sa trace, je me suis souvent étonné qu'un écrivain, aussi pénétré que l'était celui-là de l'intervention divine dans les choses d'ici-bas, ait méconnu la loi de justice dont le Créateur est l'expression la plus sublime ; je ne comprends pas encore qu'il n'ait pas réfléchi que Dieu ne pouvait pas avoir permis d'être en proie à une infortune comme la nôtre sans l'adoucir par une des faveurs secrètes qu'il dispense, qu'il n'ait pas pressenti que l'exécration générale devait ouvrir dans nos âmes les sources d'un amour assez puissant pour sembler ne plus appartenir à cette terre.

À l'heure où j'écris ces lignes, il y a bien des années que les voix chéries ne retentissent plus sous les solives noircies de ce plafond, et cependant, il m'a suffi de parler des longs entretiens, des doux épanchements du passé, pour qu'aussitôt les images de ceux que j'aimais et qui m'aimaient se détachassent des brumes que j'ai laissées derrière moi.

J'ai revu mon père.

J'ai entendu le parquet crier sous ses pas, il a traversé la vaste salle, il est venu s'asseoir dans le large fauteuil de velours d'Utrecht jaune, qui marquait sa place au coin de l'âtre et qui depuis si longtemps était vide; il a fixé sur moi ses yeux si doux et si tristes, le pénible sourire qui lui était familier a glissé sur ses lèvres; j'ai retrouvé sur son visage cette muette, cette navrante éloquence qui tant de fois a fait songer ma jeunesse, et je sens mon cœur qui palpite dans ma poitrine, et l'émotion me suffoque, et l'ancien bourreau de Paris pleure et gémit comme un enfant, comme il pleurait, comme il gémissait le jour où ce père lui dit: Mon fils, au revoir dans un monde meilleur!

Prier, rêver, nous aimer et causer, telles étaient donc nos occupations et nos distractions quotidiennes.

L'histoire du dernier siècle qui vient de s'écouler, et dans laquelle le conflit des passions politiques a taillé une si large part à l'échafaud, servait de texte à nos conversations; mais souvent aussi, et si loin qu'il nous fallut remonter pour cela, nous nous plaisions à jeter un regard en dehors de cet enfer, à parler du temps où les Sanson étaient des hommes.

Mon grand-père nous a raconté que dans un voyage qu'il avait fait à Milan, il avait retrouvé à la bibliothèque Ambroisienne de vieux parchemins dans lesquels un Sanson, sénéchal du duc de Normandie, Robert le Magnifique, plus connu sous le nom de Robert le Diable, figurait comme s'étant croisé pour la terre sainte.

Les études historiques et archéologiques occupaient tous les loisirs de mon aïeul; il nous disait que tous les anciens chroniqueurs qu'il avait compulsés, Villehardouin, Guy, archevêque de Tyr, Martial d'Auvergne, Rigaud et le sire de Joinville, désignaient des Sanson comme chevaliers bannerets des ducs de Normandie; qu'ils avaient pris part, non-seulement aux croisades, mais à la conquête de l'Angleterre, mais aux expéditions de Robert Guiscard et de ses fils, lorsque ces héroïques aventuriers neustriens, partis pour secourir le pape contre les incursions des Sarrasins, fondèrent les principautés et les royaumes de l'Italie méridionale.

Ceci est la légende, et bien qu'il ne soit pas de famille, je dirai même qu'il ne soit pas de peuple qui explique les mystères de son origine autrement que par l'hypothèse et les conjectures, j'ai hâte d'en sortir pour rentrer dans le domaine de la réalité.

Au quinzième siècle, ma famille est établie à Abbeville, elle tient une place honorable dans l'histoire de cette ville, jusqu'au jour où l'un de ses membres la fait descendre tout à coup au dernier degré de l'échelle sociale.

Si j'acceptais comme exactes les suppositions de mon grand-père, il faudrait avouer que lorsque nous retrouvons les Sanson installés dans la cité picarde, ils sont quelque peu déchus de leur antique splendeur.

Ils n'ont plus part aux honneurs d'une cour ducale, ils font partie de cette haute bourgeoisie pourvue de fiefs, qui servait de trait d'union entre les gentilshommes et le tiers état, qui avait comme les premiers le privilège de servir le prince en qualité d'officiers, qui absorbait aux dépens du second les dignités et les honneurs municipaux.

Ce fut ainsi que plusieurs Sanson se succédèrent dans l'échevinage de la capitale du comté de Ponthieu.

Un des membres de cette famille servit Henri IV dans toutes ses guerres et fut grièvement blessé à Fontaine-Française, où le Béarnais faillit lui-même être pris et tué par un gros de cavalerie espagnole. Lorsque la paix de Vervins eut mis fin à la guerre civile et étrangère qui désolait le royaume, ce brave compagnon du grand Henri revint dans sa ville natale, et y passa ses derniers jours entouré de l'estime et de la vénération de ses concitoyens ; il y mourut le 31 mai 1593.

Son petit-fils fut un des hommes les plus remarquables de la première moitié du dix-septième siècle : il se nommait Nicolas Sanson ; il fut le père de la géographie moderne.

Né en 1600, ce savant illustre avait déjà une réputation

européenne, lorsque le cardinal de Richelieu, qui n'avait garde de laisser dans une ville de province un homme capable de le seconder dans ses vastes desseins de colonisation transatlantique, lui assigna une pension convenable et l'honora de son affection toute particulière.

Plaire au tout-puissant ministre était le moyen le plus sûr de conquérir les bonnes grâces du fantôme royal, au nom duquel ce puissant génie gouvernait. D'autres raisons recommandaient encore Nicolas Sanson à l'attention du monarque.

L'histoire a jugé Louis XIII. En confondant l'homme avec le souverain, elle les a enveloppés tous les deux dans la même accusation de nullité.

Rien n'est moins exact.

Le fils d'Henri IV aimait les arts et les lettres, il était très passable musicien, il raisonnait avec beaucoup de finesse et de goût sur la peinture; enfin, son érudition était assez remarquable à une époque où l'ignorance n'avait point cessé d'être traditionnelle dans les classes les plus élevées.

Il ne tarda pas à apprécier le mérite du géographe que son ministre lui avait donné, et Nicolas Sanson reçut de nombreux témoignages de la faveur royale.

Les séductions de la cour, les relations du savant avec les plus illustres personnages du temps, retenaient très-souvent Nicolas Sanson à Paris, et cependant il n'y avait pas fixé sa résidence.

Le besoin du recueillement et de la solitude, l'attraction du foyer paternel, le ramenaient sans cesse à Abbeville, où il passait la plus grande partie de l'année.

En 1638, lorsque Louis XIII fit son entrée à Abbeville, il déclina l'offre d'un logis digne de la majesté royale, et, malgré l'insistance des magistrats, il voulut aller demander l'hospitalité à son géographe.

Un roi de France, un Bourbon, dormit deux nuits sous l'humble toit d'une famille dont un descendant devait un jour, au nom d'une loi barbare et sacrilège, porter la main sur un autre

Bourbon, sur un autre roi de France…

Singuliers jeux que les jeux du sort !

Charles Sanson, qui devint la souche du misérable rameau dont je suis le dernier rejeton, était, selon toute tradition, issu de la même race que Nicolas Sanson.

J'en ai maintenant fini avec ceux de mes aïeux qui furent des citoyens, place à ceux qu'on a appelés bourreaux !

II. CHARLES SANSON DE LONGVAL

Le souvenir, l'espérance sont les plus précieux des dons que l'homme ait reçus de la Divinité.

Livré incessamment à la poursuite d'un bonheur qui toujours lui échappe, doublement tourmenté par cette avidité et par le sentiment de son impuissance, il ne trouve quelque adoucissement à cette éternelle succession de déceptions et d'amertumes, que dans la faculté que possède son imagination de créer les fantômes qu'il a vainement poursuivis dans la vie réelle.

Seuls en ce monde peut-être, nous étions déshérités de ce bienfait ; l'horizon manquait devant nous ; nous avancions vers des ténèbres.

Pour reposer nos regards, il nous fallait détourner la tête et chercher dans le passé : Dieu ne nous laissait que le souvenir !

Je l'ai déjà écrit, de tous ces souvenirs, celui que nous préférions nous transportait vers un temps où notre race n'avait à subir ni tant d'opprobre ni tant d'humiliations ; nous trouvions de faibles consolations à approfondir les causes qui avaient précipité notre malheureux aïeul dans cet abîme ; et c'est ainsi que, pendant cent soixante-dix-sept ans, Charles Sanson a été le héros de tous les récits que le père faisait à son fils au coin de notre foyer.

Comme s'il eût reculé devant les reproches que sa postérité serait tentée d'adresser à sa mémoire, Charles Sanson prit soin de brûler son portrait avant de mourir.

Inutile précaution ; la tradition a si fidèlement transmis son image à ses descendants qu'il me suffit de fermer les yeux pour que ces traits, que mon père m'a tant de fois dépeints, s'assemblent, prennent une forme, une couleur, et que la sombre figure de l'ancien officier du régiment de la Boissière m'apparaisse, se détachant de la toile, comme si le pinceauburin de Rembrandt l'y avait esquissée.

On comprendra que tous les accidents de sa vie, que tous les détails de son histoire me soient familiers ; je trouve, en outre, dans les papiers de ma famille de nombreux documents qui le concernent.

Si le but de ces Mémoires n'avait été qu'une spéculation, comme on a bien voulu le supposer, j'avais dans ces documents une mine féconde dont un de nos grands faiseurs modernes eût sans doute fait surgir une de ces épopées romanesques qui conduisent le lecteur au dixième volume sans laisser faiblir l'intérêt.

Mais je n'y ai jamais songé, et j'ai trop de hâte d'arriver à la partie vraiment caractéristique de cet ouvrage, aux révélations que j'ai promises sur quelques-uns de nos grands drames historiques, et spécialement au martyrologe de 1793, pour occuper longtemps mes lecteurs de mes infortunes personnelles.

J'élague de l'histoire de Charles Sanson tout ce qui ne tend pas à expliquer son incroyable résolution, tous les épisodes de son aventureuse existence, qui n'ont qu'un rapport indirect avec l'horrible profession qu'il avait volontairement embrassée.

Les pièces que j'utiliserai sont de deux sortes.

Elles consistent en quelques lettres qui trouveront leur place dans mon récit, et en une espèce de confession dans laquelle mon aïeul a évidemment voulu résumer l'épisode le plus important de sa carrière.

Sans doute, dans les recueillements de la vieillesse, à l'heure des expiations, lorsque les angoisses de l'homme face à face avec sa conscience, préludent aux épouvantes qui rempliront son âme quand tout à l'heure il se trouvera face à face avec Dieu, Charles Sanson se sentit défaillir.

Pendant vingt ans, il avait cheminé impassible dans sa sinistre voie. Son cœur saturé d'amertume avait trouvé une infernale consolation à être devenu cette effroyable parodie du destin que l'on nomme l'exécuteur : l'effroi des hommes l'avait dédommagé de leur haine ; il commença alors à entendre résonner les pas de ceux qui marchaient dans ses pas, il jeta derrière lui un regard troublé, il s'aperçut que ceux qui, après lui, ensanglanteraient leurs mains à la poignée de la hache héréditaire, étaient ses enfants ; il eut peur, et le bruit des têtes roulant sur l'échafaud troubla son sommeil.

Son fils était pieux et soumis. Né et élevé dans la déplorable condition d'exécuteur, il se courbait sans murmure sous le poids de la destinée qui l'attendait. Mais ce fils aurait à son tour des enfants, et Charles Sanson pressentit qu'ils auraient leur heure d'appréhension et de doute comme lui-même avait eu la sienne : il essaya d'aller au-devant des reproches qu'ils pourraient lui adresser à ce moment suprême, et que le respect filial arrêterait peut-être sur leurs lèvres : il ébaucha une sorte de confession où, sans essayer de se justifier, il exposait le rôle que la fatalité et le malheur avaient joué dans sa chute.

Malheureusement, soit que la mort l'ait surpris avant qu'il eût achevé cette œuvre, soit que les déchirements de son âme ne lui aient pas permis d'accomplir la tâche douloureuse qu'il s'était imposée, cette confession est incomplète.

Je dois combler les lacunes qui l'eussent rendue inintelligible, et souder par un récit les événements qu'il laissait inexpliqués.

En face des faits, si importants pour nous, qui doivent se dérouler dans ces pages, en présence de l'indifférence bien légitime du public pour d'aussi humbles malheurs que ceux de ma famille, je vais essayer de mouvementer ma narration, mais sans que la vérité ait à en souffrir. Dans ce que j'ajouterai au manuscrit de Charles Sanson, je resterai le fidèle et scrupuleux interprète des traditions que j'ai recueillies de la bouche de mon père et de mon grand-père et des notes si minutieuses qu'ils m'ont transmises, même dans la prédiction extraordinaire qui annonça, longtemps à l'avance, à mon aïeul le sort auquel il était réservé.

Charles Sanson était né à Abbeville, en 1635. Il était encore au berceau que déjà son père et sa mère étaient morts.

Il avait un frère, Jean-Baptiste Sanson, né en 1624, et par conséquent de onze ans plus âgé que lui. Un frère de leur mère, Pierre Brossier, sieur de Limeux, recueillit les deux orphelins. Sa bonté, sa tendresse adoucirent pour eux la tristesse de leur situation. Il avait une fille que l'on appelait Colombe. Il fit à ses deux neveux une part égale à la part de celle-ci, non pas seulement dans les soins dont il les entourait, mais dans sa paternité.

Colombe Brossier et Charles Sanson étaient à peu près du même âge. La douce camaraderie de l'enfance resserra les liens du sang et les prédisposa à une affection réciproque. L'âge de Jean-Baptiste l'isolait se sa cousine et de son frère. Son oncle le destinait à la robe; pour lui l'étude remplaça les jeux de bonne heure; il commençait à approfondir les austères formules du droit, que les autres balbutiaient encore en échangeant leurs premières tendresses.

Ces tendresses grandirent avec eux, mais elles se modifièrent le jour où ils comprirent qu'ils pouvaient se donner un titre plus doux que celui de frère, que celui de sœur. Leur amitié devint de l'amour. Cet amour, ni Pierre Brossier, ni Jean-Baptiste Sanson ne l'avaient vu naître; ni l'un ni l'autre ne s'aperçut qu'il devenait de la passion. Pour eux, Colombe et Charles étaient toujours des enfants: ils mesuraient les sentiments que manifestaient les deux jeunes gens l'un pour l'autre, à l'âge qu'ils aimaient à leur supposer encore.

Cependant, un dimanche, après le repas toujours un peu solennel, qui séparait la messe des vêpres, Pierre Brossier annonça à sa fille que, la veille, il avait traité de la charge de conseiller au présidial d'Abbeville pour Jean-Baptiste.

Colombe et Charles ouvraient la bouche pour féliciter le nouveau conseiller, mais Pierre Brossier leur indiqua d'un signe qu'il n'avait point fini, et il ajouta que, pour prendre possession de sa charge, il lui semblait nécessaire que Jean-Baptiste fût marié.

Pierre Brossier considérait la femme comme la pièce angulaire de toutes les gravités sociales.

Sans s'être communiqué leurs impressions, les deux jeunes gens se jetèrent ce regard pantelant de deux pauvres gazelles que le plomb du chasseur a frappées à mort en même temps : un sinistre pressentiment les glaçait d'épouvante, ils tremblaient d'entendre la conclusion du vieillard, et les pauses que celui-ci mettait entre chacune de ses paroles leur paraissaient autant de siècles.

Quant à Jean-Baptiste qui, depuis que son oncle avait pris la parole, promenait la pointe d'un couteau entre ses dents, il baissait modestement les yeux, et il était impossible de déterminer si le pli de sa lèvre supérieure était la conséquence d'un agréable sourire ou de l'opération à laquelle il se livrait.

Pierre Brossier continua. Il ajouta que l'union de sa fille avec le fils de sa pauvre sœur, avait été le rêve caressé de toute sa vie, et que le jour où, ayant demandé à Jean-Baptiste quelle femme il lui convenait de choisir, celui-ci lui ayant nommé Colombe, ce jour avait été le plus beau de sa vie. Il termina en déclarant à ceux qui l'écoutaient, qu'il avait répondu comme il le devait à une semblable ouverture et que les circonstances étant impérieuses, les noces se feraient dans la quinzaine.

Pierre Brossier n'avait point achevé, que la jeune fille avait quitté son siège, et que prétextant une indisposition subite, elle s'était enfuie dans sa chambre, où elle donnait un libre cours aux sanglots qui, pendant un instant, avaient menacé de la suffoquer. Il mit cette disparition soudaine sur le compte de l'émotion, bien naturelle chez une innocente enfant qui, pour la première fois, entend prononcer le mot de mariage.

Peut-être eût-il approfondi ses présomptions s'il eût jeté un seul regard sur le jeune homme muet, anéanti sur sa chaise, comme si la douleur l'eût paralysé, passant et repassant sa main sur son front pâle, comme s'il eût cherché à dissiper quelque horrible cauchemar ; mais Pierre Brossier et Jean-

Baptiste s'étaient mis incontinent à discuter les conditions du contrat; l'un et l'autre étaient picards, et si affectueuses que fussent leurs relations, le souci de l'affaire à conclure chassait bien loin d'eux toute autre préoccupation.

Quelques mots échangés avec Colombe, et la fièvre, qui pendant toute la nuit embrasa le sang du jeune homme, rendirent un peu d'énergie à celui-ci.

Le lendemain, il guetta l'heure à laquelle son frère sortait d'ordinaire, et il alla trouver son père adoptif, qui digérait son déjeuner au coin du feu de la salle basse où s'apprêtait le dîner. Il se jeta aux genoux du bonhomme, et, avec un accent qui eût touché un saint de pierre, il lui avoua son amour pour sa cousine et le conjura de ne point séparer ceux que Dieu avait si évidemment destinés l'un à l'autre.

Tandis que Charles parlait, Pierre Brossier faisait passer sa bière brune, que contenait un pot d'étain, dans sa tasse et il la buvait à petits coups.

Il venait de humer une nouvelle rasade lorsque, perdant tout à coup la gravité qui le caractérisait, il éclata d'un rire si spontané et si violent, que la brune liqueur que contenait sa bouche fut repoussée par le spasme qui soulevait sa large poitrine, et s'en allant plus vite qu'elle n'était entrée, éclaboussa de sa mousse tous les alentours.

À ce rire succéda une quinte de toux qui participait encore de la gaieté qui l'avait causée, mais qui parfois aussi prenait un caractère assez douloureux pour lui arracher un hoquet d'angoisse. Charles était demeuré tout interdit.

Mais ses sentiments étaient trop passionnés pour rester longtemps comprimés par la stupeur. Il recommença ses doléances, il chercha à attendrir son oncle en lui donnant à entrevoir quelles pouvaient être les conséquences du malheur qui allait se consommer. À son tour, il appela à son aide le souvenir d'une sœur bien-aimée, il évoqua son ombre, et cette ombre intercédait avec lui, non-seulement pour le bonheur, mais pour la vie de son enfant.

Le sieur de Limeux poussait le respect du droit d'aînesse aussi loin que l'eût poussé un sire de Coucy, s'il y eût eu encore des sires de Coucy de son temps. Ce n'était point un méchant homme, c'était un homme qui avait tout à fait ignoré la passion et qui trouvait très-logique de nier ce qu'il ne connaissait pas.

Pour lui, la vie avait son programme, ce programme en prévoyait tous les incidents de quelque importance : il était fermement convaincu qu'il n'appartenait qu'à Dieu d'y apporter quelque modification.

L'insistance de Charles blessait ses sentiments traditionnels ; il cessa de rire ; il parla à son neveu avec une sévérité à laquelle il ne l'avait pas accoutumé. Il lui dit qu'à son âge et dans sa position, on songeait à se faire un sort en servant le roi et non point à s'enrichir en prenant femme. Il ajouta que, n'eût-il pas résolu de faire épouser sa fille à l'aîné de ses neveux, à celui que la Providence avait destiné à perpétuer sa race, rien en ce monde ne pourrait le décider à la donner à un cadet. Il lui reprocha durement son ingratitude.

Charles se leva en chancelant et sortit de la salle la tête basse. Il aperçut derrière la porte du corridor une forme de femme accroupie sur les dalles. C'était Colombe qui avait écouté la conversation de son père et de celui qu'elle aimait, et qui pleurait, le visage caché entre ses mains. En entendant le pas de son ami, elle ne releva pas la tête ; de son côté Charles passa silencieux, abîmé dans son désespoir. Tous deux avaient compris que tout était fini pour eux en ce monde.

Le jeune homme quitta immédiatement l'asile de son enfance. Il se réfugia chez un parent qui habitait Amiens, et de là il vint à Paris. Mais à Paris, il se trouva encore trop près de Colombe.

Lorsqu'il vit approcher le jour fixé pour l'union de Jean-Baptiste et de Colombe, le combat que l'amour livrait dans son cœur au sentiment du devoir, lui faisait craindre la perte de sa raison.

Dans un des moments d'accablement qui succédaient aux crises dans lesquelles son désespoir était poussé jusqu'à son paroxysme, il eut peur. L'idée du suicide s'était présentée à son cerveau. Ses sentiments religieux se révoltèrent à l'idée qu'un moment de vertige pouvait lui coûter son salut éternel.

Il résolut d'aller au bout du monde, pour se dérober à l'obsession. Il supposa que lorsqu'il ne respirerait plus l'air qu'elle respirait, que lorsqu'il ne verrait plus des êtres qui lui rappelleraient ses traits, que lorsqu'il n'entendrait plus de voix parlant la langue harmonieuse qu'elle parlait, alors s'évanouirait le spectre qui ne le quittait ni pendant le jour, ni pendant la nuit : il crut que l'éloignement était l'oubli, et qu'il retrouverait au-delà des mers ce cœur qu'il se sentait incapable de lui disputer. Il résolut donc de s'embarquer.

Sur la production de ses titres, le grand amiral de France l'admit au nombre des gardes du pavillon des vaisseaux de Sa Majesté ; il partit sur-le-champ pour Rochefort, sollicita un ordre d'embarquement et, quelques jours après son arrivée dans cette ville, il mettait à la voile pour le Canada.

Il retrouva à Québec une sœur de son père dont la maison lui fut ouverte.

Mais ni les irrésistibles distractions que le Nouveau-Monde devait offrir à sa jeune imagination, ni le cordial accueil qu'il trouvait chez sa tante, ni l'amitié que son cousin Paul Bertaut lui témoignait avec la naïve expansion de son âge, ne purent modifier la déplorable situation de son cœur.

Les nécessités de la vie du bord l'avaient contraint à renfermer ses douleurs en lui-même ; il avait appris à souffrir en silence ; son désespoir avait perdu ses exagérations extérieures ; mais, concentré, il était devenu plus poignant et surtout plus redoutable.

Au contraire de ce qui se passait sous les grands ormes de l'avenue de Picardie, au lieu de le fuir, l'image de Colombe le suivait et chaque jour elle lui apparaissait plus radieuse, plus séduisante qu'elle ne l'était la veille.

Il fuyait ses jeunes camarades, il cherchait la solitude pour trouver au milieu des harmonies de la brise qui faisait vibrer les cordages, le souvenir de cette voix tant aimée, qui était la sienne. Pendant les longues heures du quart, elle lui tenait compagnie sur le pont. Aussi, après avoir été de la Nouvelle-France aux Antilles, des Antilles à Toulon et de Toulon aux échelles du Levant, l'amour de Charles Sanson de Longval pour Colombe était-il aussi vivace, aussi puissant que lorsque, pour la première fois, il avait mis le pied sur un vaisseau du roi.

En revenant pour la seconde fois à Toulon, il y trouva une lettre qui l'attendait. Cette lettre était de Colombe, et Colombe l'appelait sans retard auprès d'elle. Charles prit à peine le temps de demander un congé, et il partit.

Pendant ce voyage, les suppositions les plus étranges se présentaient à son esprit. La lettre de Colombe était brève, elle donnait à présumer qu'un grand malheur l'avait frappée, elle ne parlait point à Charles de son frère. Jean-Baptiste était-il mort ?

Si grande que fût la catastrophe dont ce frère avait été le prétexte, jamais Charles n'avait cessé de l'aimer ; jamais une pensée de colère ou de haine ne s'était mêlée à son désespoir.

Dût-il la trouver veuve, dût-il la trouver libre, cette femme sacrée pour lui seul en ce monde, il avait perdu le droit de prétendre à sa main, et il songeait avec épouvante qu'après avoir connu l'horreur d'être jaloux d'un frère, il aurait peut-être à connaître la rage d'être jaloux d'un étranger.

Il fallait dans ce temps-là près de cinq semaines pour se rendre de Toulon à Abbeville. Charles marcha jour et nuit et il arriva au bout de douze jours.

Aussitôt qu'il aperçut à l'horizon le clocher de l'église, il descendit de cheval et il se jeta à genoux.

Il voulait prier et, pour remercier Dieu, il ne trouvait qu'un seul nom à prononcer. Son cœur battait avec tant de violence, qu'il craignait de voir se briser les parois de sa poitrine avant d'achever les quelques pas qui le séparaient encore de Colombe.

En tournant l'angle d'une rue, il se trouva devant la maison de Pierre Brossier, avec son toit pointu, ses fenêtres découpées en ogives, et sa façade blanche zébrée de solives noirâtres.

Il interrogea de l'œil toutes les ouvertures : Colombe ne devait-elle pas l'attendre, anxieuse sur la porte ?

Lorsqu'il se fut approché, son cœur se serra. Cette maisonnette qui participait jadis de la physionomie sérieuse, mais calme et sereine de son propriétaire, avait pris des aspects mornes et funèbres.

Les murs que jadis on recrépissait si soigneusement tous les ans, étaient sillonnés de longues lézardes et montraient çà et là des crevasses béantes. La mousse rongeait le toit ; nombre de carreaux manquaient à leurs losanges de plomb, et l'herbe poussait dru, verdoyante entre les pierres du seuil disjoint.

Un voisin vint à lui, le reconnut et lui apprit que la fille et le gendre de Pierre Brossier n'habitaient plus leur maison de la place Saint-Jean, qu'ils demeuraient depuis un an dans le faubourg d'Amiens. Il revint sur ses pas la tête baissée.

On lui indiqua la nouvelle habitation de son frère. L'extérieur de cette habitation était modeste, presque pauvre, et Charles commença à deviner quel était le malheur que la lettre de Colombe lui donnait à pressentir.

Il heurta. On entendit à l'intérieur un bruit de pas qui effleurait le carreau, la porte roula doucement sur ses gonds, une silhouette de femme se montra dans la pénombre.

Cette femme poussa un grand cri, et elle tomba dans les bras de Charles. C'était Colombe, un peu pâlie, mais toujours charmante. C'était Colombe qu'il retrouvait aussi tendre qu'elle l'était alors que son cousin semblait devoir à jamais être l'unique objet de sa tendresse.

La pensée de la jeune femme se reporta sans doute du présent au passé, car après s'être abandonnée sans réserve à l'élan qui l'avait jetée dans les bras de Charles, elle se rejeta tout à coup en arrière et fit un effort pour s'arracher à l'étreinte qui la retenait sur le cœur de son ami.

Toute rougissante, elle prit la main du marin, l'entraîna dans la maison, et l'arrêta devant un homme qui paraissait sommeiller étendu dans un large fauteuil. Le visage de cet homme était sillonné de cicatrices si profondes, si nombreuses qu'elles le défiguraient. Son attitude aussi bien que ses stigmates accusaient de récentes et violentes souffrances; lorsqu'il souleva ses paupières, il découvrit deux prunelles atones, fixes, sans regard, horribles à voir. Dans ce spectre de son frère, Charles avait peine à retrouver Jean-Baptiste.

Il regarda Colombe, elle pleurait agenouillée à quelques pas de là. Alors, ne doutant plus, en proie à une déchirante émotion, il s'élança vers le compagnon de son enfance, couvrit de ses baisers et de ses larmes les traces de cruelles blessures, et d'une voix inarticulée, il murmura des mots confus, parmi lesquels on distinguait celui de pardon.

Peut-être en ce moment les pensées qui depuis trois ans agitaient son âme lui apparaissaient-elles comme des crimes.

Enfin, lorsque tous les trois, ils eurent retrouvé un peu de calme, Charles et Colombe s'assirent auprès de Jean-Baptiste, et ce fut celui-ci qui raconta sa triste histoire.

Six mois après le départ de Charles, Pierre Brossier était mort, et il semblait que ce premier malheur eût ouvert la porte à tous les autres. Le fief de Limeux qui constituait toute la fortune de Colombe avait été revendiqué par le seigneur dont il relevait, en s'appuyant sur une ancienne constitution viagère. Les titres de Pierre Brossier n'étaient pas en règle; mais, attaqué sur le terrain de la chicane, le conseiller au présidial avait accepté la lutte avec ces mêmes dédains que l'homme d'épée aurait eus pour lui s'il s'était agi de combattre en champ clos. Il avait plaidé, mais contre toutes ses présomptions il avait perdu son procès, et non-seulement il avait été dépouillé du fief de

Limeux, mais il avait fallu vendre la petite maison de la place pour payer les frais mis à sa charge.

Pierre Brossier ne put survivre à d'aussi cruelles déceptions. Quelque temps après sa mort, la faillite d'un de ses amis, marchand de toiles à Amiens, à qui Charles avait confié de l'argent, réduisit le patrimoine de ce dernier à un seul domaine dont le revenu était à peine suffisant pour le faire vivre. Sous l'impression de ses infortunes, reparurent d'anciens accidents nerveux qui avaient affligé son enfance, mais dont il se croyait guéri.

Un jour que sa femme, en sortant, l'avait laissé au coin du feu, il fut pris d'un terrible accès d'épilepsie ; il tomba de sa chaise dans le foyer, et si malheureusement que, lorsque la servante accourue au bruit le releva, non-seulement son visage était couvert des horribles brûlures dont on voyait les traces, mais ces brûlures avaient encore anéanti les organes de la vue : il était aveugle.

C'était alors qu'ayant vendu sa charge, il s'était réfugié avec sa femme dans cette petite maison du faubourg.

En terminant son lamentable récit Jean-Baptiste exalta avec une vive émotion, la tendresse et le dévouement de Colombe, aux soins de laquelle il devait, disait-il, d'avoir survécu.

Charles regarda la jeune femme : elle avait pâli, elle évitait de lever les yeux, et il crut s'apercevoir que sa main qui promenait l'aiguille dans une broderie tremblait légèrement. Il s'approcha d'elle et d'une voix qu'il s'efforçait d'affermir :

- Sœur, lui dit-il en appuyant sur ce mot, voulez-vous que désormais nous soyons deux à veiller sur lui ?

Un sourire d'orgueil passa sur les lèvres de Colombe.

- Je n'attendais pas moins de vous, mon frère, répondit-elle, et c'est parce que je désirais qu'il en fût ainsi que je vous ai appelé.

Tous deux croyaient évidemment qu'il suffisait de deux noms échangés pour effacer toute trace du sentiment qui, pendant si longtemps, avait sans partage régné sur leurs cœurs.

Charles renonça donc à sa carrière. Il apporta dans la maison le revenu de son fief de Longval ; il y fit rentrer ainsi une aisance dont le pauvre infirme avait si grand besoin. Dans les soins à donner à son frère, il luttait de zèle avec Colombe, et ses causeries, les récits de ses voyages ne contribuaient pas peu à adoucir l'affreuse monotonie de l'existence de l'aveugle.

Ce dévouement pénétrait Jean-Baptiste d'une reconnaissance qu'il ne laissait jamais échapper l'occasion de témoigner. Lorsqu'il était seul avec sa femme, le noble caractère, l'élévation des sentiments de son Charles devenaient le texte de sa conversation. Pierre Brossier n'avait probablement point instruit Jean-Baptiste des causes réelles du départ de Charles, ou, s'il lui en avait parlé, l'ex-conseiller qui partageait les façons de voir de son tuteur, ne se doutait pas que cet enfantillage eût eu des suites, car sans cesse priant Charles de distraire Colombe en la conduisant à la promenade ou de l'accompagner aux offices, il provoquait toutes les occasions qui devaient les rapprocher l'un de l'autre.

Colombe, de son côté, était assez chaste pour ne pas soupçonner le danger auquel elle s'exposait. Loin de fuir ces dangereux tête-à-tête, elle ne semblait jamais plus heureuse que lorsqu'elle sortait seule avec son beau-frère.

Cependant, elle ne tarda point à s'apercevoir que l'ex-marin devenait triste et rêveur. Elle s'en alarma, elle en parla à son mari.

Jean-Baptiste poussa un gros soupir. Avec cet égoïsme inhérent à toutes les souffrances humaines, il se préoccupait avant tout de ce qui intéressait sa santé. La présence de Charles avait tellement amélioré son état, qu'il n'envisageait pas sans terreur la pensée d'un nouveau départ. Il répondit qu'il n'était point extraordinaire qu'un jeune officier, habitué à courir le monde, s'ennuyât dans la plus triste maison d'une triste petite ville ; qu'elle devait faire tout ce qui dépendrait d'elle pour que cet ennui ne le déterminât pas à les quitter.

Le soir même, Colombe proposa une petite excursion dans la campagne à son beau-frère ; Jean-Baptiste, dont la matinée avait été mauvaise, prétexta le besoin de sommeil, et réunit ses instances à celles de sa femme.

Ils prirent le chemin par lequel Charles était arrivé, et suivirent ensuite un étroit sentier, encaissé entre deux murailles d'épis. Charles et Colombe marchaient côte à côte. Le bras de la jeune femme reposait sur le bras de son ami. Colombe paraissait aussi calme que la nature qui les entourait, à cette heure où commençait pour elle le repos. Mais Charles devenait de plus en plus sombre, son agitation devenait étrange. Tantôt il marchait rapidement comme s'il eût voulu entraîner sa compagne dans une solitude plus grande encore que celle dans laquelle ils se trouvaient ; tantôt il s'arrêtait : il semblait vouloir retourner en arrière, et Colombe le sentait frissonner.

Un pressentiment de ce qui devait se passer dans l'âme du compagnon de son enfance traversa tout à coup l'esprit de Colombe : elle tressaillit comme si elle se fût éveillée d'un songe.

Mais Charles revint à lui. Il leva le poing vers la voûte céleste, il proféra un blasphème, et s'enfuit éperdu à travers champs. Colombe rentra seule à la maison.

Le surlendemain, Jean-Baptiste reçut une lettre de son frère qui lui annonçait sa résolution de quitter Abbeville, et le priait de lui pardonner s'il n'avait pas eu le courage de lui apprendre sa détermination de vive voix. Quelque temps après, il acheta une lieutenance au régiment de la Boissière.

Il n'avait pas voulu reprendre la mer : il comprenait que si le devoir exigeait qu'il s'éloignât, il ne lui commandait pas moins de veiller sur les êtres chéris dont il restait le seul appui.

Jean-Baptiste accusa son frère d'ingratitude. Quant à Colombe, jamais, depuis cette époque, on ne la vit sourire.

III. MANUSCRIT DE CHARLES SANSON

Dieu, en sa miséricorde infinie, mesura nos espaules à la croix qu'il nous baille à porter ; il n'a point fait de malheur si poignant qu'on ne s'accoustume à son idée, et ce qui, du premier abord, nous avait semblé aussy impossible qu'il le seroit à un homme d'avaller l'eau de la mer en son entier, se réalise par la toute puissance de l'habitude. Après estre entré en révolte contre le sort qui estait mien, j'ai finy par souffrir patiemment le mal que je ne méritois pas avec celuy que mes imprudences m'ont attiré, en priant Dieu qu'il me procurast meilleure fin que n'aurait esté ma vie. Mais bien que l'enfant ne subsiste que par la volonté de ses parents, qu'il vienne d'eux, qu'il leur doibve tout, et qu'ils n'aient rien qui leur soit si propre, j'appréhende que les miens vis-à-vis de l'estrange différence qu'ils trouveront entre leur existence actuelle et celle qu'ils étaient en droit d'attendre de moy, ne murmurent en dedans d'eux-mêmes contre celuy dont ils ont reçu l'estre et la vie ; aussy avant de crier mercy à Dieu, ay-je voulu confesser mes fautes et les raisons qui m'ont donné ce misérable estat de bourreau, afin qu'ils me pardonnent s'il y a lieu de me pardonner, qu'ils me plaignent s'il y a lieu de me plaindre, et le jeudi onziesme jour de décembre de l'an du Seigneur, mil six cent quatre-vingt et treize, ay-je commencé cet escrit.

Mon plus cuisant malheur feut tousjours de donner à mes passions un pouvoir despotique sur ma volonté et de me rendre ainsy par mon endurcissement indigne des bontés de Dieu, qui, nonobstant et plus d'une fois, tenta de me tirer du gouffre où elles me précipitoient.

Une grande affliction contritionna mon jeune âge, mais loin d'entrer en lutte contre elle et de la resduire par raisonnement, par mortification et par prière, je me compleus si bien à l'entretenir qu'on m'eust fait quitte de la vie, plustôt que de mon fol amour, et que cet asservissement prépara mon esprit à subir toutes les violentes résolutions qu'il plaisrait à mon cœur de lui imposer.

En l'an 1662 j'étois lors lieutenant dans le régiment de monsieur le marquis de Laboissière qui, après avoir fait en l'an 1658, sous monsieur le vicomte de Turenne, la campagne où l'on prit Bergues, Furnes et Gravelines, était venu tenir garnison en la ville de Dieppe.

En cette année 1662 mon frère l'ancien conseiller moureut en la ville d'Abbeville qu'il habitoit, et ce feut pour moy grand deuil et grand ennuy, d'autant plus que Colombe Brossier de Limeux, sa veuve, s'en alla bien cruellement de ce monde quelques jours après luy.

Dans le mois de juillet, cette aide de Dieu, dont je fais mention, s'estoit manifestée avec un grand éclat en ma faveur; mais en mesme temps que mon Seigneur me mettoit, bien amèrement hors d'un péril qui eut peu damner mon âme, l'éternel ennemi de nostre salut, m'incitoit à tomber dans un autre.

En suite d'une cheute de mon cheval qui mist grandement ma vie en péril, je feus porté à la demeure d'un pauvre homme qui habitoit cette maison qu'on desnomme le Clot-Mauduit, qui se trouve hors des murs de la ville de Dieppe, par delà le cimetière, sur le chemin de Neufchastel, en cet endroit où il n'en est point d'autres.

Cet homme fist pour moi ce qu'avoit fait le bon Samaritain: il lava mes playes, il pansa mes blessures, il ne me bailla congé que lorsque je fus guéry. Mais j'emportois de sa maison un autre mal plus fascheux que celuy qu'il avoit soulagé: j'en sortois énamouré d'une fille que l'on nommoit Marguerite et qui estoit son enfant unique.

Dans l'abord je n'y vouleus pas songer. Bien que j'ignorasse l'estat vray du père de Marguerite, il m'avoit pareu de piètre condition, et ne voulant prestandre à l'espouser, je ne pouvois mettre à mal la fille de celuy qui m'avoit fait du bien.

La cruelle perte que je venois d'esprouver en la personne de mon bien-aimé frère et de ma très-bien-aimée sœur, chargeoit mon âme de deuil, et je résolvois de consacrer toute ma vie à la pleurer.

Mais les résolutions de l'homme ne sont que chimères, et malgré moi pendant le jour, pendant la nuict, je voyois l'image de celle dont je me resprochois comme crime d'entretenir mes pensées.

Dans ces temps-là, un mien cousin que l'on nommoit Paul Bertauld, estoit veneu à Dieppe pour ses affaires de commerce, estant de ceux qui tenoient la Nouvelle-France des Indes, avant que le Roy nostre sire ne l'eust rachetée de leurs mains.

Bien que déjà sourdement je haïssois mes semblables en raison des traverses et misères à moy suscitées, et que je préférasse la solitude à leur société, j'aimoy fort Paul Bertauld, que j'avois cogneu, garçonnet en la ville de Québec, lorsque j'y feus sur les vaisseaux du Roy.

Bien que Paul ignorast comme tous la cause vraye de mon humeur et mélancholye, il s'efforçoit de me distraire et de me procurer disvertissement autant en sa seule compagnie qu'en celle du sieur Valvins de Blignac qui, comme moy, avoit une lieutenance dans le régiment de monsieur le marquis de la Boissière, et estoit une bonne lame et un très-joieux compaignon.

Un jour d'austomne, que nous mangions tous trois au bord de la mer, en la maison d'Isaac Crocheteu, mon cousin Paul déclara, en manière de hasblerie, qu'avant que tout le mois ne feust escoulé, il auroit pour belle amie la plus jolie fille qui feut en la ville de Dieppe et dans ses fausbourgs.

Le sieur de Blignac, qui de son naturel estoit aussy un grand flatteur et qui abondoit dans les dires de celuy qui se laissoit volontiers piper et paioit ses goinfreries, confirma cette assurance comme s'il cognoissoit la donzelle.

Incontinent je me sentis tout remué en moi-mesme, et mon cœur se prist à battre, car j'avois desjà remarqué que depuis quelques jours, mon cousin portoit à son costé cette fleur des champs sauvages qui se nomme comme se nommoit celle à laquelle je pensois toujours, et je m'estois desjà figuré que c'estoit en son honneur.

C'estoit à moi triple folie, puisque, après l'affliction que m'avoit causé mon amitié première, en raison du souvenir que j'en voulois guarder, j'avois fait serment de ne plus rien aimer que Dieu ; puisque je n'avois pas revu Marguerite, c'estoit le nom de la fille, depuis l'heure où j'estois sorti de sa maison, puisqu'enfin, en supposant que le propos ne feut pas vanterie, il y avoit bien dans la ville de Dieppe et dans ses fausbourgs cent filles à qui pouvoit s'appliquer le compliment.

Mais, comme si j'eusse cédé à une volonté plus omnipotente que n'estoit la mienne, je quittay la table et, prétendant le besoin d'aller au chasteau, je délaissay mes compagnons, je gasgnai au pied par un destour, traversay le Pollet, et, par le sentier de Bracquemont, j'arrivay au Clos-Mauduit de la route de Neufchastel, où je n'estois retourné depuis qu'elle m'avoit été si funeste.

Lorsque je vis entre les pommiers du closeau la maisonnette de Marguerite, l'isdée me vinst de rentrer au logis, mais j'avois beau me prescher, je cheminois toujours de ce costé.

J'avois veu deux fois son vieux père. En dernier lieu, et, après m'aveoir rendeu sauf, il m'aveoit desfendu sa maison davantage avec toutes sortes de menasses farousches, que j'astribuois à son appréhension que je ne fisse les yeux doux à la fillette.

Je n'affontay donc pas la porte, dans la crainte que, de la complexion dont je le connoissois, il ne chastiast l'innocente, je fis le tour du courtil, qu'entouroit seulement une haie d'églantine, et l'ayant aperçue qui se premenoit, et profitant de ce qu'elle se trouvoit en un endroit escarté dudit courtil, je sautay la closture et coureus à elle.

Les mensonges ne font point faute à qui aime peu ou prou, et on peut dire d'eux qu'ils sont l'apanaige de l'amour. Je contay à la fillette que ne pouvant dire mercy à son bourru de père, j'avois vouleu luy dire à elle pour ses bons soins et charitables offices ; puis, sans davantage de préambule et comme si je n'eusse sceu trop me presser, tant la crainte d'estre presvenu par un autre me talonnoit, je luy fis doucettement l'aveu de mon amour.

La fille rousgit mais ne se fascha pas ; cependant, je vis bien que ses yeux s'emplissoient de larmes, et comme je lui demandois ce qui la fesoit pleurer, elle me respondit que je ne debvois pas l'aimer, qu'une telle amitié apelleroit de grandes calamités sur ma tête, elle m'enjoignit et me supplia de gasgner au large au plus vite, vu que d'instant en instant son père pouvoit descendre en le courtil.

Je ne laissai point que de demeurer quelque temps avec elle, lui respétant ce que desjà lui avois dit et je rentray tout troublé en la ville.

Mais le jour d'après je restournai au Clos-Mauduit, et j'y revins encore les jours suivants.

Quelques fois je ne la voiois pas, d'autres fois je voiois son père se promenant avec elle dans le courtil ; d'autres fois, c'étoit le valet qui labouroit, ou la servante fesoit cueillette de légumes ; j'estois contraint de me tenir coi et de me contenter de regarder de loin celle que jamais je ne feusse lassé d'entretenir. Mais de temps en temps, aussy, elle estoit seule, et si bref que feut nostre déduict, il suffisoit pour me renvoyer plus enfiévré.

Et, en vérité, cette seconde folie succédant à la première la despassoit en véhémence. Vainement je me gourmandois moi-mesme ; vainement je cherchois des forces dans les souvenirs de celle que j'avois tant pleurée, dans les prières que je fesois sur son tombeau je me prenois à penser à Marguerite. Nonobstant, il s'en falloit qu'elle encourageast mon amitié pour elle. Plus cette amitié se manifestoit chaude et pressante, plus elle apportoit d'ardeur à implorer le renoncement que tout d'abord elle m'avoit demandé, et plus aussi elle m'apparoissoit elle-même, mélancholique.

Comme elle estoit sage, comme un jour que j'avois voulu lui ravir un simple baiser elle estoit entrée en grand courroux et que j'avois eu peine à en obtenir pardon, je ne songeois plus à mon cousin Paul et à sa mirifique conqueste.

Un soir néantmoins que j'étois attablé avec le sieur Valvins de Blignac, et eschauffé par la boisson, et qu'il estoit jà tout joli garson, comme je me mocquois de luy et qu'en goguenardant je luy parlois de la belle amie de Paul et du vilain mestier que, si cela estoit vray, il auroit, luy, fait en cette occasion, il me respondit en clignant de l'œil que rien n'estoit plus véridique et que grâces à ses bons offices, à l'heure qu'il estoit, mon cousin debvoit avoir les bonnes grâces de la plus belle fille que oncques on eust rencontrée.

Comme nul ne me paroissoit en ce monde plus charmante que Marguerite, derechef je devins inquiet. Je le tourmentay de mes questions; il fist un peu la figue, mais comme à toutes les mauvoises qualités du susdit sieur de Blignac, on peut ajouter celle d'estre le plus grand bavard qui feust jamais, sa langue se deslia. Lors il me raconta que la fillette se monstrant intraictable et ne voulant ni pour or, ni pour amour rien accorder, d'après son conseil M. Paul Bertauld avait ascheté chez l'apothicaire de la ville de la drogue qui fait dormir et que l'aiant remise au valet qu'il avoit guaigné, ce valet devoit le soir même la partager entre la maistresse et la servante; il ajouta encore que comme le père et le dit valet debvoient s'absenter cette nuict, comme la maison estoit isolée, la donselle seroit très-bien à l'absolue discrétion de mon cousin.

Je crois que si la grosse tour de l'église Saint-Jacques se fut escroulée sur ma teste, je n'eusse été aussi plein de terreur et d'espouvante que je ne le feus quant le sieur de Blignac eust dit.

Je perdis la parole et je ne voiois plus, je me levai ensuite si impestueusement qu'avec mon escabelle je jettay bas la tabble et les pots; mon espée et mon couvre-chef estaient sur un banc, je ne ramassay que l'espée et la tenant nue hors du fourreau, je me pris à courir comme un insensé à travers la cité.

Je ne sçays quel instinct me guidoit, mais dans la nuict noire j'allay aussi droit mon chemin que s'il eut esté plein midi, et je n'avois pas couru la moitié d'une heure que je vis comme une estoile à travers les pommiers du petit clos.

A l'idée que cette clarté pouvoit esclairer le deshonneur de la pauvre fille, je sentois mon cœur gonflé de tant de haisne et de rage que j'eusse tiré l'espée contre vingt au besoin.

Au moment où j'approchois de la maison, j'apperçeus l'ombre d'un homme se glissant le long de la muraille. Je criay : Hola ! L'homme prit la fuite, mais non si prestement que je ne l'eusse bientôt rejoint et recogneu que le sieur de Blignac ne m'avoit point menti et que celluy qui avoit prosjeté d'assaillir si laschement la fille endormie estoit bien mon cousin.

Je l'entraisnay à distance, et tout eschauffé de courroux et de douleur, je lui reproschay asmèrement sa conduite malhonneste et desloyale, lui représentant combien c'estoit crime de conduire à perdition une fille d'autant plus respectable qu'elle estoit pausvre et de petite condition, et qu'en lui ostant sa vertu on lui ostoit tout son bien.

Mon cousin baissoit la teste et tout penauld ne disoit mot. Toutesfois, s'il feut demeuré seul, je l'eusse sans aucun doubte amené à résipiscence, car ses vices estoient vices de jeunesse et de mauvoises cognoissances, mais l'arrivée du sieur Valvins de Blignac vint tout gaster.

Le dit sieur de Blignac, en me voïant m'échapper tout évaporé d'avec luy, avoit eu doutance de ce qui s'alloit passer, et comme les meschans ne sçauroient, sans deuil, voir desrouter leurs fascheuses entreprises, il estoit accouru en grande haste derrière moy.

Lors, changeant de gamme, je m'en pris à luy et luy esprimay avec une asme indignée ce que je pensois du rosle qu'il avoit rempli en la circonstance, luy disant encore que depuis six mois que monsieur Bertauld estoit en la cité, il s'estoit, lui, donné tasche de le mettre à mal, l'incitant en jeu, boisson, desbauches et toutes sortes de villenies.

Le sieur de Blignac respondit en gourmandant mon cousin d'avoir enduré telles remontrances, goguenardant suivant son habitude, et jurant que si j'estois fasché, c'estoit que j'avois moy-mesme des vues sur la belle ; que je lui baillerois raison des propos que j'avois tenu sur son compte ou qu'il me les feroit rentrer en gorge ; et sur ce, aiant mis l'espée à la main, il me chargea en criant à mon cousin de me charger de son costé, et que la fille seroit à qui feroit mieux.

Soit que l'amour lui eust tourné la cervelle, soit qu'il feut piqué des railleries et turlupinades du sieur de Blignac, monsieur Paul Bertauld n'eust pas de honte de tisrer le fer contre son parent et son amy, et de m'assaillir en mesme temps que le sieur de Blignac m'assailloit.

Je me desfendis de mon mieux, rompant pour guagner les arbres et couvert, mais, sur les entrefaites, le sieur de Blignac m'aiant porté une botte, d'une bonne estocade je le blessay si griefvement au poignet, que son espée tomba sur la terre, où, la couvrant de ma semelle, je peus m'en saisir, et m'en estant saisy, je la jetay au loin de là.

Monsieur Paul Bertauld, de son costé, avoit atrapé une estafilade et moy un coup de pointe dans l'espaule.

Lors, les deux compaignons me laissèrent et s'en furent en maugréant et en me disant que le demain il feroit jour et qu'on pourroit ferailler sans risque de s'esborgner comme malandrins.

Les aiant veus partir je décidai nonobstant que resterois là toute la nuict tant j'avois crainte de ce sieur de Blignac, homme assez traistre et pervers pour adviser M. Paul Bertauld de metre à profict ma retraicte pour se revancher.

Sur le minuit, n'entendant toujours rien bouger en la maison et ce malgré le bruist qu'avions fais je commençay d'appréhender que ce maudit brevaige n'eust tué et la fillette et la servante, et ce feut ce qui me perdit. Le larron valet avoit, suivant ses convenances avec M. Paul Bertauld, laissé la porte entrebaillée, j'entray dans le logis et je gravis l'échelle qui menoit à la chambrette de la pauvre enfant.

Ici, je le confesse avec grande honte et contrition, je perdis tout profict des sages advis, conseils et lesons dont j'avois presché M. Paul Bertauld. Quand je vis la fille dont j'estois enamouré, si belle et toute endormie sur son lict, ma vertu s'en alla comme fumée que le moindre vent balaye, je ne me monstrai ni plus retenu ni plus saige que luy n'eust esté et je ne craignis pas de commettre le crisme que j'avois si vertement tancé.

Que Dieu me pardonne en l'austre monde, puisque j'expie mon pesché en celuy cy.

Le lendemain comme j'estois en mon logis le laquais de M. Paul Bertauld me vint trouver et me dist que son maistre m'attendoit sur la place du Puits-Salé.

Croiant qu'il me vouloit appeler je pris mon espée et suivis le laquais.

Il y avait grande affluence de peuple sur la dite place du Puit-Salé, et je fus très-estonné que M. Paul Bertauld eust choisy cet endroit pour nous entretenir ou nous entretuer, comme je l'avois desjà esté de cette fasçon de m'envoyer son cartel.

Mais M. Paul Bertauld quant je le rencontray ne me marqua ni fiel ni rancune de ce qui s'estoit passé la veille. Loin de là, il me tendit la main que je ne pris pas, me souvenant tousjours moy, qu'il s'estoit joinct au sieur de Blignac pour m'accabler.

Lors, me monstrant un eschafaud tout dressé au beau mitan de la place du Puit-Salé, il m'invista à regarder de ce costé ; ce qu'ayant fait je recogneus dans un homme qui atachait quelques garsons au pilori, mon hoste de la maisonnette du Clos-Mauduit, et père de ma maitresse ; ce mesme temps me disoit M. Paul Bertauld, qu'ayant sceu que sa belle estoit la fille de maistre Pierre Jouanne, maistre des hautes œuvres de la ville de Rouen et vicomté de Dieppe il me rendoit grâces de l'avoir prise pour moy, ne voulant aucune accointance de cœur ou de chair avec race de bourreau.

Pour le coup ce feut mon tour de le charger. Mais il y avait austour de nous telle multitude que presque aussitôt nous fusmes séparés et je rentray bien contri et cruellement affligé en mon logis.

Bien que maistre Pierre Jouanne m'eust pareu d'estrange humeur, aussy bien le jour qu'il avoit faict si singulières pronostications au sieur Valvins de Blignac et à moy, que cet autre jour, qu'après avoir pansé mes playes, il m'avoit chassé plus tost que renvoyé de sa demeure, je n'avois point imaginé qu'il pust exercer cet employ pour lequel je me sentois exécration et mespris.

Et ce pendant et en dépit de mon aversion pour le père, je me disois tacitement que c'estoit injuste de chastier la fille de ce qui n'estoit la conséquence que de ces hazards qui nous font naistre ou d'un roy ou d'un berger ; que la beauté, que la vertu de la Marguerite, la fesoient bien plus digne de naistre sur les degrés d'un trosne qu'aux costé d'un échafaud ; que se seroit sottise de respudier une fillette si accorte et si aimée à cause de l'indignité de la profession de son austeur ; et puis, en mesme temps je me représentais mon crisme et pesché de la nuict et tout plein de honste et de remords, je pleurais comme un garsonnet.

Comme c'estoit l'heure d'aller au chasteau, je sortis sans avoir pris aucun parti, ny pour ny contre.

Tout le long du Cours je me creu certain que mes cognoissances se destournoient de moy, et dedans le chasteau je vis très-bien que ces messieurs du régiment de M. de la Boissière me fesoient ce jour-là plus mince accueil qu'ils n'avoient coustume.

Comme oncques je n'avois lié de grande amitié avec personne, je ne m'en souciay que mesdiocrement, et les exercices estant accomplis, je m'en allai tout songeux.

Or il se trouva que n'aiant pas choisi ma rouste, ce pendant par la toute puissance de l'habitude j'avois prins celle que je prenois tous les jours, et sans m'en doubter je me trouvay de rechef vis-à-vis du Clos-Mauduit.

Marguerite estoit sur l'huis, elle m'avoit veu, et quant et mesme, j'eusse eu tentation de m'en restourner, que je n'avois pas, par civilité je ne le pouvois. Je vins donc à elle et la vis si fort paslie et dévisagée, que les remords qui desjà m'estreignoient, se changèrent en cruelles angoisses. Comme maistre Jouanne son père n'estant point quitte de sa besoigne, demeuroit encore en la cité, je me promenay avec elle dans le courtil sans oser quasi lui parler, mais si joieux d'estre près d'elle qu'aiant pris congé, je me dis qu'il seroit bien fol possédant si avenante amie, de m'en fairre quite par vain scrupule, et que si maistre Jouanne son père rompoit et escorchoit, il n'y avoit point goutelette de sang aux mains qu'elle m'avoit permis de baiser.

Et de fait y retournay le jour du lendemain et les suivants, et tous ces jours, et bien que point davantage que dans le passé, elle ne me permist de privautés, et que moy je n'osasse me targuer de ce que j'avois desrobé comme un larron, mon amitié pour elle grandit si fort que toute fille de bourreau qu'elle estoit, je l'aimois ne plus ne moins que si elle eust esté fille de royne et m'engardois de penser à la profession et mestier de son père.

Il advint sur les entrefaites que le sieur Valvins de Blignac estant restabli et guéry de son estocade se mist à gouspiller sur moy par toustes sortes de vilenies et de menteries, si bien qu'un jour que j'estois allé aux exercices, ces messieurs faisant mine de ne me point voir, ne me tirèrent pas seulement leur chappeau.

Je rentrai fort courroucé au mien logis, ou mon laquais m'aprit la part que le sieur Valvins de Blignac avait à ma desconvenue, car il n'estoit bruit que de ce dans le régiment et moy seul estoit à l'ignorer par conséquence de la vie de solitude et de retraite que je menois. Voulant sur l'heure appeler le sieur Valvins de Blignac, je me mis en recherche et queste d'un second.

Mais tous ceux à qui je m'adressay me respondoient : non, tout à tracq, sans vouloir me bailler aucunes raisons bonnes ou mauvaises de leurs refus et jusqu'aux simples cornettes qui ne prissent tant seulement la peine de déguizer l'ennuy que leur causoit semblable proposition. Je pensois bien que ce seroit en allant à celuy mesme qui estoit l'auteur de cette émotion que j'aurois satisfaction des bruits mensongers par lui respandus et je me mettois en route pour requérir l'aide de quelque gentilhomme citadin, lors que mon laquais vint me quérir de la part de monsieur le marquis de la Boissière qui sur l'heure m'appeloit près de luy.

Je me rendis à son logis où je trouvai le dist monsieur le marquis de la Boissière en véhément courroux et grande colère, lequel me cria avec force imprécations, que, non content d'avoir desjà transgressé et de vouloir transgresser encore les ordonnances et prohibitions du Roy notre sire, touchant le duel, je déshonorois le régiment par mes sales amours avec la propre fille du bourreau ; et de suite, sans me bailler le temps de respartir seulement une parosle, il accola de très-odieuses épithètes le nom de la pauvre fille, la qualifiant de tels mots que je n'ose encore les respéter par piété pour sa mémoire.

Ce qu'entendant, mon très-irascible tempérement s'eschauffa et me fist riposter si aigrement à celui à qui devais grandement respect pour l'âge et la qualité, que monsieur le marquis de la Boissière m'enjoignit de vider sa chambre et guarder les arrets au chasteau jusqu'à ce qu'il eust escrit au Roy ma conduiste.

Moy, ne me possédant plus, je sortis mon espée, et la ploiant sur mon genou, je la rompis en luy disant qu'il pouvait s'empescher d'escrire au Roy pour me descharger de ma commision de lieutenant, car en rentrant chez moi je deschirerais cette commision de mes mains, comme de mes mains j'avois rompu mon espée.

Je partis lors, mais ne séjournay point en mon logis de crainte d'y estre appréhendé par les gens de monsieur le marquis de la Boissière. Je ramassay quelque argent que j'avois, je mis le harnois à mon cheval, et sautant en selle je sortis de la ville en grande haste.

J'avois desjà resolu de guagner du pays du costé du nord et de m'embarquer dans quelque port ou hâvre pour les Indes d'Occident, ou je m'employerais à mon ancien estat de marin. Ce pendant, je ne voulois partir si loin sans avoir dit asdieu à mon amie. Je conservois l'espoir de la décider à partager mon sort en un pays ou nul ne cognoitroit le vilain mestier de son père. Afin de la résoudre à s'en venir pour moy, j'estois destermіné à lui confesser comment, sans qu'elle s'en doubtast, et par une criminelle action, je m'estois rendu maistre d'elle.

Si tost hors des murailles, je picquay droit à la mestairie du Clos-Mauduit. Je fus tout surpris de ce que les fenestres de la salle fussent noires, car il estoit loin d'estre tard. Ce ne feust qu'en estant tout proche que je vis des traits de lumière qui passoient à travers les disjoinctures de la porte d'une sorte de hangar joignant la maison, et en mesme temps je creus ouïr comme un gémissement qui venoit de ce hangar.

Bien que pas très-facile à l'espouvante, il me souvient que mes chairs trembloient et frissonnoient comme feuilles au vent. J'avois attaché mon cheval à un tronc d'arbre; je m'accotay contre la dite porte; je mis mon œil sur la fente la plus disjoincte, et, à ce que je vis, mes cheveux se guindèrent tous droits sur ma teste.

Marguerite, mon aimée Marguerite estoit ployée sur le lict de cuir qui sert à bailler la question; son bourreau de père, plus semblable à un tigre qu'à un homme, luy avoit chaussé le brodequin du tourment; de sa propre main de père, il heurtait d'une mailloche le coin tout rougi d'un sang qui estoit celui de son enfant; et, à chaque heurt, il lui disoit avec une enragée colère: Confesse, confesse; et la pauvrette, se rejetant en arrière avec force larmes et crys d'angoisse, prenoit tous les saints du paradis et Dieu à témoin de son innocence.

Je ne vis cette cruausté que pendant la moitié d'une minute, car j'avois desjà ramassé une poustrelle qui se trouvoit là, et Dieu me prestant une force que je ne m'estois jamais cogneue, d'un seul coup j'avois fait vosler la porte en éclats, comme eûst fait un pestard d'artillerie.

En me recognoissant, maistre Jouanne jeta loin de lui sa mailloche, et empoignant la grande espée qui lui servoit à décapiter les gentilshommes, il ne me menassa point, mais la brandissant autour de la teste de sa fille, il fist un affreux serment que si seulement je bousgeois pour la secourir, il jeteroit incontinent cette teste en bas des espaules qui la portoient. Je tombai à genou criant et gémissant comme tout à l'heure crioit et gémissoit la pauvre Marguerite. Lors, maistre Jouanne, m'aiant demandé ce qui m'amenoit chez lui, si je lui apportois le nom du séducteur que vainement il imploroit de sa fille par le tourment, je lui confessay ma faute, lui démonstrant que moy seul estois le coupable et non point son enfant très sainte et très vertueuse.

Ce qu'aiant entendu ce maistre Jouanne si féroce et si cruel, se prosterna devant le lit du tourment, fondant en larmes ; il osta le brodequin ès jambes de sa fille et prenant douillettement la dite jambe toute bleuïe et meurtrie entre ses mains, il en baisoit les playes, il en rajustoit les deschirüres en implorant d'elle mercy et pardon avec tant de douloureux émoy que son désespoir eût tiré pleurs d'une roche. Puis en mesme temps se lamentoit sur la fascheuse condition des misérables en ce monde, et disant que Dieu debvoit faire filles pauvres, laisdes et espouvantables, puisque vertu et chasteté ne les garantissoient point de la concupiscence des nobles et puissants.

M'avançant, je lui fis part de mon project de quitter ma patrie et lui desclarai que m'esloignant, je prendrois volontiers Marguerite comme femme et comme espouse.

Maistre Jouanne se monstra plus remué que n'avoit esté jusques là, mais il feut ferme et se détournant vers sa fille, il lui dist que c'estoit à elle à respondre. Tout de suite la fillette prist ces mains qui l'avoient si durement violentée et mise à sang, elle les baisa en disant que son père n'aiant qu'elle toute seule pour consolation et pour soutien en sa vie très solitaire elle ne le quiteroit point, quant bien mesme je lui offrirois le trosne de ces Indes où je la voulois conduire.

Maistre Jouanne embrassa sa fille bien onctueusement et me monstra la porte en s'escriant qu'il estoit bourreau, mais non pas assassin, qu'en ce jour il ne me tueroit pas, mais que je me guardasse de reparoistre en la ville ou la constrée si tenois à la vie.

Et ainsi m'en allois la tête basse et le cœur bien deschiré ; quant mon pied touscha le seuil de la porte j'entendis desrière moy un grand sanglot et m'estant restourné, je vis Marguerite pasmée en les bras de son père. Je coureus à elle. Maistre Jouanne me respoussa encore très-rudement. Voiant lors, au désarroi de la fille que son âme estoit aussi marrie que la mienne de cette séparation et recognoissant qu'elle m'aimoit austant que je pouvois l'aimer, rien plus ne sçavoit me descider à partir. Je dis donc au père de me donner Marguerite pour espouse et que nous nous en irions tous trois en quelque constrée lointaine où nous pourrions vivre ignorés.

Mais ma proposition ne l'agréa pas plus que ses devancières. Il me respondit que ce tardif et inefficace changement de mestier n'empescheroit point son gendre de le mespriser et de faire partager ce mespris à son enfant ; que celle cy ayant fait abandon de volonté à son profict elle ne deviendroit mienne que si mon amitié estoit assez puissante pour affronter le partage de la haine et de l'opprobre qui estoient leur apanaige à tous les deux. Que sans vergogne j'avais pollué la fille du bourreau, et que je ne sçaurois resparer ma faulte qu'en devenant bourreau comme luy.

Ici se termine le manuscrit de mon aïeul.

Il ne donne pas plus la conclusion de son aventure qu'il n'avait donné le récit des incidents qui l'avaient précédée.

Colombe et Marguerite avaient probablement laissé dans son cœur deux plaies, toujours saignantes, auxquelles il ne touchait qu'avec douleur et répugnance.

Les dénouements de ces deux passions, poussées jusqu'au délire, furent inégalement, mais tous les deux funestes.

Il épousa Marguerite Jouanne.

Je trouve dans le procès-verbal d'une exécution faite à Rouen, la preuve que le farouche maître Jouanne exigea de son gendre qu'il accomplît rigoureusement les conditions de leur marché.

Ce procès-verbal relate : « Qu'aiant à rompre le nommé Martin Eslau, maistre Pierre Jouanne, exécuteur des hautes œuvres, aiant forcé son gendre, nouvellement marié, à porter un coup de barre au patient, le dict gendre tomba en pamoison et fust couvert de huées par la foule. »

Ce bonheur, que Charles Sanson avait acheté si cher, devait passer comme un songe. Marguerite le quitta bientôt pour un monde meilleur, après lui avoir donné un fils ; elle mourut de cette maladie qu'on appelle la consomption, et dont le siège est plus dans l'âme que dans le corps.

IV. ARRIVÉE A PARIS

C'est à la fin de l'année 1685 que mon ancêtre Charles Sanson de Longval quitta la Normandie, où il laissait les cendres de cette Marguerite Jouanne qu'il avait épousée avec une si funeste dot.

Tous les événements dont je viens de faire le tragique récit avaient presque ébranlé sa raison ; il était sans cesse en proie à une humeur sombre, inquiète, qui ajoutait à l'aspect sinistre que lui donnait la profession à laquelle il s'était résigné.

À Rouen, on s'écartait avec terreur sur son passage ; on se montrait de loin cet homme vieilli avant l'âge, qui portait sur toute sa personne les traces d'une existence ravagée. La plupart ignoraient pourtant les orages qui avaient si profondément bouleversé cette existence ; mais il suffisait d'en connaître le résultat, de pouvoir dire à la vue de Charles Sanson : c'est le bourreau ! pour que tous, hommes, femmes et enfants reculassent épouvantés.

Mon ancêtre fut donc fort aise d'échapper à cette triste notoriété, en même temps qu'il abandonnait des lieux remplis de souvenirs si cruels et si déchirants pour lui. Il accepta avec empressement la proposition qui lui fut faite de venir à Paris et d'échanger sa juridiction provinciale contre celle de la capitale du royaume. Le moment était solennel. Le chancelier Letellier venait de mourir en laissant les sceaux au président Boucherat, qui passait pour un homme doux et d'une intégrité irréprochable. Le marquis de Bullion, un parfait gentilhomme, était depuis peu installé dans la charge de prévôt de la ville. La magistrature se renouvelait aux deux extrémités de l'échelle sociale : après le chancelier de France et le prévôt de Paris, c'était le bourreau.

Le long retentissement des morts subites qui avaient décimé, sur les marches du trône, la famille royale ; les procédures mystérieuses de la Chambre Ardente, cette cour prévôtale du grand règne, à l'occasion du poison subtil ressuscité des Borgia qu'on avait appelé *la poudre de succession*, tout cela venait de s'éteindre, et rien n'eût troublé le calme de l'horizon si un acte des plus impolitiques n'eût préparé à notre pays, malheureusement trop habitué aux querelles religieuses, une nouvelle ère de calamités. Je veux parler de la révocation de l'Édit de Nantes.

Il ne m'appartient point de porter un jugement sur ce retour à une intolérance qui avait déjà allumé et entretenu si longtemps chez nous le fléau de la guerre civile. Des plumes plus autorisées que la mienne ont traité et résolu cette grave question. Je constaterai seulement le contrecoup que cet événement devait avoir dans la sphère exceptionnelle où Sanson de Longval se trouvait relégué : je laisserai donc de côté les faits trop connus sous le nom de Dragonnades, de Massacres des Cévennes, etc., pour arriver de suite aux rigueurs qui devaient être exercées par le ministère de l'exécuteur. En effet, une déclaration du Roi portait les peines les plus sévères contre les malades qui refuseraient de recevoir les sacrements, en alléguant qu'ils appartenaient à la religion réformée. Il y était dit qu'en cas de guérison, ces hérétiques seraient condamnés à l'amende honorable, aux galères perpétuelles et à la confiscation de leurs biens, et qu'en cas de mort, le procès serait fait à leurs mémoires pour que leurs cadavres fussent traînés sur la claie et jetés à la voirie.

Une autre déclaration édictait les mêmes peines contre les réformés qui tenteraient de quitter la France et ceux qui leur en faciliteraient les moyens. Enfin on enjoignait sous menace de confiscation de leurs biens, à tous les protestants émigrés ou réputés tels, de rentrer en France dans le plus bref délai, et on accordait une récompense de mille livres à quiconque dénoncerait ou ferait avorter un projet d'émigration.

J'ai hâte d'ajouter que ces excès du fanatisme suivirent mais ne précédèrent point la résolution de mon ancêtre d'accepter l'office d'exécuteur à Paris ; sans cela il fût resté à Rouen. Il est bon de dire aussi que ces fulminations terribles, ces pénalités posthumes, restèrent à l'état de fictions légales; on les avait employées plutôt comme moyen d'intimidation, qu'avec le dessein bien arrêté d'y donner suite. Je ne trouve dans les papiers laissés par Sanson de Longval aucune trace de sentences pareilles qu'il ait eu à exécuter.

Si de véritables persécutions furent exercées à cette époque contre les Protestants, ce fut plutôt dans quelques provinces qu'à Paris, et quant à la prime d'encouragement offerte à la délation il paraît que, comme toujours, elle trouva chez nous peu d'amateurs, car, malgré l'étroite surveillance de la police, l'émigration eut lieu sur tous les points du royaume, en nous enlevant une bonne partie de notre noblesse, et toute la fleur de cette riche bourgeoisie, qui sous l'impulsion de Colbert, avait commencé à fonder l'industrie et le commerce du pays.

D'autres circonstances attristèrent aussi, indépendamment de ces préoccupations, les premiers moments du séjour de Sanson de Longval à Paris. À son arrivée, il avait dû habiter au Pilori des Halles, que le peuple désignait sous le nom de l'hôtel du bourreau. Rien n'était moins propre qu'une telle demeure à dissiper la mélancolie qui le rongeait. C'était, en effet, une sombre construction octogone, surmontée d'une lanterne en bois, tournant sur un pivot, et terminée en clochetons aigus. J'ai raconté déjà, en faisant l'historique des différents supplices, comment les criminels condamnés à la peine du Pilori, étaient attachés dans cette lanterne, où on leur tournait successivement la face vers les quatre points cardinaux. On se souvient que ces sortes d'expositions avaient habituellement lieu les jours du marché, pour qu'un plus grand concours de populaire y assistât et pût ajouter par ses huées et ses sarcasmes à l'humiliation éprouvée par le patient.

Devant ce singulier édifice s'élevait une croix, aux pieds de laquelle les banqueroutiers devaient venir déclarer qu'ils faisaient cession de leurs biens; après quoi ils recevaient le bonnet vert des mains de l'exécuteur de justice. Tout autour, étaient des boutiques que ce dernier louait à son profit. Enfin les communs se composaient d'une écurie et d'un appentis, en forme de hangar, où l'on gardait la nuit les corps des suppliciés, en attendant leur inhumation.

C'est sous ce singulier appentis, qu'à l'aspect des victimes de sa farouche mission, de ces cadavres livides auxquels il donnait une dernière et funeste hospitalité, le chef de ma famille se sentit mordre au cœur d'une étrange ambition. Si, à force de donner la mort, il pouvait surprendre les secrets de la vie ; si, avant de faire jeter à la voirie, comme on le lui commandait, toute cette dépouille humaine, il l'interrogeait, substituant au glaive qui tue, le scalpel qui fouille, qui sonde les mystères de l'organisme, pour en tirer des inductions utiles au soulagement des souffrances humaines, et à cette grande lutte de la vie contre la mort, qui est le vœu irrésistible de la nature.

Cette pensée s'empara profondément de son esprit, et certes, la nuit où il commença à la mettre à exécution, il ne dut pas se sentir moins ému qu'André Vésale surmontant les scrupules religieux de son époque et osant le premier violer le respect de la mort, pour allumer le flambeau de l'anatomie.

Mon ancêtre entra aussi courageusement dans cette voie. En vain la sueur perlait à son front ; en vain le grincement de la girouette qui se balançait au faîte du clocheton le faisait tressaillir, lorsqu'il portait la main sur ces cadavres muets et glacés : il s'affermissait par la réflexion et, croyant trouver, au contraire, dans de patientes, de pénibles études, une sorte d'absolution à sa mission homicide, seul, à la pâle lueur d'un flambeau fiché dans la muraille du hangar, il poursuivait le cours de ses laborieuses investigations.

Ses recherches ne demeurèrent point stériles ; nous avons conservé de lui de curieuses observations sur le jeu des muscles et des articulations, et plusieurs recettes contre les affections de cette partie de l'organisme.

L'étude de l'anatomie et la manipulation de certains remèdes se sont, du reste, perpétuées dans ma famille. Aucun de nous ne s'en est abstenu; et nous avions entre autres un baume dont l'efficacité était souveraine contre les douleurs les plus invétérées.

On ne sera pas médiocrement surpris lorsque dans les volumes suivants, je citerai les cures de malades qui nous avaient été adressés, en désespoir de cause, par des princes de la chirurgie. J'ai les preuves à l'appui.

Nous vendions ces remèdes très-cher, je le confesse, à l'aristocratie et aux personnes riches; mais nous les donnions gratuitement aux pauvres. Cela faisait compensation.

Je reviens à Sanson de Longval. L'habitation du Pilori, située au milieu d'un marché bruyant, populeux, et entourée de boutiques qui en faisaient partie intégrante, ne lui parut ni assez discrète pour ses travaux, ni assez recueillie pour sa situation d'esprit. Elle offrait d'ailleurs un autre inconvénient non moins grand; c'était de là que les jours de marché, dès le matin, à l'heure de l'ouverture, les préposés à la perception du droit de havage, partaient et circulaient pour prélever ce droit sur toutes les denrées qui y étaient soumises; c'était là qu'ils en rapportaient les produits. Cette double opération ne s'accomplissait pas sans soulever des difficultés continuelles. Beaucoup de marchands n'acquittaient qu'avec peine un impôt qui leur répugnait, plutôt par sa destination que par son importance. Au milieu du tumulte et de l'agitation du marché, les préposés ne pouvaient employer d'autres moyens pour reconnaître ceux qui avaient satisfait à leur réclamation, que de les marquer d'un signe sur leurs vêtements avec de la craie blanche. Cette marque devenait un sujet de raillerie, presque d'injure, de la part des marchands qui étaient exempts de l'impôt, ou même des simples consommateurs qui venaient s'approvisionner aux halles. C'était aussi, on en conviendra, un mode de comptabilité un peu élémentaire, et qui devait laisser le champ libre à bien des contestations. Aussi en éclatait-il à chaque instant entre les cultivateurs et les préposés. Ces derniers, sûrs de l'appui de l'autorité, n'apportaient peut-être pas dans l'exercice de leurs fonctions toute la modération nécessaire, car j'ai souvent entendu dire dans ma famille que le proverbe, *insolent comme un valet de bourreau*, n'avait d'autre origine que leurs fréquentes altercations avec les marchands.

Au siècle précédent, les choses étaient allées si loin que l'exécuteur, Laurent Bazard, devint la victime des colères amassées contre les agents. Un jour qu'il était monté dans le Pilori pour y faire les apprêts d'une exposition, la foule se rua en un clin d'œil, avec des fascines allumées, autour de l'édifice qui fut bientôt la proie des flammes. Lorsqu'on vint un peu tardivement pour éteindre l'incendie et délivrer Laurent Bazard, on trouva ce dernier brûlé vif. Une information eut lieu, mais elle ne fit découvrir qu'un seul coupable ; c'était un boulanger, nommé Lostière, celui, sans doute, qui avait fourni les fascines. Il fut pendu par le successeur de Bazard.

Toutes ces considérations déterminèrent Sanson de Longval à quitter sa maison du Pilori, puisque sa charge ne l'obligeait pas à y résider. Il y avait alors à Paris un quartier presque désert, qu'on appelait la Nouvelle-France ; c'est l'emplacement qu'occupe aujourd'hui une partie du faubourg Poissonnière. Si nous n'avions assisté depuis quelques années à de si étonnantes transformations dans le sein de la capitale, nous aurions peine à croire que le quartier où nous voyons actuellement de superbes hôtels, de belles églises, un hospice monumental, les gares de deux de nos plus grandes lignes ferrées, fut, il y a moins de deux siècles, une grande suite de terrains vagues où l'on n'apercevait que quelques habitations clairsemées, fort éloignées les unes des autres. La pieuse maison des continuateurs de l'œuvre de Saint Vincent-de-Paul, et une modeste église dédiée à sainte Anne, s'élevaient seules au milieu de cette solitude. Aujourd'hui l'église est une brasserie, et l'asile des missionnaires, une prison.

C'est à la Nouvelle-France, à côté de l'église Sainte-Anne, que Charles Sanson vint fixer sa demeure après avoir loué la maison du Pilori 600 livres, ce qui était une forte somme pour l'époque. Nous verrons plus tard comment ma famille s'établit définitivement dans ce quartier et ne le quitta plus. Il n'y a que moi qui l'ai abandonné, lorsqu'après ma révocation je voulus rompre avec tous les souvenirs du passé.

Les premières années de l'arrivée de Charles Sanson de Longval à Paris, n'offrent rien de bien remarquable jusqu'au procès et à l'exécution de madame Tiquet, qui seront l'objet du chapitre suivant. Ce n'est pas que je trouve auparavant plus d'une page ensanglantée dans nos annales domestiques, mais hélas ! il faut en convenir, le crime même a son aristocratie, et j'intéresserais infiniment moins mes lecteurs au récit du supplice de quelques malfaiteurs inconnus et obscurs, qu'aux détails authentiques que je puis donner sur celui de cette jeune femme, dont tout Paris s'occupa vers la fin du dix-septième siècle. Son procès dont le dénouement fut encore bien plus tragique, n'eut pas moins de retentissement à l'époque, que celui de madame Lafarge, de nos jours.

Pour arriver plus tôt à cet épisode dramatique, je passerai donc rapidement sur les victimes des premières exécutions. Aussi bien toutes ces scènes sanglantes étaient identiques, et en retracer le tableau, ce serait multiplier des horreurs inutiles.

Presque tous les arrêts de mort étaient rendus par une chambre du Parlement appelée chambre de la Tournelle. C'était elle qui statuait sur la requête des condamnés qui faisaient appel des sentences du Châtelet et autres juridictions du ressort du Parlement. Les formes judiciaires étaient brèves et sommaires. Lorsqu'un accusé persistait à nier le crime qu'on lui imputait, le plus souvent la cour ordonnait la question préparatoire, et on tâchait de lui arracher par d'horribles souffrances l'aveu qu'il refusait. Dans d'autres circonstances, la culpabilité ayant paru démontrée par des preuves suffisantes, la chambre de la

Tournelle, en rendant l'arrêt de mort, ajoutait que le condamné, avant d'être conduit au supplice, subirait la question ordinaire et extraordinaire pour faire connaître ses complices, s'il en avait.

Cette besogne de tourmenteur ne rentrait heureusement pas dans les attributions de l'exécuteur, elle était déléguée à des officiers spéciaux qualifiés de questionnaires. Un de mes grands-oncles en fut investi, car il semble que dans ma famille on ait été réduit à cumuler toutes ces infamies. Il en a laissé des récits qui font dresser les cheveux sur la tête. Je vais en donner, une fois pour toutes, la substance.

Le jour où l'arrêt devait recevoir son exécution, le principal commis du greffe criminel, accompagné d'un huissier de la place du Châtelet, se rendait dans la chambre de la question : c'était une vaste pièce, sombre, pour qu'on n'y vît pas distinctement les physionomies et hermétiquement close pour empêcher les cris de retentir au dehors. Le condamné y était ensuite amené ; on le faisait mettre à genoux et on lui lisait à haute voix sa sentence. Ensuite il était saisi, lié et étendu par le tourmenteur sur un chevalet. À ce moment entraient deux conseillers au Parlement, commissaires délégués pour l'interroger.

Aussitôt l'interrogatoire commençait. Entre chaque demande, c'était une torture nouvelle infligée au patient ; on lui serrait les membres dans un étau ; on lui déchirait les chairs, on lui broyait les os. À quoi bon ménager ce corps qui le soir allait être un cadavre ?

Aux sommations réitérées qu'on lui faisait d'avoir à déclarer ses complices, le malheureux ne répondait le plus souvent que par des cris de douleur et des sanglots. Plusieurs périssaient dans ces affreux tourments ; on calculait ce qu'il leur restait de forces pour souffrir, et maintes fois on se trompait dans cet odieux calcul.

Les plus robustes ne pouvaient résister à cette barbare épreuve au-delà d'une certaine limite. Lorsqu'une mousse sanglante montait à leurs lèvres, que la sueur de l'agonie coulait sur leurs tempes livides, on se hâtait de les desserrer et de les étendre sur un matelas. Cela arrivait presque toujours au huitième brodequin.

Voilà ce qu'était encore, à la fin du XVIIe siècle, le dernier jour d'un condamné. Le soir on livrait à l'exécuteur ce qui restait encore de cette créature humaine. Le greffier et l'huissier accompagnaient ce débris jusqu'au lieu du supplice, le sommaient une dernière fois de nommer ses complices, puis se retiraient après l'avoir salué solennellement. Je trouve qu'il y avait quelque chose de sinistre dans ce salut, de plus sinistre encore que l'*ave, Cæsar, morituri te salutant*, des martyrs.

Alors c'était le tour de l'exécuteur. Il lui fallait achever une œuvre de destruction si bien commencée : rompre avec une barre de fer les articulations de ces membres mutilés, et attacher à une roue ce cadavre anticipé, la face tournée vers le ciel, jusqu'à ce qu'il expirât. Pourquoi donc la face tournée vers le ciel ? Était-ce pour qu'il pût élever jusque-là un cri de vengeance contre la cruauté humaine ?

J'ai hâte de le dire : un bien petit nombre de monuments nous sont restés de ces procédures monstrueuses qu'on a peine à croire si peu éloignées de nous ; mais tous portent la trace de la contrainte que s'imposaient les hommes chargés d'exécuter de pareilles barbaries. Si, au bas des quelques procès-verbaux de questions que nous avons encore, la main défaillante du torturé ne peut plus tracer que des caractères illisibles qui semblent autant de taches de sang, celle du juge, celle du greffier ne sont ni plus fermes, ni plus assurées. On voit qu'à un moment donné, une espèce de fièvre s'est emparée de tous les acteurs de cette scène horrible, que celui qui interroge n'entend plus, que celui qui écrit, laisse courir convulsivement la plume sur le papier, sans pouvoir former des lettres. L'émotion produit chez eux le même effet que la souffrance chez la victime. Disons-le donc bien haut pour la consolation de l'humanité, n'accusons que les institutions et jamais les hommes. Parmi les esclaves de la loi, j'ai toujours senti que j'avais trop besoin d'indulgence et de pitié, moi-même, pour mesurer parcimonieusement ces sentiments aux autres.

Les annales judiciaires n'ont point conservé les noms des huissiers qui n'étaient, du reste, que les obscurs comparses de ces drames sanglants, mais pour les vingt dernières années du XVIIe siècle, elles nous présentent presque sans interruption un nommé Claude Amyot comme y assistant journellement, en qualité de greffier. Il faut convenir que l'existence de ce malheureux offrait bien quelque ressemblance avec celle d'un exécuteur.

Les conseillers, plus nombreux, pouvaient alterner dans l'accomplissement de leur douloureuse mission de commissaires interrogateurs, et ils la remplissaient à tour de rôle. On voit le plus souvent figurer parmi eux M. Tiquet, dont je vais avoir à parler dans le chapitre suivant, MM. Lambert d'Herbigny, Barberie, etc. Ce dernier est le seul qui paraisse conserver au milieu de ces scènes déchirantes, le calme et la liberté d'esprit du magistrat ; sa signature, d'une grande écriture allongée est toujours nette et parfaitement tracée.

Je n'en dirai point autant des notes que Sanson de Longval a laissées sur ses premières exécutions. On reconnaît aisément que toutes ont été écrites dans un désordre d'esprit et de cœur qui faisait trembler sa main. Elles offrent, je le répète, peu de particularités intéressantes et ne varient point dans les détails ; c'est donc uniquement dans un but de fidélité à l'ordre chronologique, qu'avant d'arriver à Madame Tiquet, je mentionnerai rapidement avec la date de leur exécution, quelques victimes tombées avant elle sur le champ du supplice. Ce sont : en 1685, Claude Vaultier, rompu vif pour assassinat suivi de vol. — Le 11 février 1688, Jean Nouis fils, pour crime semblable. — Le 18 mai 1689, François Manniquin, pour faux témoignage ; ce malheureux avait à peine vingt et un ans, et pendant le procès il avait prétendu n'en avoir que dix-sept, espérant par sa jeunesse attendrir ses juges. — Le 21 janvier 1690, Gabrielle Henry, femme de Jacques Piedeseigle, aide-major du comte de Chamilly, convaincue du crime d'assassinat. — Le 26 septembre 1691, Urbaine Attibard, femme de Pierre Barrois, âgée de trente-cinq ans, qui ayant empoisonné son mari, fut condamnée à faire amende honorable, avoir le poing coupé, être pendue et étranglée jusqu'à ce que mort s'en suive ; son corps brûlé et les cendres jetées au vent. — Et enfin le 16 décembre 1693, Claire Lermenet, femme de Michel Cloqueteur, servante de cuisine chez M. de Breteuil, mise à mort, après des tortures inouïes, pour vol domestique.

Je termine ici cette triste nomenclature de victimes obscures. Il est temps d'en venir à une de ces femmes séduisantes, que le ciel n'avait point formées pour le crime et qui y arrivent par une pente si fatale, que lorsqu'il s'agit de les juger, on reste suspendu entre l'horreur et la pitié qu'elles inspirent.

V. PROCÈS ET EXÉCUTION DE MADAME TIQUET

Au commencement de l'année 1699, un événement étrange produisit une sensation profonde à Paris et y devint bientôt l'aliment de toutes les conversations. Un magistrat fort estimé, M. Tiquet, conseiller au Parlement, venait d'échapper comme par miracle à un audacieux complot ourdi contre sa vie. Après avoir essuyé le feu d'une bande d'assassins apostés sur son passage, il était tombé sanglant et presque inanimé sur le pavé de la rue, non loin de son hôtel, et, sans la précipitation avec laquelle son valet de chambre, qui avait entendu le bruit des détonations, était accouru à son secours, il est probable qu'il n'eût pas survécu à ce criminel attentat.

On fut fort étonné d'apprendre que M. Tiquet, dans le pitoyable état où il se trouvait, s'était obstinément refusé à se laisser transporter chez lui et avait préféré l'hospitalité d'une dame de ses amies, Madame la comtesse de Villemur, à celle de son propre hôtel, où il devait pourtant s'attendre à rencontrer les tendres soins de sa femme et de deux enfants qu'il avait eus déjà de son union avec elle.

Cette conduite, au moins singulière, eût donné lieu à des interprétations peu favorables pour la moralité du conseiller, s'il n'eût couru tout aussitôt des bruits beaucoup plus graves qui venaient en fournir une bien plus terrible explication. On sut que Madame Tiquet, à la nouvelle de l'attentat, était accourue chez madame de Villemur pour demander à voir son mari, mais que celui-ci avait refusé de la recevoir, et enfin qu'il avait répondu au premier magistrat délégué près de lui pour commencer une enquête sur le crime, qu'il ne se connaissait pas d'autres ennemis que sa femme.

Il n'en fallait pas davantage pour éveiller l'attention et la curiosité de cette population parisienne qui, à toutes les époques, s'est montrée friande des mystères de l'alcôve et des secrets du foyer domestique. Bientôt l'histoire de M. et de madame Tiquet fut dans toutes les bouches, et voici ce qu'on racontait :

Angélique Nicole Carlier (Madame Tiquet) était née à Metz en 1657. Son père, riche imprimeur-libraire de cette ville, avait laissé en mourant une fortune de plus d'un million qui ne devait se partager qu'entre elle et un frère plus âgé. Orpheline à quinze ans, elle n'avait eu d'autre tutelle que celle de son frère qui l'avait fait élever dans un couvent. Lorsqu'elle entra dans le monde, c'était une jeune personne accomplie, parée de toutes les séductions. Sa beauté était remarquable, son esprit et son éducation ne laissaient rien à désirer; tout semblait donc lui présager une haute et brillante destinée.

Elle ne tarda pas, en effet, à être recherchée en mariage par une foule de prétendants, parmi lesquels se trouvaient de fort beaux partis. Mais, soit embarras du choix, soit que son cœur n'eût pas encore parlé, Angélique fut longtemps avant de se prononcer. Cette hésitation devint favorable à M. Tiquet, qui s'était mis sur les rangs : grâce à sa position de conseiller au Parlement, qui flattait l'amour-propre de la jeune fille, il finit par l'emporter sur ses concurrents. Le nom plébéien de Pierre Tiquet indiquait suffisamment qu'il devait plutôt son haut rang dans la magistrature à son mérite qu'à sa naissance ; mais à cette époque où les mésalliances étaient moins nombreuses qu'elles ne le furent dans le siècle suivant, l'ambition de mademoiselle Carlier ne pouvait guère s'élever au-dessus d'un pareil mariage.

Ajoutons que M. Tiquet n'obéissait pas seulement à une inclination de son cœur, mais voyait encore dans cette union une double satisfaction au point de vue des convenances et de sa situation financière dans laquelle le patrimoine d'Angélique rétablirait un équilibre depuis longtemps troublé. Pour arriver à son but, le digne conseiller n'avait donc ménagé ni la persévérance ni la diplomatie. Il avait eu le grand art de gagner à sa cause deux précieux auxiliaires : le frère aîné qui avait élevé Angélique, et une tante maternelle, qui n'était pas sans influence sur l'esprit de la jeune fille. Avec leur concours énergique, il parvint à triompher de la secrète répugnance qu'il inspirait à cette dernière, moins peut-être à cause de sa physionomie grave et peu attrayante, de ses manières raides et compassées, que de son âge qui dépassait déjà les bornes d'une honnête maturité, et de son nom passablement vulgaire.

Les conseils de sa tante et de son frère, et la perspective d'être la femme d'un conseiller au Parlement de Paris, l'emportèrent donc sur les répulsions instinctives d'Angélique, et elle se décida à accepter la main de M. Tiquet.

La lune de miel dura près de trois ans. Deux enfants, un garçon et une fille, vinrent resserrer les liens de cette union dont jusqu'alors rien n'avait troublé le bonheur domestique.

Néanmoins, madame Tiquet avait des goûts fastueux ; elle tenait un grand train de maison avec équipages, nombreux domestiques, etc. Enfin, elle avait ouvert un salon où se réunissait une société brillante, quoiqu'un peu mélangée.

Son mari, qui ne possédait, de son côté, que sa charge, et avait contracté des dettes assez considérables pour arriver à cette union, faisait de temps en temps à sa jeune femme quelques timides et amicales observations sur ses goûts de dépense. Bien entendu, elle n'en tint aucun compte et n'en continua que de plus belle.

Les admonestations d'abord tendres, puis fermes et ensuite impérieuses de son mari, ne firent aucune impression sur elle. Tout au contraire, elle passa insensiblement de l'estime à l'indifférence ; de l'indifférence à la colère et enfin bientôt à l'aversion.

Son frère, sans s'en douter, avait fortement concouru à ce changement des sentiments d'Angélique à l'égard de son mari. Il avait introduit chez elle un jeune officier de ses amis, M. de Montgeorges, capitaine aux gardes françaises. Ce dernier, jeune, beau, d'une stature imposante et d'une figure martiale, doué de manières élégantes, formait avec le morose époux de madame Tiquet, un contraste qui éveilla enfin le cœur de la jeune femme. Les tracasseries intérieures qu'elle subissait journellement ne la rendirent que plus accessible à la passion qui s'emparait d'elle. Bientôt madame Tiquet n'eut plus rien à refuser à Montgeorges, et si quelque chose pouvait excuser une telle faute, c'est qu'elle n'eut jamais que cette passion, et qu'au milieu même de sa vie dissipée, elle y fut fidèle jusqu'à la mort. C'était une *Indiana* du grand siècle, bien avant que Georges Sand n'eût créé ce singulier type de la femme supérieure, longtemps comprimée sous le joug d'un mari hargneux et jaloux. Madame Tiquet n'eut pas la précaution, à l'instar des prudes de son temps, de faire mystère de ses amours. Elle en vint à ce point de passion exaltée où la femme s'abandonne tout entière, sans souci du monde et de ses lois. Le vieux conseiller, malgré l'aveuglement qu'on représente comme une grâce d'état, fut instruit par la renommée de l'inconduite de sa femme, car le bruit s'en était déjà répandu dans tout Paris.

Grand fut son étonnement et grande aussi fut sa fureur. Il débuta par éconduire Montgeorges et supprimer les réceptions de Madame. Ce coup d'État d'autorité conjugale n'était guère de nature à rétablir la bonne harmonie dans le ménage. Angélique jura qu'elle ne se soumettrait jamais au nouveau genre de vie que voulait lui imposer son mari, et que tous ses efforts tendraient à secouer ce joug abhorré. Il lui semblait d'autant plus facile d'y parvenir qu'elle était mariée sous le régime dotal. Elle trouva malheureusement dans ce même frère et cette même tante qui l'avait précipitée dans une union si mal assortie, des auxiliaires tout dévoués.

Par suite de leurs démarches, une meute de créanciers impitoyables s'acharna à la poursuite de Tiquet et obtint contre lui sentences sur sentences auprès du Châtelet. Il ne fut question de rien moins que de vendre son hôtel.

Madame Tiquet profita de cette occasion pour demander judiciairement sa séparation de biens que le Châtelet finit par lui adjuger. Mais ce n'était pour elle qu'une satisfaction incomplète; ce qu'elle voulait par-dessus tout c'était recouvrer sa liberté et briser à jamais la chaîne d'une union qui lui était devenue odieuse. Ce serait alors qu'elle aurait pris le parti de se défaire de son mari afin de le remplacer par Montgeorges qu'elle continuait de voir en secret. Elle confia ce projet à son portier, Jacques Moura, qu'elle gagna à cet affreux projet. On accusait aussi de complicité dans cette trame, Claude Desmarques, soldat au régiment des gardes; Philippe Langlet, dit Saint-Germain, et Claude Roussel, tous deux domestiques de la dame Tiquet; Jeanne Lemmerault et Marie-Anne Lefort, femme de chambre, Jean Desmarques, pauvre gentilhomme, ci-devant employé dans les gabelles du Poitou; Jeanne Bonnefond, fille débauchée (maîtresse du conseiller Tiquet); Madeleine Millotet, veuve de Léon, écuyer, dite la Chatelain, chez qui demeurait la Bonnefond; Marguerite Lefèvre, cuisinière de madame Tiquet; Jean Loiseau, son cocher; Marie Briarche, femme de René Chesneau Grandmaison, soldat dans la compagnie des grenadiers de Montgeorges; Grandmaison Seigneure, neveu de ce dernier, et trois autres individus que la justice n'avait pu saisir.

Le soir fixé pour l'accomplissement du crime, toutes ces personnes auraient été apostées sur le passage de Tiquet, qui n'avait aucun soupçon des dangers qu'il courait; mais au dernier moment le cœur faillit à Angélique, et, soit remords, soit crainte de trahison, elle aurait donné contre-ordre et chacun se serait retiré chèrement payé de son silence.

Tiquet, quoique plaidant contre sa femme, n'en était que plus jaloux. Soupçonnant à bon droit la fidélité de son portier, Jacques Moura, il le chassa après l'avoir accablé de reproches et de menaces; et ne voulant plus confier ce poste délicat à personne, il descendit, lui, grave magistrat, chef d'une grande maison, jusqu'à se faire portier de son propre hôtel, veillant lui-même à la porte, ne l'ouvrant qu'à des gens bien connus, emportant la clef quand il sortait et la cachant pendant la nuit sous son oreiller.

Cette inquisition minutieuse et cette claustration presque absolue, exaspérèrent madame Tiquet, et ne firent que l'affermir dans l'idée fixe de se débarrasser de cette insupportable tyrannie. On faisait grand bruit d'une conversation qu'elle avait eue avec une de ses amies, la veuve du comte d'Aunay. Elle était entrée un jour fort émue chez cette dame, qui lui demanda la cause de son trouble :

- Je viens de passer deux heures avec le diable, répondit-elle ;

- Vous avez eu là vilaine compagnie.

- Quand je dis que j'ai vu le diable, je veux dire une de ces fameuses devineresses qui prédisent l'avenir.

- Que vous a-t-elle dit ?

- Rien que de flatteur. Elle m'a assuré que dans deux mois je serais au-dessus de mes ennemis, hors d'état de craindre leur malice. Vous voyez bien que je ne puis pas compter là-dessus, puisque je ne serai jamais tranquille pendant la vie de M. Tiquet qui se porte trop bien.

Après cette conversation, elle rentra chez elle, où elle passa toute la soirée en compagnie d'une autre de ses amies, madame la comtesse de Sénonville, que M. Tiquet avait cru devoir exempter de l'interdiction qui pesait sur presque toutes les anciennes connaissances de sa femme.

Le même soir, M. Tiquet, de son côté était chez madame la comtesse de Villemur, qu'il voyait beaucoup, et qui habitait un des hôtels voisins. Il venait de se retirer et avait à peine fait quelques pas dans la rue, que plusieurs coups de feu tirés sur lui partirent à la fois. Il tomba atteint de cinq blessures, dont aucune, fort heureusement, ne se trouva mortelle. On sait le reste.

Madame Tiquet avait été d'abord conduite au Petit-Châtelet ;

elle ne tarda point à être transférée au Grand. Le procès s'instruisit avec une rapidité inaccoutumée. L'arrestation était à peine connue, qu'un nommé Auguste Cathelain vint spontanément déclarer que, trois ans auparavant, Jacques Moura, l'ancien portier, lui avait remis de l'argent, de la part d'Angélique, sous la condition d'assassiner M. Tiquet.

Par suite de cette dénonciation, Jacques Moura et le dénonciateur lui-même furent arrêtés. Ils subirent plusieurs interrogatoires et furent confrontés avec la principale accusée. Malgré d'actives recherches, on ne put trouver aucune preuve qu'ils fussent les auteurs de la dernière tentative d'assassinat ; mais ils s'en trouva de nombreuses de la machination du premier complot. Chose étrange ! c'est celui-là qui était resté en quelque sorte à l'état de projet, puisqu'un contre-ordre en avait empêché l'exécution, qui devint la base de la condamnation.

Sanson de Longval, de même qu'il avait recueilli tous les bruits que j'ai commencé par résumer, avait suivi avec angoisse toutes les phases de la procédure, car il ne prévoyait que trop qu'elle préparait de la besogne à son terrible office. Ce fut donc avec douleur qu'il apprit un des premiers, le 3 juin 1699, qu'une sentence du Châtelet, en date de ce jour, « condamnait Angélique-Nicole Carlier, femme Tiquet, à avoir la tête tranchée en place de Grève ; Jacques Moura, l'ancien portier, à être pendu. »

Mon ancêtre n'avait plus qu'à attendre le moment où il aurait à immoler cette nouvelle victime de l'égarement des passions humaines ; ce moment ne tarda point à venir.

L'exécution n'avait pu avoir lieu le jour de la Fête-Dieu ; on la remit au lendemain de cette pieuse solennité. On n'avait point achevé d'enlever les tentures des reposoirs quand Sanson de Longval arriva sur la place de Grève pour y faire dresser l'échafaud et placer le billot. Une foule immense contemplait d'un œil morne ces doubles préparatifs qui formaient un si cruel contraste.

Pendant ce temps-là, madame Tiquet était dans la chambre de la question, où, devant le lieutenant-criminel, on lui faisait lecture de son arrêt, qu'elle entendit sans pâlir et avec résignation.

Le lieutenant-criminel l'adjura d'avouer son crime et de révéler ses complices : on voulait lui épargner les horreurs de la question. Il semblait qu'on eût peur d'abîmer une si charmante créature.

Elle se refusa d'abord nettement à faire aucun aveu. Mais après avoir bu le premier pot d'eau et devant les apprêts des autres supplices, elle se décida à tout avouer. Elle fut aussitôt remise entre les mains de l'abbé de la Chétardie, curé de Saint-Sulpice, son confesseur. Il monta avec elle sur la fatale charrette, où se trouvait déjà Jacques Moura, l'ancien portier, accompagné aussi d'un ecclésiastique.

Ce funèbre cortège défila lentement à travers des flots pressés de spectateurs jusqu'à la place de Grève, où il eut beaucoup de peine à fendre la foule. Madame Tiquet, suivant l'usage, était entièrement vêtue de blanc, ce qui relevait encore l'éclat de la splendide beauté qu'elle avait conservée malgré ses quarante-deux ans et les épreuves par lesquelles elle venait de passer. Lorsqu'elle aperçut cette multitude qui était accourue de tous côtés pour la voir, qui remplissait la place, les rues adjacentes et jusqu'aux toits des maisons, une vive rougeur colora son visage. Pour la première fois peut-être elle éprouva un mouvement de honte.

Le sinistre char arrivait à peine sur la place de Grève, qu'un violent orage éclata : une pluie mêlée de grêle, d'éclairs et de tonnerre tomba par torrents, sans qu'aucun des nombreux spectateurs accourus de si loin, songeât à lâcher pied. On fut obligé de différer l'exécution. Pendant une demi-heure que dura cette averse, Angélique eut sous les yeux tout l'appareil du supplice et une voiture de deuil attelée de ses propres chevaux, qui devait remporter sa dépouille mortelle, réclamée par sa famille.

Sanson de Longval rapporte qu'une aussi longue attente fut un des plus cruels moments qu'il ait eus à passer. Le fatal moment était venu: Jacques Moura devait être exécuté le premier. Avant de se livrer aux aides de mon ancêtre, il s'agenouilla encore devant Angélique:

- Oh ! ma bonne maîtresse, fit-il en joignant les mains, dites-moi encore que vous me pardonnez et je mourrai consolé.

Trop émue pour parler, elle fit un signe d'assentiment en agitant doucement son mouchoir. Les deux confesseurs pleuraient à chaudes larmes. Un instant après, Jacques Moura avait cessé de vivre.

C'était le tour d'Angélique. Elle s'avança comme une autre Marie Stuart, saluant gracieusement mon ancêtre, et lui tendant la main pour qu'il l'aidât à gravir les degrés de l'échafaud. Il prit avec respect cette main que la mort allait glacer. Alors madame Tiquet monta lentement l'escalier avec cette démarche imposante et majestueuse qu'on avait toujours admirée en elle. Arrivée sur l'estrade elle se mit à genoux, fit une courte prière, puis se tournant vers son confesseur:

— Monsieur, lui dit-elle avec effusion, je vous remercie de vos consolations et de vos bonnes paroles, je vais porter le tout au Seigneur.

Elle accommoda alors sa coiffe et ses longs cheveux, puis après avoir baisé le billot, elle dit à mon ancêtre en fixant sur lui ses beaux yeux:

- Monsieur, voulez-vous bien avoir la bonté de me dire dans quelle attitude je dois me mettre?

Sanson de Longval, troublé par ce regard, eut à peine la force de lui indiquer qu'elle devait seulement poser sa tête sur le billot.

Angélique s'y plaça d'elle même, et quand ce fut fait elle dit encore:

- Suis-je bien comme ceci?

Un nuage passa sur les yeux de mon ancêtre; il souleva des

deux mains la lourde épée à double tranchant qui servait aux décapitations, lui fit décrire une sorte d'arc dans l'espace, et la laissa retomber de tout son poids sur le col de cette belle victime.

Le sang jaillit, mais la tête ne tomba point.

Un cri d'horreur s'éleva dans la foule.

Sanson de Longval frappa de nouveau. Cette fois comme la première, on entendit un sifflement dans l'air, et le bruit du glaive qui retentissait sur le billot; mais la tête ne s'était point détachée. Il sembla aux personnes les plus rapprochées que le corps avait frémi.

Les hurlements de la multitude devenaient menaçants. Aveuglé par le sang qui jaillissait à chaque coup, Charles brandit pour la troisième fois son arme meurtrière et l'abattit avec une sorte de frénésie.

Enfin la tête d'Angélique vint rouler à ses pieds.

La justice des hommes était satisfaite, comme disent les journaux judiciaires. Je voudrais bien savoir ce qu'en pense la justice de Dieu.

Les aides ramassèrent cette tête; car, pour mon ancêtre, il s'était enfui dans l'état d'exaspération et de délire où le jetaient toutes les exécutions. On la laissa quelque temps sur le billot la face tournée vers l'Hôtel-de-Ville, et plusieurs témoins du supplice ont affirmé qu'elle avait conservé jusque dans la mort sa noblesse et sa beauté.

VI. CARTOUCHE

Le 15 octobre 1721, Paris avait la fièvre comme au lendemain d'une victoire. La population tout entière était descendue dans la rue; sur les promenades, dans les boutiques, dans les cabarets, et même dans les salons; on s'abordait en répétant cette phrase, qui trouvait encore bon nombre d'incrédules:

- Cartouche est pris.

Par le tapage que produisait son arrestation on peut juger combien Cartouche s'était rendu redoutable à la population, qu'il exploitait depuis une dizaine d'années avec un bonheur qui ne fut égalé que par son audace.

Je suis bien loin de partager l'opinion de l'auteur des *Nouvelles causes célèbres*, qui pense que les hauts faits de tous les bandits qui pullulaient alors dans la capitale se sont résumés dans cette figure légendaire, et que le peuple, toujours avide de l'extraordinaire, même en question de forfaits, s'était habitué à attribuer à Cartouche les attentats des grands criminels du temps, tels que *Balagny le capucin*, *Dantragues*, *Louis Marquant*, *Rozy le craqueur*, *Charles Blanchard*, dit *Gaillard*, *Pierrot le Bossu* et surtout *Pélissier dit Boileau*, fameux criminel pendu le 17 juillet 1722, qui avait peut-être autant de droits que Cartouche à la triste célébrité dont celui-ci semble avoir eu le monopole.

Je vais en donner la preuve par la nomenclature des exécutions qui feront l'objet du chapitre suivant. Jamais les arrêts motivés par les vols et par les attaques à main armée ne se multiplièrent autant que de 1715 à 1725. On dirait que la moitié du peuple de Paris s'était mise à voler l'autre.

Cette fièvre de rapines et de crimes n'a rien que de normal.

La Régence fut une époque de transformation sociale. L'esprit public, comprimé par la sévère autocratie de Louis XIV, commençait à se détacher de la glèbe, et, dans sa réaction contre l'ascétisme des dernières années du grand roi, il ne voulait plus d'autre souci que celui des satisfactions matérielles. Une sorte de délire s'était emparé de la nation. L'honneur, cet antique objet de sa vénération, je dirais presque de son culte, avait cédé son piédestal au plaisir, et la licence, conséquence du relâchement des mœurs, avait rapidement pénétré dans les couches inférieures de la société. En même temps, le Système qui, en un jour, enrichissait les pauvres, appauvrissant les riches, initiait, comme je l'ai déjà dit, nobles, bourgeois, manants, tout un peuple enfin, aux vertigineuses émotions du jeu. Le dieu hasard se substituait à ces anciens dieux que les ancêtres appelaient travail patient et probité résignée. C'était lui qu'on invoquait, c'était vers lui que tendaient les rêves et les aspirations de la multitude.

Cette fièvre des richesses, cette soif des plaisirs, ce va-et-vient des fortunes, peuplaient Paris d'un monde d'ambitieux déçus, de joueurs ruinés, de libertins inassouvis, tout prêts à demander au crime les jouissances qu'une vie régulière leur avait refusées. Le luxe des valets s'était accru dans des proportions inouïes ; l'armée du désordre y puisait un contingent considérable ; elle se recrutait, du reste, jusque dans les régiments ; elle trouvait encore, dans la connivence d'une police(1) mal organisée, peu ou point surveillée, les éléments d'une puissance redoutable.

Ce fut ainsi que le banditisme, tant individuel qu'organisé, put entrer en lutte ouverte et déclarée avec la société, opposer une force aux forces que l'on employait pour le détruire, et poursuivre impunément, pendant quelques années, le cours de ses attentats et de ses déprédations.

---

(1) Un lieutenant de la compagnie du lieutenant criminel donnait, moyennant finance, des *permis de séjour* aux voleurs. Il s'entendait avec un huissier du Châtelet pour relâcher tout filou pris sur le fait s'il pouvait payer dix pistoles. Fouquier (*Causes célèbres*).

Cartouche est resté l'idéal des voleurs du dix-huitième siècle. Il représente parfaitement, dans la sphère du crime, l'époque de transition à laquelle il vivait. Il y a, dans la physionomie de ce malfaiteur, quelque chose qui tient à la fois du brigand du moyen âge et du filou de notre temps. Comme le premier, il en appelle souvent à la force brutale, mais la ruse est son arme favorite : il y est passé maître. Il a l'intuition de tous les perfectionnements que ses successeurs apportèrent dans l'art de plus en plus difficile de s'approprier le bien d'autrui, et on peut dire de lui qu'il est l'initiateur des voleurs de notre génération.

Quoi qu'il en soit, la biographie de Cartouche ne saurait entrer dans le cadre de mon récit. Cette biographie a été faite et fort bien faite[1] , tant au point de vue romanesque, qu'au point de vue, plus sérieux et plus scrupuleux, de l'histoire. Mais, comme tous ses pairs, Cartouche ne m'appartient qu'au moment où la loi le remit entre les mains de celui de mes ancêtres qui représentait alors le châtiment.

Je me bornerai donc à dire quelques mots de la naissance et de la vie de Cartouche et de ses principaux complices, et à reproduire quelques anecdotes qui se trouvent dans mes notes.

Cartouche a ce point de ressemblance avec les demi-dieux de la fable, que les origines qu'on lui prête sont des plus contradictoires. La version qui réunit le plus de probabilités est celle qui le fait naître d'un tonnelier du Marais, et prétend que ce fut dans une échoppe de la rue du Pont-aux-Choux que se passa son enfance et que se développèrent ses premiers instincts de maraude.

Tout ce qui se raconte sur l'enfance de Cartouche appartient

(1) Dessessart. — *Procès célèbres*. Nicolas Rafot. — *Le vice puni ou Cartouche*, poëme. Anvers, 1725. Maurice. — *Histoire authentique de Cartouche*. A. Fouquier. — *Nouvelles causes célèbres*.

au domaine de la légende, et je n'ai pas même à le réfuter. Tour à tour bohémien, aide-recruteur et soldat, il paraît être revenu à Paris vers l'année 1715. Ses biographes ont prétendu que la paix l'avait jeté sur le pavé du roi. Il me paraît bien plus naturel de faire à Cartouche les honneurs d'une désertion dans les règles.

Ce qu'il y a de moins fabuleux, c'est cette tradition qui le dote de la puissance organisatrice d'un général d'armée et qui nous montre ce César de grand chemin à la tête d'une légion dans laquelle il avait établi une hiérarchie militaire, une unité de commandement et d'action, qui avait ses affiliés et ses espions dans toutes les classes, des receleurs à tous les coins de rues, et jusqu'à des chirurgiens.

Ainsi constituée vis-à-vis d'une police à peu près impuissante, la bande de Cartouche a placé la société dans un tel péril, qu'une plus longue impunité lui eût donné les proportions d'une véritable calamité publique.

Le nombre des voleurs était si considérable, les attaques nocturnes si fréquentes, qu'on ne sortait le soir qu'avec une escorte, qu'on organisait des espèces de caravanes pour traverser les ponts ou pour cheminer le long des quais ; les malfaiteurs agissaient avec tant d'ensemble et sur des plans si bien combinés, que toutes leurs tentatives étaient couronnées de succès. Il serait impossible de donner une autre explication à la prodigieuse multiplicité de leurs attentats.

La vigueur et l'audace de Cartouche, son génie fécond en stratagèmes, son agilité d'acrobate, l'énergie avec laquelle il résistait aux privations, aux fatigues, et surtout son intelligence, vraiment supérieure, le désignaient naturellement à devenir chef de toutes ces bandes, qui réunirent un nombre aussi considérable de membres actifs que d'affiliés de toutes sortes. Certaines aventures, dans lesquelles des personnages appartenant à l'aristocratie jouèrent un rôle que la médisance des salons commenta et amplifia largement, le mirent à la mode ;

une évasion heureuse, quelques exploits originaux, achevèrent de le populariser.

Le vol commis au préjudice de l'archevêque de Bourges défraya pendant quelques jours la verve des conteurs de nouvelles.

Monseigneur le cardinal de Gesvres, archevêque de Bourges, partait pour un voyage, lorsqu'un peu au-dessus de Saint-Denis, il fut arrêté et dévalisé par la troupe de Cartouche. On lui prit sa croix pastorale, son anneau pontifical, dix louis d'or que son éminence avait dans sa bourse, un pâté de rouges-gorges et deux flacons de vin de Tokay qu'elle avait gagnés à M. de Breteuil, -maigre rançon pour une aussi noble capture.

Sur ce thème, l'esprit satirique du temps a brodé sa petite chronique scandaleuse.

On prétendit que les voleurs avaient pris l'abbé Cerutti, que le prélat avait dans son carrosse et qui était très-jeune et très-joli garçon, pour une demoiselle en soutane.

Le trait saillant de toutes les actions de Cartouche, c'est la spirituelle gaminerie qui leur sert presque invariablement de corollaire. Le voleur ne se contente presque jamais de dépouiller ses victimes, il les raille le plus désobligeamment qu'il lui est possible. C'est encore là un des secrets de sa renommée; Cartouche avait compris qu'il lui serait beaucoup pardonné s'il amusait ceux auxquels il faisait peur.

Ce fut le 27 octobre, que Charles Sanson vit Cartouche pour la première fois. Il était encore au Châtelet, et une affluence considérable se pressait aux portes de la prison. Tout le monde voulait pouvoir dire: Je l'ai vu! et les permis de visiter le bandit étaient sollicités comme le sont ordinairement les plus grandes faveurs. Dans ses notes, Charles Sanson lui donne quarante ans, ce qui ne s'accorde pas avec la date réelle de sa naissance, mais peut s'expliquer par les traces que les passions, la débauche et les fatigues de son métier avaient laissées sur son visage en le vieillissant avant l'âge.

C'était, dit-il, un homme que sa maigreur faisait paraître grand, bien que sa taille ne dépassât pas la moyenne. Son front était extraordinairement développé à la hauteur des oreilles ; il avait les cheveux rares et crépus, le nez épaté d'un dogue, la bouche grande, les yeux bridés et ne manquant pas de malice. Son visage était laid et ridé ; et, ajoute-t-il, nous le regardions avec surprise, tant nous étions étonnés en pensant que c'était de ce magot que l'on avait fait un voleur de cœurs. Nous ne pûmes nous empêcher de nous communiquer notre étonnement. Il paraissait joyeux et bien portant, et lorsqu'un de nous lui demanda s'il était vraiment Cartouche, il haussa les épaules et chanta un refrain dans la langue des voleurs.

Il reconnut son terrible visiteur.

Charles Sanson raconte qu'il le vit pâlir ; ses paupières et ses lèvres frissonnèrent : mais ce trouble ne dura qu'un instant ; il se remit presque aussitôt, et affectant plus de gaieté qu'il n'en avait montré jusqu'alors, faisant une double allusion au supplice qui l'attendait et à la canne que l'exécuteur tenait à la main, il lui demanda s'il l'avait apportée pour prendre sa mesure.

À la suite d'une tentative d'évasion qui faillit être couronnée de succès, on transféra Cartouche à la Conciergerie.

Le procès de Cartouche ne traîna pas en longueur. Le 26 novembre, la cour rendit un arrêt qui condamnait Louis-Dominique Cartouche, dit *Lamare*, dit *Petit*, dit *Bourguignon*, Jacques Maire dit *Limosin*, Jean-Pierre Balagny dit le *Capucin*, Pierre-François Gruthus, Duchâtelet dit le *Lorrain* et Charles Blanchard dit *Gaillard* à être rompus, après avoir subi la question ordinaire et extraordinaire. Le même arrêt condamnait encore deux autres complices de Cartouche, Jean-Baptiste Magdelaine dit *Beaulieu* et Jean-Baptiste Messier dit *Flamand* à être pendus.

Le lendemain, 27 novembre, Cartouche subit la question. Une hernie, que les chirurgiens constatèrent sur son corps, lui épargna les horreurs de l'estrapade ; il souffrit la torture des brodequins avec une constance et une fermeté extraordinaires jusqu'au huitième coin; il refusa de rien avouer.

Lorsqu'il eut été placé sur le matelas, on le transporta dans la chapelle de la Conciergerie où le curé de Saint-Barthélémy, qui avait revendiqué la mission de l'accompagner à l'échafaud, s'efforça d'attendrir cette âme endurcie.

Pendant que cette lugubre scène se passait dans la chambre de la torture, le charpentier des hautes œuvres avait reçu l'ordre de dresser en Grève cinq roues et deux potences.

Le bruit de l'exécution de Cartouche et de ses complices s'était répandu dans la ville: la Grève, les rues adjacentes étaient encombrées de monde, des fenêtres avaient été louées à des prix considérables. Cinq roués et deux pendus, la fête était complète.

Les magistrats eurent-ils la sage inspiration de ne point donner satisfaction à cette détestable curiosité; voulurent-ils, au contraire, lui réserver un nouvel aliment, ou Balagny, Duchatelet, Blanchard et Maire, qui devaient être exécutés avec Cartouche, se trouvèrent-ils tout simplement trop *fatigués* par la torture pour pouvoir être décemment conduits à l'échafaud? Je l'ignore. Toujours est-il que, vers deux heures de l'après-midi, l'ordre arrivait de descendre quatre des roues et d'abattre une potence, celle qui restait debout étant destinée à pendre en effigie un nommé Le Camus, contumax.

Vers quatre heures, Charles Sanson se rendait à la Conciergerie avec ses valets; et le greffier de la Cour, après avoir lu au condamné sa sentence, le remit aux mains de celui qui avait mission de l'exécuter.

Cartouche était fort pâle; mais ni les souffrances qu'il avait endurées, ni les approches de la mort, qui, dans la personne de l'exécuteur, venait de poser la main sur son épaule, ne paraissaient faire quelque impression sur cette âme d'airain.

La curiosité irréfléchie de la population portait ses fruits amers; Cartouche avait pris au sérieux l'engouement du public.

Il allait monter sur l'échafaud comme sur un piédestal, ainsi que les gladiateurs de la Rome des Césars, il voulait expirer au bruit des applaudissements ; son dernier soupir devait être un soupir d'orgueil satisfait.

Lorsqu'il eut été hissé dans la charrette qui attendait devant la porte de la Conciergerie, Charles Sanson jeta à la foule le cri traditionnel par lequel s'annonçait la justice, et le sinistre cortège, entouré d'une force considérable d'archers et de soldats du guet, se mit en route.

Chemin faisant, Cartouche, qui était étendu au fond du chariot, le dos appuyé sur le banc où l'exécuteur s'asseyait, manifestait une grande inquiétude. Il essaya plusieurs fois de se retourner pour regarder en avant, mais sans pouvoir y parvenir. Enfin, n'y tenant plus, il demanda à Charles Sanson si les autres charrettes étaient devant.

Celui-ci lui ayant répondu qu'il n'y en avait pas d'autres que la sienne, son agitation devint extrême.

Lorsqu'en débouchant du quai de la Tannerie, la charrette tourna pour entrer sur la place de Grève, par un effort surhumain, il se souleva, à l'aide de ses coudes, sur les ridelles de la voiture, de façon à pouvoir jeter les yeux sur l'échafaud.

Lorsqu'il n'aperçut qu'une seule roue il devint livide, de grosses gouttes de sueur perlaient sur son front, il commençait à ne plus pouvoir avaler sa salive, et il répéta plusieurs fois : Les *frollants*, les *frollants* (traîtres).

Évidemment, en voyant que les comparses allaient manquer à la sanglante tragédie dans laquelle il se réservait le premier rôle, cet homme, jusqu'alors si fort, se sentait faiblir. Quelque chose de changé dans le programme de ce comédien, et son courage l'abandonnait, et les affres de la mort commençaient pour lui.

Quels sentiments lui créaient ces angoisses soudaines ? Cédait-il à un mouvement de haine contre ceux qu'il supposait avoir acheté leur grâce par ce qu'il appelait de la lâcheté ? Obéissait-il à un exécrable égoïsme qui lui rendait son sort moins horrible quand il était celui de tous ceux qui avaient partagé ses plaisirs et ses crimes ; ou subissait-il tout simplement cette soif de vivre encore, ne fût-ce qu'un jour, ne fût-ce qu'une heure, ne fût-ce qu'une minute, qui s'empare de tous les condamnés, lorsque la vue de leur supplice a chassé de leur cœur la vague espérance qui les a soutenus jusque-là ?

Nul ne saurait sonder ces mystères de l'âme. Toujours est-il que le greffier de la Cour, s'étant approché de lui, Cartouche déclara qu'il voulait faire des révélations, et fut conduit à l'Hôtel-de-Ville où se tenaient Messieurs du Parlement.

L'échafaud resta dressé pendant toute la nuit, et pendant toute la nuit aussi une grande partie de la foule, accourue pour assister aux derniers moments de Cartouche, demeura sur la place.

Toutes les fenêtres de la Grève s'illuminèrent comme en un jour de fête. Le froid était vif et piquant ; on improvisa sur la place des feux, qui pouvaient passer pour des feux de joie. Des marchands de toute espèce de comestibles circulèrent au milieu de la multitude : on buvait, on riait, on chantait autour de l'appareil du supplice, dont la lugubre silhouette se dessinait en noir sur toutes ces clartés, et certes on ne se fût jamais douté que c'était la mort d'un homme qui mettait tout ce peuple en liesse.

Les révélations de Cartouche eurent peu d'importance. Il insista sur l'innocence de son père, de sa mère, de ses frères et de ses maîtresses. Il confessa des crimes dans lesquels sa participation n'avait jamais été douteuse, il appuya sur la part que Pierre-François Gruthus Duchâtelet, qui l'avait vendu et livré, avait eue dans chacun d'eux, enfin il signala quelques receleurs.

Mais cette nuit eut une influence considérable sur les dispositions de son âme. Le mouvement de terreur qui l'avait porté à demander quelque répit, provoqua, chez lui, le repentir qu'on pouvait attendre d'un Cartouche : il demanda pardon à Dieu de toutes ses fautes ; il prêta une oreille plus attentive aux exhortations de son confesseur ; il consentit à répéter après lui les litanies des agonisants que le prêtre récitait à son intention.

Le lendemain lorsque, vers une heure de l'après-midi, on le remit pour la seconde fois dans les mains de l'exécuteur, ce n'était plus le même homme : il conservait encore la liberté de son esprit, mais il avait cessé d'affecter un odieux cynisme ; sa fermeté n'était pas diminuée, mais elle avait perdu son caractère de jactance et de forfanterie, et l'on vit quelques larmes dans ses yeux, qui semblaient avoir été faits pour ne jamais pleurer.

Ses déplorables instincts prirent cependant une fois encore le dessus.

Lorsqu'il eut été placé sur la croix de Saint-André, lorsqu'un frémissement d'horreur eut servi d'écho au bruit sourd et mat de la barre qui broyait les chairs en brisant les os, Cartouche cria d'une voix retentissante et comme un joueur qui compte ses coups :

- Un ! ! !

Mais ce fut tout. La contrition qu'il avait manifestée reprit immédiatement le dessus, et il ne cessa plus d'implorer la miséricorde divine.

Les arrêts qui condamnaient à la roue étaient mitigés, comme je l'ai déjà dit, par un article secret que l'on appelait le *retentum*.

Le *retentum* déterminait le nombre de coups de levier qui devaient être administrés au patient ; dans le but, tantôt de diminuer ses souffrances, et tantôt seulement de lui épargner l'horrible agonie qui l'attendait sur la roue, il ordonnait à l'exécuteur de l'étrangler secrètement, soit lorsqu'il avait reçu le nombre de coups déterminé, soit aussitôt après l'avoir exposé sur la roue.

Si multipliés que fussent les crimes de Cartouche, il avait été admis au bénéfice du *retentum* ; on lui faisait grâce de la dernière partie de son double supplice ; mais dans son trouble ou dans le désordre d'une exécution si extraordinaire, il arriva que le greffier avait négligé de signifier le *retentum* à l'exécuteur.

Sous ses frêles apparences, Cartouche était si vigoureusement constitué, qu'il fallut onze coups de barre pour le rompre ; et contradictoirement avec le procès-verbal du greffier, je puis affirmer qu'il vécut encore plus de vingt minutes après avoir été placé sur la roue.

VII. LES COMPLICES DE CARTOUCHE

Si Cartouche, éprouvant un amer dépit de ne point voir les compagnons de ses crimes partager son supplice, avait pu lire dans l'avenir, il se serait convaincu que ceux-ci n'y gagneraient rien, et qu'ils n'échapperaient pas plus que lui à un châtiment trop mérité. En effet, le quatrième jour qui suivit l'exécution du célèbre chef de bande, c'est-à-dire le 2 décembre, Balagny, dit le *Capucin*, et quelques autres lui succédèrent sur cette roue barbare et ignominieuse qui était le dénouement obligé de toutes ces existences anti-sociales. Ils entrèrent dans la voie des révélations, et à la vue de l'échafaud, firent les aveux complets que n'avait pu leur arracher la torture.

Ils compromirent tant de personnes qu'une nouvelle instruction commença et se poursuivit sans relâche, à mesure que les déclarations des coupables impliqués les uns par les autres jetaient de nouvelles lumières sur les immenses ramifications de cette association de malfaiteurs qui avait si longtemps tenu en échec la police, il est vrai, peu redoutable de l'époque. Déjà, à la mort de Cartouche et de Balagny, on comptait plus de soixante-dix personnes dans les prisons, arrêtées comme complices. Ce nombre grossissait tous les jours par suite des révélations incessantes de ces misérables qui croyaient échapper à la mort par la délation, et, au mois de juin de l'année suivante, il avait dépassé le chiffre de cent cinquante.

Au mois de mars eut lieu l'exécution de Louis Marcant ; au mois de juin celle de Rozy, dit le *Craqueur*, et tout ce sang, au lieu de finir par noyer cette affaire, semblait, au contraire, comme une pluie infernale, la féconder, et y faire éclore de nouveaux forfaits.

Après le tour des hommes, ce fut celui des femmes. Cartouche ne se piquait pas, on le croira sans peine, de rigidité dans ses mœurs. Il traînait à sa suite, dans les campements de sa vie nomade, un sérail d'odalisques qui n'étaient pas seulement pour lui un charme et une distraction, mais d'utiles et puissants auxiliaires, mettant souvent la main à la pâte et jouant, grâce à leur sexe qui écartait les soupçons, un rôle important dans toutes ces entreprises aventureuses. Elles avaient eu leur part dans les péripéties, il fallait bien qu'elles l'eussent dans le dénouement.

On pendit successivement, dans le mois de juillet 1722 et à peu de jours d'intervalle, deux des maîtresses en titre du célèbre bandit : la fille Néron et la grande Jeanneton. Cette dernière avait fait des aveux complets et déclaré pendant la question une foule de vols, à l'occasion desquels il y eut encore plus de soixante nouvelles arrestations, portant principalement sur ces abominables femmes qui excitent les malheureuses filles à la débauche et les précipitent dans la carrière du crime.

Par suite de ces révélations incessantes, tous les receleurs finissaient par tomber sous la main de la justice. On vit avec stupeur figurer parmi eux plusieurs orfèvres grandement établis et qui avaient jusque-là passé pour d'honnêtes et notables commerçants. On a fait honneur à la police moderne, et particulièrement à Vidocq et à ses pâles successeurs, de l'invention du *moutonnage*, qui consiste à capter la confiance d'un prisonnier et à le faire *jaser*. Ce serait assurément là une triste invention ; mais je crois que notre époque n'a même pas ce mince mérite. De tout temps, les bas officiers de police ont eu recours à de pareils stratagèmes. Vidocq eut en son temps une habileté particulière, parce que c'était une nature exceptionnelle, et que ses antécédents et ses relations le rendaient plus apte que tout autre à un commerce intime avec les malfaiteurs. Mais c'est un système qui devait périr avec lui, et si on considère encore Vidocq comme un géant, il faut convenir que ceux qui le remplacèrent, paraissent auprès de lui des pygmées.

Enfin, on sait bien que la délation est nécessaire à la police ; mais il y a toujours eu des délateurs. Les traîtres ont un ancêtre qui remonte aussi loin que l'ère chrétienne : il s'appelle Judas.

Je me hâte d'ajouter que les révélations si multipliées dans le cours des exécutions des complices de Cartouche, ont une physionomie tout autre que celles qu'on a vues de nos jours. Aujourd'hui, c'est un traitement plus doux dans la prison, l'appât de récompenses pécuniaires, l'espoir d'échapper à une condamnation, qui délient la langue du prisonnier et l'amènent à trahir les secrets de ses co-accusés. Au siècle dernier, ce fut bien différent. Les complices de Cartouche se laissèrent condamner ; ils ne parlèrent point pendant le cours de l'instruction de cette interminable affaire qui dura près de deux ans ; beaucoup supportèrent stoïquement la torture sans vouloir rien avouer ; mais, au pied de l'échafaud ou de la potence, tout cela change. Ces courages s'ébranlent, ces fermetés s'évanouissent, et tous ou presque tous les condamnés font une station à l'Hôtel-de-Ville avant de subir leur supplice. Quel peut donc être le mobile qui engage ces hommes et ces femmes qui ont perdu tout espoir de salut, dont le sort ne peut plus être adouci en rien, quel est le mobile, dis-je, qui les pousse à rompre un silence gardé au milieu des souffrances de la torture, et à avouer non-seulement leurs crimes, mais encore à faire connaître ceux qui y ont participé ? Ce mobile est facile à reconnaître. Presque tous ces malheureux sont ulcérés les uns contre les autres ; ils s'accusèrent de s'être perdus réciproquement et veulent savourer à leurs derniers instants l'âcre plaisir de la vengeance. Enfin, au milieu de pareilles pensées qu'il devrait exclure, le sentiment religieux, plus vivace qu'à notre époque, touche aussi ces âmes endurcies, et y fait pénétrer comme une lueur de conscience, le besoin de dire la vérité.

Nous avons vu que Cartouche lui-même n'avait point échappé à cette loi suprême du repentir, et avait donné le signal des révélations qui devaient se continuer si longtemps après lui. Il s'était néanmoins attaché à disculper ses frères, en soutenant qu'ils n'avaient pris part à aucun de ses crimes, parce qu'il les maltraitait plutôt que de consentir à ce qu'ils l'accompagnassent dans ses expéditions. Ce dévouement fut stérile ; son jeune frère, à peine âgé de quinze à seize ans, qu'il affectionnait beaucoup, fut condamné aux galères à perpétuité, et à être pendu par les aisselles pendant deux heures sur la place de Grève. On attribue à une imagination de M. Arnauld de Boueix ce mode de pendaison, qui eut, comme on va le voir, les suites les plus fâcheuses.

En effet, à peine cet enfant fut-il attaché en la manière prescrite, qu'il se mit à pousser des cris effroyables, demandant qu'on le fît plutôt mourir que souffrir ainsi. Il disait que tout son sang affluait à la plante de ses pieds, qui se marbraient effectivement de tâches violettes. Charles Sanson et les aides se regardaient tout étonnés et fort inquiets d'une besogne à laquelle, malgré les nombreuses exécutions du temps, ils n'étaient point accoutumés ; mais, comme ce petit Cartouche passait pour fort méchant et d'une précocité remarquable en toutes sortes de vices, ils crurent un instant à quelque exagération de ses plaintes pour donner cours à l'irritation qu'il paraissait éprouver. Cependant, en voyant sa face s'injecter, sa langue sortir pendante et la parole mourir sur ses lèvres, ils se hâtèrent de le détacher, bien que les deux heures ne fussent pas expirées. On le transporta à l'Hôtel-de-Ville, où il rendit le dernier soupir sans avoir repris connaissance.

Cet accident fit beaucoup de bruit, et c'est de là qu'on commença à murmurer contre M. Arnauld de Boueix, sur qui on en rejetait la faute. Tanton, oncle de la victime, qui avait été pendu le même jour, mais par le cou, passa inaperçu au milieu de l'émotion causée par la fin tragique de son jeune neveu. C'était pourtant un voleur émérite et qui valait la peine qu'on y prît garde, car l'instruction constata que, depuis 1695, il ne s'était pas écoulé d'année sans qu'il fît un petit séjour au Châtelet.

J'en ai heureusement fini avec cette bande, dont on a osé contester la réalité ; mais je compléterai ce chapitre en énumérant rapidement quelques exécutions qui eurent lieu vers le même temps. Ce fut d'abord celle de Pélissier, dit *Boileau*, hardi voleur qui, tour à tour chirurgien et gendarme, s'était livré, sous ces deux habits, à des prouesses dignes de rivaliser avec celles de Cartouche. Ayant fait un gros coup qui lui avait permis de *se retirer des affaires*, il était allé se fixer à Lyon, où il tenait un grand train, quand il fut arrêté et ramené à Paris. Son procès fut rapidement instruit, bien qu'il niât tout et prétendît par conséquent n'avoir jamais eu ni complices ni affiliés.

Pendu le vendredi 17 juillet 1722, il refusa les secours et les consolations de la religion, se livrant jusqu'au dernier moment à des accès de rage furieuse. Il paraît qu'il avait placé les richesses qu'il avait si illégitimement acquises, sur la banque de Venise, et qu'il était sur le point de quitter la France, lorsqu'il fut arrêté, victime d'une intrigue dont les douceurs lui avaient fait ajourner des projets de fuite, depuis longtemps conçus et médités.

Ce fut une des dernières exécutions de Charles Sanson. Quoique jeune encore, sa santé allait toujours en déclinant, une sorte de maladie de langueur s'était emparée de lui et les soins de Marthe Dubut furent impuissants à en arrêter les progrès. Il était déjà presque mourant le 24 mai 1726, lorsqu'il lui fallut en quelque sorte quitter son lit pour présider aux apprêts d'un supplice qui ne s'employait que bien rarement : celui du bûcher.

Il s'agissait d'Étienne Benjamin des Chauffours, gentilhomme lorrain, accusé d'un vice infâme, qu'il ne se bornait pas seulement à pratiquer, mais dont il favorisait secrètement la propagation. On avait trouvé chez ce des Chauffours, une liste de plus de deux cents personnes, dont quelques-unes très marquantes, qui se réunissaient dans sa maison, pour s'adonner à la débauche la plus honteuse. Le cynique régent eût peut-être ri, et, en faveur de la mémoire de son père qui avait été fort suspecté sous ce rapport, il aurait pu laisser assoupir cette affaire, comme il en fut un instant question ; mais les ministres du jeune roi tinrent à honneur de se montrer plus scrupuleux, et faute de pouvoir atteindre un si grand nombre de coupables, on voulut au moins faire un exemple dans la personne de des Chauffours.

Afin de trouver une pénalité applicable à ce crime étrange, on exhuma les établissements de Louis, où il en est parlé, et où il est dit que l'on doit *ardoir* ceux qui en seront convaincus. Le feu était la peine des hérétiques, et on ne peut disconvenir que le crime en question soit une véritable hérésie, et la plus inconcevable de toutes. Voilà comment des Chauffours, un homme souillé d'impuretés, périt du même supplice que Jeanne d'Arc.

Il le subit avec plus de courage qu'on eut dû en attendre de cette nature efféminée et appauvrie par des habitudes antiphysiques. Il est vrai qu'il avait obtenu la faveur du *retentum*, et qu'il fut étranglé secrètement avant d'être livré aux flammes. Le feu prit dans la nuit suivante au collège des jésuites, et parmi les ennemis de cet ordre, les mauvais plaisants s'amusèrent à dire que c'étaient les cendres de des Chauffours qui l'avaient allumé.

Charles Sanson ne survécut que bien peu à cette exécution. Il rendit l'âme le 12 septembre 1726, à peine âgé de quarante-cinq ans. Sa veuve lui fit faire à l'église Saint-Laurent de grandes funérailles, avec l'assistance de tout le clergé de la paroisse. Une foule de pauvres suivirent le convoi ; car, plus sensible et d'un caractère plus communicatif que Sanson de Longval, c'est de lui que datent les habitudes de charité et de bienfaisance par lesquelles la plupart de mes ancêtres se sont efforcés de racheter les cruelles exigences de leur état.

Charles Sanson laissa trois enfants : une fille aînée, Anne-Renée Sanson, née en 1710, qui épousa un nommé Zelle, de Soissons ; et deux fils, Charles-Jean-Baptiste Sanson et Nicolas-Charles-Gabriel Sanson, nés, le premier, en avril 1719, et le second en mai 1721. L'âge de ces deux héritiers du glaive de la loi était une belle occasion pour Marthe Dubut de décliner une telle succession. Elle en jugea autrement et fit, au contraire, de pressantes et d'actives démarches pour que, malgré sa jeunesse, Charles-Jean-Baptiste fût officiellement investi du sinistre emploi que son père venait de laisser vacant. La sévère figure de cette femme, qui fait partie de mes portraits de famille, indique bien qu'elle devait être d'une trempe peu commune et se faire de singulières notions sur les devoirs de la maternité. Elle se crut obligée de conserver intact à ses fils l'héritage de leur père, en y comprenant le fardeau des redoutables fonctions qu'il avait exercées.

Appuyée par le lieutenant criminel et le procureur général, chez lesquels elle se présenta avec son deuil de veuve, elle réussit dans ses démarches, et Charles-Jean-Baptiste Sanson avait à peine sept ans quand cette Artémise de l'échafaud le fit nommer maître des hautes œuvres. Pendant sa minorité, deux questionnaires remplirent l'emploi sous son nom; ce furent d'abord Georges Hérisson, appelé plus tard comme exécuteur à Melun, puis un nommé Prudhomme.

Bien que ce pauvre enfant fût conduit par ses suppléants à la place de Grève et assistât aux exécutions pour les légaliser par sa présence, il n'était point d'âge, comme son père et son aïeul, à noter les impressions qu'il recevait de ce sanglant ministère. Il s'ensuit donc une lacune dans ces Mémoires qui m'oblige à passer presque sous silence plusieurs exécutions, notamment celle de Nivet et de ses complices, qui eut lieu le 31 mai 1729. Elle occupait une grande place dans les souvenirs d'enfance de Jean-Baptiste Sanson, et ce que je puis en dire est venu jusqu'à moi par tradition orale.

Ce Nivet était un voleur presque aussi fameux que Cartouche et beaucoup plus cruel, car on releva contre lui un nombre bien plus considérable de meurtres et d'assassinats. Il resta près d'un an à la Conciergerie où il était fort bien traité, parce qu'il avait livré tous ses complices: entre autres Baremont, fils d'un rôtisseur de la rue Dauphine, et un vieillard septuagénaire qu'on était allé rechercher jusqu'à Sète en Provence. Ce dernier vivait honnêtement depuis dix ans après avoir eu une existence des plus orageuses, car il avait été marqué à l'âge de vingt ans.

Il montra au moment du supplice un courage et une fermeté extraordinaires. Tandis que Nivet et Baremont, déjà liés sur la croix, se lamentaient et obtenaient qu'on les détachât sous prétexte de nouvelles révélations, il attendit la mort stoïquement en déclarant qu'il ne voulait rien dire. En effet, il fut rompu vif sans proférer un mot ni pousser un cri, et pourtant, à cause de sa constitution robuste, il resta près de deux heures tout sanglant et tout mutilé sur la roue avant de rendre le dernier soupir.

La lacune que l'extrême jeunesse de Jean-Baptiste Sanson laisse dans nos annales de famille, me prive aussi de détails à donner sur l'exécution de Poulailler qui semble clore la liste des assassins célèbres dans la première moitié du XVIIIe siècle. Tout ce que je sais, c'est qu'autant Nivet parut l'emporter sur Cartouche par la cruauté, autant Poulailler, si l'on s'en rapporte à différents écrits publiés sur lui, semble dépasser tous ceux qui l'ont précédé par l'audace et la férocité. On va jusqu'à porter à plus de cent cinquante le nombre de ses victimes ; c'est ici que je serais tenté de croire à l'exagération et au fantastique.

Néanmoins, je dois reconnaître que la rigueur avec laquelle il fut traité, donne à penser qu'il avait inspiré une profonde horreur à ses juges. Il fut soumis à des tortures impitoyables, rompu vif et jeté, vivant encore, dans les flammes d'un bûcher.

Mais laissons un moment le souvenir de tous ces types de vile perversité et de basse scélératesse ; nous arrivons à un homme plus cruellement traité encore, parce que son crime parti peut-être de moins bas, avait visé plus haut. J'ai besoin de recueillir mes forces pour le récit de ce supplice inouï, dont les cruautés atroces forment un étrange contraste avec les mœurs dissolues du temps qui en fut témoin.

VIII. FRANÇOIS DAMIENS

Dans les troubles qui ébranlent les sociétés jusque dans leurs bases, dans ces temps fiévreux qui précèdent ou qui suivent les révolutions, tous les esprits fermentent, et il se rencontre des maniaques dont l'ivresse devient du délire. Ce sont les régicides. Lorsqu'elle se trouve ainsi surexcitée, l'imagination sombre et malsaine de ces insensés suppose que le poignard peut devenir l'*ultima ratio* d'une opinion; ils succombent à la tentation qui les pousse à sortir de leur obscurité, par ce qui leur apparaît comme un glorieux martyre. Ils conçoivent, ils méditent leur crime dans le silence et dans l'isolement; ils en cherchent, ils en trouvent la justification dans ce qu'ils lisent, dans ce qu'ils voient, dans ce qu'ils entendent. Tous ceux qui souffrent, tous ceux qui protestent, tous ceux qui maudissent, deviennent, sans s'en douter, les instigateurs d'un forfait qu'ils détesteront.

Si le doute a survécu au procès de Ravaillac, il est certain que dans l'affaire dont je vais m'occuper il n'y eut d'autre coupable que celui qui expia sur la roue le crime qu'il avait commis.

Le 4 juillet 1756, un vol considérable était commis au préjudice d'un négociant de Saint-Pétersbourg, nommé Jean Michel, qui était logé rue des Bourdonnais, chez un sieur Desprez, fripier. Pendant son absence, on avait forcé une armoire et éventré la sacoche dans laquelle le négociant serrait son argent; on avait enlevé deux cent quarante louis.

En même temps, le sieur Jean Michel s'apercevait qu'un domestique, qu'il avait pris quelques jours auparavant, avait disparu. Il ne douta pas un instant qu'il ne fût l'auteur du vol, et il alla le dénoncer à la justice, qui commença des poursuites.

Ce domestique infidèle se nommait Robert-François Damiens.

En étudiant les interrogatoires du régicide, on acquiert la conviction que le vulgaire larcin par lequel Damiens venait de débuter dans la carrière du crime ne fut pas sans influence sur l'attentat auquel il dut sa funeste célébrité.

Damiens était né le 9 janvier 1715, au village de la Thieuloy, à cinq lieues d'Arras. Son père, de fermier qu'il avait été, devint garçon de charrue. Il avait neuf ans lorsque sa mère mourut; à seize ans, il entra en condition chez un métayer de son pays natal.

Les méchantes dispositions de Robert-François Damiens se révélèrent dès l'enfance: son caractère était sombre et chagrin, son humeur violente. La moindre résistance à ses caprices provoquait chez lui des accès d'une colère insensée; ses prédilections pour la paresse et le vagabondage s'opposaient à ce qu'il séjournât quelque temps chez le même maître, et je n'entreprendrai pas de le suivre dans l'odyssée qu'il accomplit de place en place.

Tour à tour cultivateur, serrurier, garçon de cabaret, valet d'armée, marmiton et domestique au collège Louis-le-Grand, il exerçait ce dernier emploi, lorsqu'en février 1739 il épousa une fille de cuisine, nommée Élisabeth Molerienne, qui était au service de la comtesse de Crussol.

Il en eut deux enfants: un fils mort à l'âge de six ans, et une fille qui, à l'époque du crime, travaillait en qualité d'enlumineuse chez un marchand d'estampes du quartier Saint-Jacques.

Le mariage n'avait point modifié l'humeur vagabonde de Damiens; la paternité n'eut aucune influence sur ses mauvais penchants. Après avoir continué de courir les places pendant les dix-sept années qui suivirent son union, il finit par voler son dernier maître, comme je viens de le raconter.

Pour échapper aux poursuites, Damiens se réfugia en Picardie.

La procédure a déterminé, clocher par clocher, l'itinéraire que suivit Damiens, et heure par heure l'emploi de son temps pendant les cinq mois qui s'écoulèrent entre son départ de Paris et son retour dans la même ville.

En se trouvant pourvu d'une somme relativement considérable, la première pensée de Damiens fut de se donner les luxueuses jouissances qui devaient être depuis longtemps l'objet de ses ardentes convoitises. Il quitte Paris en chaise de poste, et se rend à Saint-Omer. Un de ses frères était établi peigneur de laines dans cette ville ; sa sœur, la veuve Coller, l'habitait également ; son père était à Arcq, portier d'une abbaye ; il alla les voir et leur distribua quelque argent.

Si pauvre que fût cette famille, elle était plus honnête encore. Quelques jours après l'arrivée de Damiens à Saint-Omer, une lettre de Louis, le second des enfants, placé également à Paris en qualité de domestique, faisait connaître à sa sœur le vol dont Robert-François s'était rendu coupable. Cette révélation plongea ces malheureux dans le désespoir : ils supplièrent Robert-François de rendre l'argent qu'il avait dérobé ; mais l'âme basse et corrompue de Damiens ne pouvait se laisser toucher par cette délicatesse de sentiments : la seule conclusion qu'il tira des exhortations des siens, ce fut que la justice ne pouvait manquer d'être sur ses traces, et qu'il ferait sagement de s'éloigner s'il voulait échapper, non-seulement à une restitution, mais au châtiment qu'il avait mérité.

Il se réfugia tour à tour à Saint-Venant, à Ypres, à Junotland et à Poperinghe.

À Poperinghe, il donna des indices de l'obsession qui devait le conduire au régicide.

Les poursuites dont il était l'objet, la fiévreuse inquiétude qui était la conséquence de ces poursuites, en surexcitant son tempérament sanguin, portaient le trouble dans ses facultés mentales. L'humeur violente dont j'ai parlé devait s'exaspérer de l'impossibilité où il se trouvait de jouir en paix du fruit de son larcin ; et peut-être cette fureur concentrée le faisait-elle rêver d'une éclatante vengeance contre cette société assez malavisée pour traquer les malfaiteurs.

À cette époque, le mécontentement était général ; un vague

ferment de liberté commençait de germer dans les masses, et une question religieuse apportait un puissant élément de désordre à l'agitation populaire.

Le clergé, mécontent de l'édit du vingtième, ou peut-être voulant associer tous les catholiques à sa querelle contre le jansénisme, exigea des certificats de confession avant de délivrer le viatique. Des refus de sacrements et de sépulture s'ensuivirent, et de grands troubles en furent la conséquence. Le Parlement décréta contre le clergé, le roi cassa les arrêts du Parlement ; mais ces décrets, loin de calmer le désordre, l'augmentèrent.

En même temps, les impôts devenant chaque jour plus écrasants, cette odieuse fiscalité dont M. de Malhesherbes a révélé les mystères, exaspérait les contribuables, et le roi Louis XV achevait l'œuvre de déconsidération que les hontes de la Régence avaient commencée. La majesté du souverain avait tellement perdu de son prestige que lors de l'édit qui ordonnait de saisir et d'envoyer au Canada les gens sans aveu et les vagabonds, on avait été jusqu'à répandre que le roi faisait enlever des enfants pour prendre des bains de sang, et ces accusations avaient trouvé tant de crédules, qu'une émeute de trois jours avait soulevé la ville.

On murmurait partout : dans les châteaux et dans les chaumières ; dans les salons et dans les places publiques : il est donc probable que les conversations qu'entendait Damiens dans les cabarets où il passait ses journées à boire, à fumer, à jouer, lui inspirèrent l'attentat qu'il devait commettre.

À Poperinghe, à l'auberge de Jacobus Masselin, il avait fait la connaissance d'un pauvre tisseur de bas nommé Nicolas Playoust, et il avait logé avec lui dans une chambre que l'ouvrier occupait chez une mercière.

Nicolas Playoust déposa, dans l'interrogatoire, que Damiens lui avait semblé être un peu fou. Ils couchaient dans le même lit, et pendant les quinze jours qu'ils demeurèrent ensemble, il s'était aperçu que son compagnon passait la plupart de ses nuits dans l'insomnie ; que pendant le jour il était constamment troublé, inquiet ; que le moindre bruit suffisait pour le faire tressaillir.

Il raconta plusieurs incidents qui démontraient jusqu'à l'évidence le dérangement du cerveau de Damiens.

C'était ainsi que Damiens avait accusé son hôte d'être sorcier, parce qu'il avait trouvé sous son lit un cierge percé de sept trous ; que ce cierge s'était cassé dans ses mains, et qu'on lui avait prédit, disait-il, qu'il serait éternellement malheureux s'il cassait un cierge par mégarde.

Pour le convaincre de son innocence en matière de sorcellerie, Playoust dut conduire son compagnon chez le cirier qui avait vendu le cierge, et celui-ci dut attester que c'était lui qui avait fait ces trous pour marquer le nombre des quarterons. Il lui répéta plusieurs fois : *Je retournerai en France, j'y mourrai ; mais si je meurs, le plus grand de la terre mourra aussi* ; et, tout en lui parlant ainsi, dit le témoin, il s'escrimait comme un homme qui joue du bâton.

Il passait des heures entières absorbé dans ses réflexions, et pendant qu'il rêvait, ses lèvres remuaient comme s'il marmottait des prières. Playoust l'ayant félicité sur sa piété, et lui ayant dit que lorsqu'on priait Dieu autant que lui, on devait être tranquille ; il avait répondu : *J'ai beau prier, il ne m'entend pas.*

Une nuit qu'ils étaient couchés côte à côte, Damiens s'était levé tout à coup, et comme s'il eût été pris d'un délire, il s'était enfui à la cave, en poussant des cris furieux, et en accusant encore son camarade d'être sorcier. Celui-ci avait été contraint d'employer la violence pour le déterminer à se remettre au lit.

Damiens quitta Poperinghe et son ami Playoust, le 10 septembre, et sur la nouvelle que le bourgmestre voulait le voir, dans son trouble, il partit sans emporter ses habits. Il retourna à Saint-Omer ; il alla visiter son père, fit appeler son frère et sa sœur, et leur redemanda l'argent qu'il leur avait donné ; mais après son départ, ces braves gens avaient renvoyé au négociant la petite somme qu'ils avaient entre les mains ; et, trompé dans ses espérances, Damiens les quitta très en colère.

Il se cacha quelque temps chez un de ses cousins, nommé Taillis, fermier à Fiès. Il le quitta le 3 novembre et se rendit au village d'Austreville chez un autre de ses parents ; partit le 21 pour Arras, se promena pendant un mois encore de ferme en ferme et d'asile en asile dans les environs de cette ville, et prit enfin, le 28 décembre, une voiture qui le ramena à Paris.

Tous ceux chez lesquels il avait séjourné pendant ces cinq mois de vagabondage, s'accordèrent dans leurs déclarations. Partout il avait donné des preuves d'un désordre d'idées poussé jusqu'à l'aliénation. À Austreville, sa physionomie effarée, les propos incohérents qu'il tenait, ses déclamations furibondes avaient tellement épouvanté sa cousine Damiens, que celle-ci en avait été malade. On remarque aussi dans tous ces témoignages que les idées de Damiens se sont précisées. Ce ne sont plus les vagues pressentiments qui l'agitaient lors de son séjour à Poperinghe, ses haines instinctives, ses colères indécises se sont déterminées : elles ont un but, elles y marchent ; le maniaque a trouvé sa marotte. Il s'emporte avec véhémence contre la conduite du clergé ; il se déclare chaud partisan des parlements ; il dit, il répète à qui veut l'entendre que le royaume est perdu, que sa femme et sa fille allaient mourir de faim, qu'il avait une mauvaise affaire sur son compte, mais qu'on entendrait parler de lui.

Il paraît être revenu à Paris avec la résolution bien arrêtée de tuer le roi. À son arrivée il envoya chercher son frère, qui vint le retrouver dans un cabaret de la rue Beaubourg, où il lui avait donné rendez-vous ; et, comme celui-ci lui parlait du vol qu'il avait commis, Damiens l'interrompit brusquement pour lui dire qu'il était revenu à Paris, parce que messieurs du Parlement avaient donné leur démission. Comme Louis Damiens paraissait stupéfait de l'incohérence de cette réponse, Robert-François lui déclara qu'il était au regret de ne pas avoir été tout droit à

Versailles, et lui demanda de l'embrasser, en lui disant que c'était peut-être la dernière fois qu'ils se voyaient.

La femme de Damiens était alors cuisinière chez madame Ripaudelly, rue du cimetière Saint-Nicolas-des-Champs ; sa fille couchait chez cette dame, et en partait tous les matins pour aller travailler de son métier d'enlumineuse. Damiens, en quittant son frère, se rendit auprès d'elles : il resta dans la maison de madame Ripaudelly jusqu'au 3 janvier au matin.

Ce jour-là qui était le lundi, Damiens eut une violente altercation avec sa femme, madame Ripaudelly accourut au bruit qu'elle entendait venir de la cuisine, et, pour mettre un terme à cette scène scandaleuse, elle congédia le mari de sa cuisinière, et lui déclara qu'elle ne voulait plus le recevoir dans sa maison. Un rapport de police prétendit que le jour de son départ pour Versailles, Damiens avait soupé avec plusieurs personnes dans une maison de la rue de Condé ; il le nia, et il paraît certain qu'en sortant de chez madame Ripaudelly il s'en alla droit au bureau des voitures de la Cour, rue de l'Université ; qu'il mangea dans un cabaret des environs, partit à onze heures et demie, et arriva à Versailles à trois heures du matin, dans une chaise. Il attendit le jour dans le bureau, où il dormit, et se rendit ensuite chez le nommé Fortier, à l'auberge de Lannion, près des Quatre-Bornes, où il logea.

Il employa la journée du mardi à rôder dans les alentours du château ; le roi était à Trianon, il se plaignit à son hôtesse que cette absence du roi retardait les affaires qu'il était venu pour terminer.

Dans la nuit du mardi au mercredi, il se trouva indisposé : il pria la dame Fortier d'appeler un chirurgien pour le saigner ; mais comme il avait toutes les apparences d'un homme en bonne santé, on prit sa demande pour une plaisanterie, et on n'y fit aucune attention. Il assura dans ses interrogatoires que, si le chirurgien était venu, il n'aurait pas fait le coup ; car, disait-il, la saignée lui rafraîchissait le cerveau et lui calmait les sens.

Le mercredi, il déjeuna de bon appétit ; il ne sortit de l'auberge que vers deux heures de l'après-midi et se rendit droit au château. Il aperçut dans la cour les chevaux des mousquetaires, se renseigna auprès d'un valet de pied, qui lui apprit que le roi était à Versailles auprès de *Mesdames*, ses tantes, et ne retournerait à Trianon que le soir.

Il recommença de rôder dans les cours jusqu'à la nuit. À cinq heures et demie, le mouvement des chevaux et des carrosses lui indiqua que le roi allait partir. Damiens suivit la voiture royale, qu'escortaient les valets avec des torches allumées, jusque dans la cour de Marbre, où elle s'arrêta, et il se cacha dans un enfoncement de la voûte de l'escalier.

IX. L'ATTENTAT

Louis XV sortait de l'appartement de *Mesdames*, accompagné de M. le Dauphin et d'une partie de la cour; il se dirigeait de l'escalier vers la voiture qui, comme je l'ai dit, l'attendait. Il faisait nuit, il faisait froid, et chacun grelottait dans ce vêtement récemment importé d'Angleterre, que nos voisins appelaient *reading-coat*, et dont nous avons fait redingote. Le roi en avait deux l'une sur l'autre, la seconde était de fourrures.

Au moment où il mettait le pied sur le degré de velours, un homme, le chapeau sur la tête, s'élança à travers les gardes, passa entre M. le dauphin et le duc d'Ayen, et se précipita vers le roi, qui s'écria aussitôt:

- Oh ! l'on m'a donné un furieux coup-de-poing.

Dans la confusion qui résultait du double mouvement des curieux qui se pressaient pour voir le roi et des gardes qui les repoussaient, personne n'avait pu se rendre compte de ce qui s'était passé.

Seul, un petit valet de pied, nommé Sélim, avait cru voir qu'un inconnu avait posé la main sur l'épaule du roi; il se jeta sur lui, et, aidé de deux de ses camarades, nommés Fiefré et Waverelle, il l'arrêta.

Cependant le roi avait passé la main sous sa veste et l'ayant retirée toute sanglante:

- Je suis blessé, dit-il.

En même temps il se retourna, et ayant aperçu l'homme que tenaient les valets de pied, et qui avait conservé son chapeau sur la tête:

- C'est celui-là qui m'a frappé, ajouta-t-il; qu'on l'arrête, mais surtout ne lui faites aucun mal.

Et il remonta dans son appartement, soutenu par MM. de Brienne et de Richelieu.

Les gardes du corps et les Cent-Suisses s'étaient emparés de l'assassin, et l'avaient conduit dans leur salle.

C'était un homme de quarante à quarante-cinq ans, et de grande taille, à la figure allongée, au nez aquilin et proéminent, aux yeux fortement encavés dans leurs orbites, aux cheveux crépus comme des cheveux de nègre ; son teint était si vif en couleur que, malgré l'émotion qu'il devait éprouver, il ne semblait pas avoir pâli ; il portait pour vêtement une redingote brune, un habit de droguet gris, une veste de velours verdâtre et une culotte de panne rouge.

On le fouilla, et on trouva sur lui l'arme dont il venait de frapper le roi : c'était un couteau à deux lames, l'une large et pointue comme celle des couteaux ordinaires ; l'autre en forme de lame de canif de grande dimension, car elle avait cinq pouces de long ; c'était de celle-là qu'il s'était servi. On trouva encore dans ses poches trente-sept louis d'or, quelque monnaie et un livre intitulé : *Instructions et prières chrétiennes.*

Aux premières questions qu'on lui adressa, il déclara se nommer François Damiens ; il dit que c'était lui qui avait fait le coup, qu'il l'avait fait pour Dieu et pour le peuple.

Un garde du corps nommé Bonot lui ayant demandé si l'argent que l'on avait trouvé sur lui ne provenait pas de la récompense qu'il avait reçue pour commettre son crime, il lui répondit brusquement :

- Je n'ai pas de réponse à vous rendre.

Puis, comme s'il eût été pressé par un remords subit :

- Qu'on prenne garde à Monsieur le Dauphin, que Monsieur le Dauphin ne sorte pas d'aujourd'hui ! s'écria-t-il.

Ces paroles, que cet insensé ne prononçait peut-être que dans le paroxysme d'un délire d'orgueil, pour accroître l'importance de son abominable action, donnèrent à supposer à ceux qui les entendirent que Damiens n'était qu'un des agents d'un vaste complot qui menaçait les jours de toute la famille royale. Dans ce moment, un garde de la porte vint déclarer que, dans la soirée, étant en sentinelle au poste de la voûte, sur le passage qui conduit à la chapelle, il avait remarqué un individu qui, de cinq heures à cinq heures et demie, n'avait cessé de se promener le long de ce passage ; qu'un petit homme, vêtu d'un habillement brun assez usé, coiffé d'un chapeau uni, ayant les cheveux en bourse, avait abordé le promeneur en lui disant : « Eh bien ! » Ce à quoi celui-ci, qui avait l'air inquiet, avait répondu : « Eh bien ! j'attends. » Que les deux inconnus ne s'étaient séparés qu'après avoir parlé bas pendant quelques minutes. Or, le signalement du promeneur se rapprochait de celui de Damiens : on ne douta plus que celui-ci n'eût des complices.

Alors les gardes improvisèrent un interrogatoire extra-judiciaire, et, dans les ardeurs de leur zèle, oubliant leur double qualité de gentilshommes et d'officiers, ils ne rougirent pas de descendre jusqu'à remplir l'office de tortionnaires ; ils attachèrent Damiens sur un banc et commencèrent de le tourmenter et de le harceler de questions.

Cependant le roi ayant été conduit dans ses appartements, avait été déshabillé et mis au lit.

La grande quantité de sang qui avait coulé de la blessure excitait de vives inquiétudes ; Sénac le premier médecin, et la Martinière le premier chirurgien, qui arrivèrent à l'instant, rassurèrent le monarque et tous les assistants.

Le couteau de Damiens, qui avait eu à traverser un triple vêtement, avait frappé Louis XV à la partie latérale inférieure et postérieure du côté droit. La lame avait pénétré de trois travers de doigt et de bas en haut entre la quatrième et la cinquième côte, aucun organe essentiel n'avait été atteint.

Mais le roi, qui avait montré un si grand sang-froid dans les premiers moments qui avaient suivi l'attentat, entra dans une grande agitation, lorsqu'il eut entendu un courtisan maladroit faire observer à Lamartinière que si la blessure était légère, la lame au contraire pouvait avoir été empoisonnée ; il envoya deux fois interroger le coupable pour savoir de lui s'il n'avait pas trempé son poignard dans quelque drogue, et ces appréhensions du monarque devinrent si grandes qu'il appela son confesseur, se fit donner l'absolution à cinq ou six reprises différentes, manda le Dauphin, le chargea de présider les conseils, et prit ses dispositions comme un homme convaincu de sa mort prochaine.

La terreur du roi avait répandu la consternation dans le palais; elle servit de prétexte aux bourreaux improvisés de Damiens pour redoubler d'acharnement dans les tourments qu'ils lui infligeaient.

Ses réponses étaient ce qu'elles furent plus tard dans ses interrogatoires plus réguliers, vagues et incohérentes: il protestait qu'il n'avait pas voulu tuer le roi, mais seulement lui donner un *bon avertissement*, qui le décidât à ne plus persécuter les parlements et à chasser l'archevêque de Paris, cause de tout le mal: elles révélaient déjà l'état maladif de son cerveau tourmenté par une humeur hypocondriaque et par les ardeurs d'un sang calciné.

M. de Machault, le garde des sceaux, arriva sur ces entrefaites dans la salle où se trouvait Damiens.

Sa perplexité était cruelle. Sa disgrâce devait suivre de bien près la mort du roi; les sévères principes du dauphin ne lui permettaient pas de s'accommoder d'un ministre qui avait été la créature de madame de Pompadour.

Dans les angoisses de son ambition, sans avoir pour excuse l'inconséquence de la jeunesse, ou la rudesse de la vie des camps, oubliant toute dignité et toute pudeur, le garde des sceaux se joignit aux officiers dans le rôle ignoble qu'ils remplissaient et il les dépassa en cruauté.

Il s'approcha de la cheminée, il y prit deux pinces qu'il fit chauffer dans le brasier, et lorsqu'elles furent rouges, il commença de tenailler lui-même les jambes du misérable, en ayant soin de pincer tantôt une partie et tantôt l'autre, suivant qu'il croyait provoquer une souffrance plus vive.

Malgré la violence de la torture, le patient ne se décidait à aucun aveu, il se contentait de faire observer à ceux qui le tourmentaient qu'ils agissaient contre la volonté de Sa Majesté, qui avait recommandé qu'il ne fût fait aucun mal à son assassin ; puis, s'adressant au garde des sceaux lui-même :

- Vous qui faites ici office de tortionnaire, lui dit-il, si vous n'aviez pas trahi votre compagnie, nous n'en serions là ni vous ni moi.

L'odeur qui s'exhalait de ses brûlures était si affreuse que de la salle des gardes, située au rez-de-chaussée, elle s'élevait jusqu'au premier étage.

En ce moment le duc d'Ayen entra dans la pièce, et ayant vu la belle occupation du garde des sceaux, il gourmanda vertement messieurs d'Hédouville et Bénor qui étaient de sa compagnie, et avaient prêté les mains à M. de Machault, en leur disant que, lorsqu'on portait l'épée au côté, on ne faisait pas office de tenailleur, qu'il fallait laisser cette besogne aux gens de justice.

Cette apostrophe, rendue plus directe encore par le ton avec lequel elle était faite, ne dégoûta pas M. de Machault de son nouveau métier ; il ordonna aux gardes suisses de jeter deux fagots dans la cheminée, fit approcher Damiens du foyer, jusqu'à ce que l'épouvantable chaleur de ce brasier n'eût fait qu'une plaie des deux jambes du misérable. Et comme il ne parlait pas, le même garde des sceaux le menaça de le faire jeter dans les flammes.

Le lieutenant de la prévôté de l'hôtel, M. Leclerc de Boillet qui arrivait en ce moment, mit fin à cette scène si avilissante ; il réclama le coupable en revendiquant sa compétence pour instruire du crime commis à la suite de la cour et le fit conduire à la geôle.

Dès le jeudi matin, le bruit s'était répandu à Paris que le roi avait été assassiné, et la vieille affection que la ville portait au souverain, dont elle lui avait fourni de si éclatants témoignages lors de la maladie de Metz, que ses désordres, que les fautes de son gouvernement avait attiédie, se réveilla aussi vive, aussi communicative que dans le passé. L'archevêque de Paris ayant ordonné des prières de quarante heures pour le rétablissement du roi, les églises se trouvèrent trop petites pour la foule qui s'entassait à leurs portes. On allait au-devant des courriers pour avoir des nouvelles du prince ; les membres du Parlement qui avaient donné leur démission offrirent au roi de reprendre leurs fonctions pour juger le coupable ; tous les États de la province envoyèrent des protestations de dévouement aux pieds du trône.

Mais cette effervescence d'amour populaire devait durer aussi peu que le danger qui l'avait provoquée ; au bout de quelques jours, la blessure de Louis XV n'était plus qu'une insignifiante cicatrice, et la nation se souvenait à peine que pendant quelques heures il avait encore été pour elle Louis le bien aimé.

Damiens, transporté dans les prisons du lieutenant de la prévôté, y reçut la visite du même chirurgien qui venait de panser la blessure du roi : Germain de la Martinière. Ce dernier mit un appareil sur les plaies que le malheureux avait aux deux jambes et qui l'empêchaient de se tenir debout.

Ses douleurs devaient être très-aiguës, et cependant nulle défaillance, nul abattement ne se manifestait dans cette âme et dans ce corps de fer. On lui offrit de manger ; il accepta seulement un peu de vin, et, évidemment touché de ce traitement si différent de celui dont il avait été l'objet dans la salle des gardes, il renouvela deux fois ses recommandations de veiller sur les jours du Dauphin.

Dès le lendemain, le lieutenant de la prévôté procéda aux interrogatoires.

Damiens donna quelques détails sur ses antécédents ; il dit qu'il professait la religion catholique, apostolique et romaine ; qu'il y avait huit mois qu'il ne s'était approché des sacrements ; qu'il avait eu autrefois des confesseurs jésuites, qu'il ne leur avait jamais confié son dessein ; qu'il était parti pour la province parce que depuis longtemps il était tourmenté de l'idée de son crime, et qu'une volonté plus puissante que la sienne l'avait ramené à Paris ; que, s'il avait attenté à la vie du roi, c'était à cause de la religion que l'archevêque mettait en péril par ses refus de sacrements, et parce qu'il avait entendu dire que le roi se refusant à entendre les remontrances du Parlement, le royaume allait périr.

On le somma de nommer ses complices ; il répliqua que pour le moment il n'avait rien à dire ; que s'il nommait ceux qui l'avaient poussé au crime, *tout serait fini*. On voulut qu'il s'expliquât sur le prétendu complot qui menaçait le Dauphin ; il dit qu'il ne savait rien de précis, que c'était un bruit qui courait dans le peuple !

Lorsqu'on lui demanda s'il n'éprouvait aucun regret de l'attentat qu'il avait commis, il confessa l'énormité de sa faute et témoigna un grand repentir.

Ensuite il murmura à demi-voix, mais de façon à être entendu de ceux qui se trouvaient auprès de lui, et particulièrement du serrurier occupé en ce moment à desserrer les menottes qui lui liaient les poignets.

Le 15 janvier, des lettres patentes validèrent la procédure commencée par la prévôté de l'hôtel et donnèrent commission à la grand'chambre du Parlement de Paris d'instruire le procès de Damiens. Le 17 eut lieu la translation du prisonnier à Paris. Il partit de Versailles à deux heures du matin.

L'état de ses jambes ne lui permettant pas le moindre mouvement, il fut placé sur un matelas et porté dans un carrosse attelé de quatre chevaux. L'escorte était imposante. Évidemment on croyait encore à la réalité d'une conjuration, et on redoutait que les problématiques complices de Damiens ne tentassent de l'enlever ou de le faire disparaître.

Soixante grenadiers des gardes françaises, commandés par quatre lieutenants et trois sous-lieutenants, escortaient la voiture dans laquelle il se trouvait. De forts détachements de maréchaussée éclairaient le chemin ; une compagnie de soldats suisses flanquait l'escorte, et une autre compagnie formait l'arrière-garde. La maison militaire avait pris les armes, et le guet à pied et à cheval était échelonné tout le long de la route.

Ce cortège mit six heures à franchir la distance qui sépare Versailles de Paris ; il arriva à la Conciergerie à huit heures du matin, et déposa Damiens dans la tour de Montgommery, dans le même cachot que Ravaillac avait occupé avant lui.

Aux dispositions qui avaient été prises pour fortifier le vieux donjon du Palais, on eût dit que la France entière allait se soulever pour arracher Damiens à ses juges.

Au dehors, on avait établi une palissade diagonale qui commençait à l'escalier du Mai et finissait au second escalier, de façon à ne laisser de chaque côté qu'un étroit passage pour arriver à la tour. À l'extrémité de la palissade on avait établi un poste de cent hommes, commandés par un lieutenant et un officier de chaque grade inférieur. Ce poste fournissait des sentinelles pour l'escalier du Mai, et ses rondes et ses patrouilles circulaient pendant toute la nuit. Un second corps de garde de quarante soldats se trouvait à l'intérieur de la tour, au-dessous de la chambre de Damiens, située au premier étage.

Le cachot de Damiens était circulaire et son diamètre n'excédait pas douze pieds. Le jour ou l'air y pénétraient ou plutôt n'y pénétraient pas, par une ouverture très-étroite pratiquée dans un mur de quinze pieds d'épaisseur, et dont la baie était garnie d'un double rang de barres de fer et d'un châssis de papier huilé. L'air circulait si difficilement dans cette horrible caverne que, sur l'avis des médecins, on dut remplacer par des bougies de cire les chandelles que l'on y brûlait nuit et jour et dont l'odeur menaçait d'altérer la santé du prisonnier.

Celui-ci était enserré dans une espèce de camisole de force qui ne lui laissait la liberté d'aucun de ses mouvements.

Il était couché sur une estrade matelassée dont le chevet faisait face à la porte et dont le dossier se baissait et s'élevait au moyen d'une crémaillère, lorsque, brisé par cette épouvantable torture qui se prolongea pendant cinquante-sept jours, le misérable priait ses gardiens de le changer de position.

L'appareil qui le maintenait sur sa couche vaut bien la peine qu'on le décrive. Il consistait en une espèce de réseau de fortes courroies de cuir de Hongrie qui se reliaient à des anneaux scellés dans le plancher ; cinq de ces anneaux se trouvaient de chaque côté du lit et un aux pieds du prisonnier. Les courroies qui partaient des anneaux latéraux du côté de la tête maintenaient les épaules, les secondes entouraient les poignets comme des menottes et laissaient seulement au prisonnier la faculté de porter la main à sa bouche ; les cuisses et les jambes se trouvaient assujetties de la même manière, et enfin une courroie, qui partait de l'anneau scellé aux pieds du lit, rattachait tous ces liens les uns aux autres, les soudait pour ainsi dire entre eux.

Et ce n'était pas tout.

Douze sergents choisis du régiment des gardes françaises avaient reçu la mission de veiller nuit et jour sur le prisonnier. Leur poste était dans une chambre située précisément au-dessus du cachot du prisonnier. Toutes les deux heures quatre d'entre eux venaient prendre leur tour de faction au chevet de Damiens ; les autres restaient dans leur corps de garde attentifs au moindre bruit, et ni les uns ni les autres ne devaient sortir de la Conciergerie avant l'issue du procès.

Quatre soldats placés sous leurs ordres faisaient l'office d'infirmiers ; comme aux bas officiers, il ne leur était pas permis de quitter la tour.

Le médecin et le chirurgien du Parlement visitaient le régicide trois fois par jour, et rendaient quotidiennement compte au premier président de l'état dans lequel ils l'avaient trouvé. Le chirurgien couchait à la Conciergerie.

Un officier de la bouche du roi avait été chargé d'apprêter les aliments de Damiens ; il lui était défendu de rien lui servir dont il n'eût fait auparavant l'essai sur quelques animaux.

En vérité, vis-à-vis de ce luxe de précautions envers un malheureux dont un cabanon de Bicêtre eût fait une suffisante justice, on se demanderait à quelle aberration obéissaient ceux qui les ordonnaient, si, en raison de la lutte passionnée du Parlement contre le clergé, il n'était évident que le procès de Damiens devenait une arme politique avec laquelle chacune des parties espérait renverser son adversaire.

X. LE PROCÈS

Le procès marchait avec lenteur. Dix-huit personnes furent arrêtées et mises en cause comme prévenues de complicité avec l'assassin, huit pour avoir tenu des propos qui donnaient à supposer qu'elles avaient connaissance du complot formé contre la vie du roi. Mais les juges instructeurs avaient beau faire : au moindre examen, le prétendu complot s'évanouissait, et les complices imaginaires se trouvaient innocents.

Les nouveaux interrogatoires de Damiens ne firent que confirmer ce que ceux de Versailles avaient fait supposer de la faiblesse de son cerveau. Devant la chambre de la Tournelle, où il comparut le 17 mars, il tint encore le même langage. Il prétend toujours qu'il n'a voulu que donner un avertissement au roi, et l'engager à renvoyer ses ministres, qui seuls sont coupables. On voit qu'il a reconnu la vanité des espérances de miséricorde qu'il avait conçues ; il nie qu'il ait eu des complices, il fait serment, *qu'on peut fouiller dans toute la terre et qu'on ne lui en trouvera pas* ; et puis il rentre dans le rôle de fanatique qui l'a tenté ; mais il ne trouve jamais en lui, pour répondre aux questions que lui adressent les magistrats, l'énergie sauvage qu'inspire l'exaltation d'un sentiment sincère. Il ne confesse pas une foi, il discute une opinion. Dans les arguties sentencieuses dont il se sert, on reconnaît des phrases toutes faites qu'il doit avoir entendues en balayant les bancs du collège où il était cuistre, ou qu'il a écoutées à quelque porte de la grand'salle, et dont son esprit malsain n'a retenu que la redondance sans parvenir à s'en approprier la valeur.

Ordinairement, on n'accordait de confesseur aux criminels qu'après leur condamnation, mais en raison de l'importance du coupable et surtout parce qu'on avait l'espoir que son âme, attendrie par les sentiments religieux, serait plus disposée aux révélations qu'on persistait à espérer, dès le 21 mars on envoya à Damiens M. Gueret, curé de Saint-Paul et docteur en Sorbonne, pour l'exhorter. Ce vénérable prêtre accomplit sa mission avec un zèle admirable; non-seulement il continua de visiter chaque jour le régicide, mais il l'accompagna à son supplice et ne le quitta que lorsqu'il eut rendu le dernier soupir.

Le samedi 26 mars, la grand'chambre s'assembla. Les princes du sang, les ducs et pairs, les présidents, les conseillers et les maîtres des requêtes étaient à leurs sièges.

Loin de paraître interdit, lorsqu'il eut été placé sur la sellette, vis-à-vis de cette assemblée, Damiens ne manifesta aucun trouble; il paraissait puiser une présence d'esprit singulière dans l'importance qu'avait prise sa personne.

Alors on ouvrit et on donna lecture des conclusions du procureur général; elles concluaient à ce que Damiens fût condamné à la peine des régicides et subît la question préalable.

À sept heures du soir, la cour rendit son arrêt, que voici:

« La Cour déclare Robert-François Damiens dûment atteint et convaincu du crime de lèse-majesté divine et humaine au premier chef, pour le très-méchant, très-abominable et très-détestable parricide commis sur la personne du roi; et pour réparation condamne ledit Damiens à faire amende honorable devant la principale porte de l'église de Paris, où il sera mené et conduit dans un tombereau, nu, en chemise, tenant une torche de cire ardente du poids de deux livres; et là, à genoux, dire et déclarer que, méchamment et proditoirement, il a commis ledit très-méchant, très-abominable et très-détestable parricide, et blessé le roi d'un coup de couteau dans le côté droit; dont il se repent et demande pardon à Dieu, au roi et à la justice; ce fait, mené et conduit dans ledit tombereau à la place de Grève, et, sur un échafaud qui y sera dressé, tenaillé aux mamelles, bras et cuisses et gras des jambes; sa main droite, tenant en icelle le couteau dont il a commis ledit parricide, brûlée au feu de soufre; et sur les endroits où il sera tenaillé, jeté du plomb fondu, de l'huile bouillante et de la poix-résine brûlante, de la cire et soufre fondus ensemble, et ensuite son corps tiré et démembré à quatre chevaux, et les membres et corps consumés au feu, réduits en cendres et jetés au vent. Déclare ses biens, meubles et immeubles, en quelques lieux qu'ils soient, confisqués au roi. Ordonne qu'avant ladite exécution, ledit Damiens sera appliqué à la question ordinaire et extraordinaire pour avoir révélation de ses complices. Ordonne que la maison où il est né sera démolie, sans que sur le fond puisse à l'avenir être élevé un autre bâtiment. Déclare la contumace bien et valablement instruite contre le quidam âgé de trente-cinq à quarante ans, taille de cinq pieds au plus, cheveux en bourse, portant un habit brun assez usé, un chapeau uni sur la tête.

Fait en parlement, la grand'chambre assemblée, le 26 mars 1757.

RICHARD. »

Cet arrêt, qui déterminait si minutieusement les détails de supplices dont l'énumération suffit à pénétrer le lecteur d'une irrésistible horreur, n'avait point à décider quel serait le genre de torture qui serait appliqué à Damiens. De graves délibérations furent ouvertes chez le procureur général sur le choix de ces tourments préliminaires, et la contagion de l'horrible s'étendant dans le public, de simples particuliers vinrent en aide à l'imagination du magistrat et lui soumirent différents procédés de torture qui font plus d'honneur à leur esprit inventif qu'à leur sensibilité. L'un désire qu'on enfonce de petites esquilles de chanvre sec et soufré sous les ongles du patient et qu'on y mette le feu; un autre demande qu'on l'écorche partiellement et que l'on répande un liquide corrosif sur ses muscles mis à nu jusqu'à ce qu'il se décide à parler; un troisième veut qu'on lui arrache les dents.

Les chirurgiens de la Cour examinèrent ces différentes propositions; ils décidèrent que la question des brodequins demeurait encore la plus énergique et celle qui compromettait le plus rarement la vie du patient.

Ces inventions infernales, à l'aide desquelles l'homme, dédaignant de tuer, distillait goutte à goutte le sang et les angoisses d'un misérable, ne permettait à l'âme de s'échapper que lorsque la douleur avait reculé les bornes du possible et s'étudiait à faire vibrer tous les muscles, dans une épouvantable harmonie de souffrances, vont disparaître avec Damiens. La roue étalera pendant quelque temps encore en Grève les corps pantelants que la barre de l'exécuteur a brisés, mais le temps approche où la société se contentera de supprimer ceux de ses membres dont le contact serait pour elle un péril et où notre triste profession n'ajoutera plus à son terrible poids l'horreur de cruautés aussi inutiles que barbares.

XI. L'ÉCARTÈLEMENT

Les auteurs des mémoires apocryphes publiés par Sautelet, dans le but de procurer un vernis d'authenticité à leur compilation, avaient imaginé de supposer que ces mémoires avaient été écrits par Charles-Henri Sanson, mon grand-père, celui-là même qui eut le malheur d'avoir à traverser les orageuses journées de la Terreur.

Ils le faisaient assister à l'exécution de Damiens ; c'est lui qui, suivant eux, fournit tous les détails de la torture et du supplice, auquel aurait présidé Charles-Jean-Baptiste Sanson, alors titulaire de l'office d'exécuteur. Charles-Henri raconte comment son père faillit devenir fou de douleur lorsqu'il apprit qu'il aurait à écarteler, ce qui n'était pas arrivé depuis Ravaillac ; comment il s'en alla à Melun pour y acheter les quatre chevaux qui lui étaient nécessaires ; le tout émaillé d'un petit épisode destiné à ne point laisser languir l'intérêt.

Le chapitre se termine par le récit d'une visite que le garde des sceaux, accompagné de trois à quatre seigneurs de la Cour, parmi lesquels, et sous un masque très-transparent, figure M. le maréchal de Richelieu, aurait rendue à l'exécuteur des hautes œuvres en son logis, sous prétexte d'examiner les chevaux destinés à l'écartèlement, et dans le but unique de les échanger contre d'autres dont le peu de vigueur devait prolonger les tortures du supplicié.

Si le ton général des mémoires Sautelet, rédigés dans un esprit d'opposition haineuse et mesquine contre les Bourbons et le clergé, et tel qu'il n'aurait jamais pu provenir d'un fonctionnaire, si humble que fût son emploi, n'avait pas suffisamment démontré combien mon père fut étranger à cette publication, l'incroyable épisode que je cite suffirait à donner la mesure de la valeur de cet ouvrage.

Non-seulement ni avant ni après l'attentat de Damiens, M. de Machault ne rendit aucune espèce de visite à l'exécuteur, qu'il se contentait de mander à son hôtel lorsque par hasard il voulait lui transmettre un ordre en se passant de l'intermédiaire du procureur général ; mais, ce qui est bien autrement péremptoire, Charles-Jean-Baptiste Sanson ne prit aucune part ni aux préparatifs, ni à l'exécution de Damiens, par cette raison qu'au mois de janvier 1754 il avait été frappé d'une paralysie qui, jusqu'à la fin de sa vie, ne lui permit plus l'usage de ses membres, et par cette seconde raison, non moins concluante que la première, que cette exécution était du ressort de Nicolas-Gabriel Sanson, son frère cadet, exécuteur des hautes-œuvres de la prévôté de l'hôtel.

Cet office était pour ainsi dire une sinécure : les crimes qui se commettaient à la suite de la cour entraînaient rarement, depuis cinquante ans, la peine capitale. Lorsque Gabriel Sanson reçut l'ordre de prendre ses dispositions, non-seulement pour le supplice, mais pour la question à donner à Damiens (la prévôté de l'hôtel n'avait point de tortionnaire), il fut saisi d'épouvante. Il alla confier ses terreurs à M. Leclerc de Brillet, lieutenant de la prévôté, qui lui donna une lettre pour le procureur général. Dans cette lettre, il priait ce magistrat, dans l'intérêt du service, de décharger son exécuteur du soin qui lui incombait, et de le remplacer par l'exécuteur du Parlement.

Mais, comme je l'ai dit, Charles-Jean-Baptiste Sanson était retenu dans son lit par sa paralysie. Charles-Henri Sanson, son fils aîné, destiné à lui succéder, n'avait que dix-sept ans. Depuis deux années, il exerçait les fonctions de son père, mais il n'avait point officiellement le titre d'exécuteur, et on ne pouvait songer à le charger d'un supplice que l'on ne connaissait plus que par la tradition. Le procureur général ne fit donc pas droit à la requête de son collègue de la prévôté de l'hôtel, mais il ordonna que le questionnaire du Parlement, Charles-Henri Sanson, exécuteur par intérim, et ses aides, se mettraient à la disposition de Gabriel Sanson.

Ce fut lui qui acheta les quatre chevaux ; il les paya quatre cent trente-deux livres, somme considérable pour le temps.

Ces chevaux furent placés dans une écurie de la rue des Vieilles-Garnisons, derrière l'Hôtel-de-Ville.

La chancellerie, sur la demande de M. Leclerc de Brillet, puisa dans les archives des détails sur la pratique du tenaillement, et les fit passer à l'exécuteur de la prévôté de l'hôtel, dont ces paperasses n'atténuaient ni l'effroi, ni les angoisses.

Les sentiments qui l'agitaient étaient si vifs que, le 14 mars, lorsque tous les jours on annonçait que Damiens allait paraître devant la Grande Chambre, Gabriel Sanson tomba malade et s'alita.

Le procureur général le fit venir et le tança de ce qu'il appelait sa pusillanimité. Les menaces du magistrat n'avaient pas eu sur lui une bien grande influence, car il parlait de renoncer à son office, qui était sa seule fortune, lorsqu'un vieux tortionnaire, fils de tortionnaire, et dont le père, ayant aidé au supplice de Ravaillac, lui avait, assurait-il, indiqué la façon dont on procédait au tenaillement, offrit de se charger de cette partie du supplice.

L'échafaud fut dressé dans la nuit du 27.

Le lundi 28, à sept heures du matin, Gabriel Sanson, son neveu Charles-Henri Sanson et leurs aides, descendirent à la Grève pour s'assurer que tous les préparatifs avaient été faits suivant les ordres de la Cour. L'échafaud était dressé sur la place, au milieu d'un espace de cent pieds carrés que l'on avait entouré de fortes palissades. Cette enceinte n'avait que deux issues : l'une par laquelle devaient entrer le patient, les exécuteurs et la force armée, l'autre, communiquant par une espèce de boyau également entouré de palissades, à la grande porte de l'Hôtel-de-Ville.

Ils se rendirent de là à la Conciergerie, où ils trouvèrent le questionnaire qui les attendait.

Damiens fut extrait de son cachot et amené dans cette salle ;

des archers le portaient dans une espèce de sac de cuir chamoisé, qui se fermait sur lui en ne laissant passer que la tête.

On le débarrassa de son enveloppe et le greffier, l'ayant sommé de s'agenouiller, lui lut sa sentence.

Son visage était jaune comme de la cire ; l'éclat du jour semblait fatiguer sa vue ; ses paupières s'ouvraient et se fermaient avec une sorte de mouvement convulsif, mais ses yeux n'avaient point perdu de leur éclat.

Lorsque le greffier eut terminé sa lecture, Damiens fit signe aux archers de l'aider à se relever, car il paraissait souffrir encore des blessures de ses jambes, et il murmura plusieurs fois : Mon Dieu ! mon Dieu ! mon Dieu !

Gabriel Sanson s'étant approché de lui, lui posa la main sur l'épaule. Damiens tressaillit à ce contact et le regarda d'un air égaré ; mais en ce moment le lieutenant de robe courte introduisait le curé de Saint-Paul, et la physionomie du régicide reprit aussitôt, en apercevant le prêtre, un air calme et souriant. Le curé s'avança vers lui, et Damiens essaya de dégager ses mains que les aides étaient, en ce moment, occupés à garrotter, pour prendre celles de son confesseur.

Le curé ne pouvait assister à la question ; il annonça à Damiens qu'il allait l'attendre en priant pour lui dans la chapelle de la Conciergerie, où il se retira.

L'officier de bouche qui servait Damiens s'approcha et lui proposa de prendre quelques aliments ; il hésita un instant, considéra avec attention ce que contenait le panier, puis il dit en hochant la tête. — À quoi bon ? donnez cela aux pauvres gens, au moins cela servira à quelque chose.

Comme on lui faisait observer qu'il avait besoin de toutes ses forces dans cette terrible journée, il reprit avec un accent égaré et qui s'accordait mal avec les paroles qu'il prononçait.

- Ma force est en Dieu ! ma force est en Dieu.

On parvint cependant à le décider à boire un peu de vin. L'officier de la bouche emplit un gobelet, en fit l'essai et le présenta à Damiens qui le porta à ses lèvres, mais n'en put avaler plus d'une gorgée.

Les mémoires apocryphes prétendent qu'il s'écria que ce vin était amer. Poursuivant leurs insinuations calomnieuses, ils donnent à entendre que la cour avait fait mêler à ce vin quelques drogues qui devaient provoquer une grande prostration et avoir raison de la fermeté de Damiens.

Rien n'est plus faux.

Il se produisait chez Damiens cet accident que, dans la première partie de ma malheureuse carrière, j'ai remarqué moi-même chez les condamnés les plus résolus; une angoisse à laquelle bien peu arrivent à se soustraire, comme une contraction dans les muscles du cou; la déglutition devient impossible, et le patient fait de vains efforts pour avaler même sa salive.

On remit Damiens dans son hamac et on le porta dans la chambre de la question, où se trouvaient déjà les commissaires, MM. les présidents Maupeou et Molé, les conseillers Severt, Pasquier, Rolland et Lambelin.

Il prêta le serment ordinaire de dire la vérité, et subit un dernier interrogatoire sur la sellette.

Cet interrogatoire dura une heure et demie. Il répondit avec assez de calme aux questions que lui adressait M. Pasquier; mais, dans l'intervalle qui s'écoulait quelquefois entre deux demandes, il donnait des signes d'une agitation extraordinaire. Il se démenait sur son banc, ses yeux roulaient dans leurs orbites, et il essayait sans cesse de se retourner du côté où se trouvaient les exécuteurs et leurs aides.

Enfin les juges-commissaires se levèrent et lui annoncèrent que, n'ayant rien avoué, il allait être soumis à la question.

Les exécuteurs l'entourèrent, et le questionnaire du Parlement lui mit les brodequins, dont il serra les cordes avec plus de force qu'on ne le faisait d'ordinaire.

La douleur fut aiguë, Damiens jeta des cris affreux; son visage devint livide, sa tête se renversa en arrière, il parut s'évanouir.

Les chirurgiens s'approchèrent, lui tâtèrent le pouls et déclarèrent que cet évanouissement n'avait rein de sérieux.

L'un deux, M. Boyer, conseilla d'attendre avant de placer les coins, afin de laisser à l'engourdissement que devaient provoquer les ligatures, le temps de se dissiper.

Damiens rouvrit les yeux, il demanda à boire ; on lui offrit un verre d'eau, mais il demanda qu'on lui servît du vin, en disant, d'une voix qui haletait et tremblait, que son énergie s'en allait.

Charles-Henri Sanson l'aida à porter le verre à ses lèvres ; quand il eut bu, il poussa un profond soupir, et, refermant les yeux, il murmura quelques prières ; le greffier, les deux huissiers, les exécuteurs et leurs valets l'entouraient ; deux des juges avaient quitté leur fauteuil et se promenaient dans la chambre. M. le président Molé était très-pâle, et on voyait trembler une plume qu'il tenait dans sa main.

Au bout d'une demi-heure, la question fut reprise. Fremy, le questionnaire, enfonça le premier coin. Les cris de Damiens recommencèrent : ils étaient si aigus et si prolongés que Monsieur le premier président ne pouvait parvenir à lui adresser les questions d'usage. Enfin, au milieu des hurlements, des imprécations et des prières qui s'échappaient confusément de sa bouche, il accusa un nommé Gautier, homme d'affaires d'un conseiller au Parlement, M. Lemaitre de Ferrière, de l'avoir poussé au crime qu'il avait commis.

L'ordre fut immédiatement donné d'arrêter Gautier et M. Lemaitre de Ferrière et de les conduire devant les juges.

Au deuxième et au troisième coin, ses souffrances et ses hurlements furent les mêmes ; il parla encore de Gautier.

Au quatrième coin, il demanda grâce, et s'écria à plusieurs reprises : Messieurs ! Messieurs ! Messieurs !

Gautier et M. Lemaitre étaient arrivés : ils furent confrontés avec Damiens, qui non-seulement ne put indiquer où il avait vu celui qu'il incriminait, mais qui presque aussitôt rétracta les aveux que lui avait arrachés la torture.

La question fut reprise, et on lui donna le premier coin de l'extraordinaire.

Voici les constatations du procès-verbal.

Interpellé. — Il dit qu'il avait cru faire un acte méritoire pour le ciel.

Au sixième coin. — Lamentations. — Il dit avoir été bien malheureux en ne réussissant pas à se détruire, comme c'était son intention. — Regrette qu'après son vol, les bons fils aient refusé de le recevoir. — Déplore le sort de sa femme et de sa fille; dit que Dieu le punit de son orgueil. — Accuse une sorcière de lui avoir jeté un sort.

Au septième coin. — Dit avoir horreur du crime qu'il a commis, en demande pardon à Dieu et au roi. — Supplie les juges d'intercéder auprès du roi pour qu'on le fasse mourir de suite. — Parle encore des sorciers, dit que Satan avait pris la figure d'une vieille femme pour l'ensorceler.

Après le huitième coin, qui était aussi le dernier de l'extraordinaire, les chirurgiens déclarèrent que le patient n'en pouvait supporter davantage. — La torture avait duré deux heures un quart.

Les juges-commissaires se levèrent avec un empressement qui indiquait que leurs forces aussi étaient à bout. — Ils firent un signe à Gabriel Sanson, et le tortionnaire enleva les brodequins. Damiens essaya de soulever ses jambes pantelantes et broyées. Ne pouvant y parvenir, il se pencha en avant, et les considéra pendant quelques instants avec une espèce d'attendrissement douloureux.

Pendant ce temps le procès-verbal était clos, on le lui apporta à signer; les magistrats sortirent pour se rendre à l'Hôtel-de-Ville. Le régicide fut porté à la chapelle de la Conciergerie, où il retrouva le curé de Saint-Paul, auquel s'était joint M. de Marcilly, docteur en Sorbonne.

Une profonde consternation était peinte sur toutes les physionomies, et cependant Damiens, les hommes de Dieu qui avaient mission de sauver son âme, et les exécuteurs qui devaient lui infliger des souffrances bien plus affreuses encore que celles qu'il venait d'endurer, n'étaient pas à la moitié de leur tâche.

Charles-Henri Sanson et deux aides demeurèrent auprès du patient, et furent chargés de le conduire à la Grève. Gabriel Sanson, accompagné des autres valets, alla s'assurer une dernière fois si tout était bien préparé pour le supplice.

Le tortionnaire qui s'était chargé du tenaillement, et qui, par une singulière dérision de la destinée, portait le nom d'un grand seigneur de ce temps-là, Soubise, avait assuré le matin à son chef qu'il s'était procuré tous les accessoires indiqués dans la sentence.

En arrivant à l'échafaud, Gabriel Sanson s'aperçut sur-le-champ que le misérable Soubise était ivre et dans l'impossibilité de s'acquitter de son ministère. Saisi d'une violente appréhension, il demanda à voir le plomb, le soufre, la cire et la poix-résine que Soubise avait dû acheter ; tout manquait, et on reconnaissait en même temps, et au moment où d'un instant à l'autre le patient pouvait arriver, que le bûcher, qui devait consumer les restes, était composé de bois humide et mal choisi, que l'on aurait de grandes difficultés à allumer.

En songeant aux conséquences de l'ivrognerie du tortionnaire, Gabriel Sanson perdit la tête. Pendant quelques instants l'échafaud offrit le spectacle d'une confusion inexprimable, les valets allaient et venaient effarés, tout le monde criait à la fois, et le malheureux exécuteur de la prévôté de l'hôtel s'arrachait les cheveux en déplorant la terrible responsabilité qu'il avait assumée sur sa tête.

L'arrivée du lieutenant de robe courte, qui avait achevé de disposer ses hommes dans l'enceinte, la présence du procureur général, que l'on avait envoyé chercher, mirent fin à ce désordre.

Le magistrat réprimanda sévèrement Gabriel Sanson, et lui déclara que, pour avoir négligé les devoirs de son office, il irait au cachot pendant quinze jours, puis il lui commanda d'aller prendre la place de mon grand-père à la chapelle. Celui-ci, malgré sa jeunesse, lui inspira plus de confiance que l'exécuteur de la prévôté de l'hôtel.

Pendant ce temps, les valets se rendaient chez les épiciers du voisinage pour s'y pourvoir de ce qui était nécessaire ; mais quand ils sortaient de l'enceinte, la foule les suivait ; dans toutes les boutiques où ils se présentaient ils étaient signalés pour ce qu'ils étaient, et les marchands refusaient de leur vendre ou prétendaient ne pas avoir ce qu'ils demandaient. Il fallut que le lieutenant de robe courte les fît accompagner d'un exempt qui exigea de *par le roi* les objets dont ils avaient besoin.

Cette scène se prolongea pendant si longtemps que tout n'était pas encore prêt lorsque le patient arriva sur la place de Grève et qu'on dut le faire asseoir sur un des degrés de l'escalier de l'échafaud, tandis que, sous ses yeux, on procédait aux dernières dispositions de sa mort.

Damiens était resté trois heures à la chapelle ; il avait constamment prié avec une ferveur et une contrition qui touchaient tous ceux qui se trouvaient là.

Lorsque quatre heures sonnèrent à l'horloge du Palais, Gabriel Sanson s'approcha de MM. Gueret et de Marcilly, et leur dit que l'heure de partir était venue.

L'escorte était nombreuse. Le guet et de fortes escouades de maréchaussée entouraient le chariot ; à l'angle de chaque rue on avait placé des piquets de gardes françaises.

Devant le porche de Notre-Dame, on voulut contraindre Damiens à se mettre à genoux pour prononcer l'amende honorable ; mais ses jambes à demi-brisées lui causaient de telles douleurs, que, lorsqu'il se pencha pour obéir, il tomba la face contre terre, en jetant un cri si perçant, que, malgré le tumulte de la foule, il dut s'entendre de l'autre côté du parvis. Il prononça les paroles que lui dicta le greffier, debout et soutenu par deux archers.

Lorsqu'il eut été replacé dans la charrette, il pleura, ces larmes étaient les premières qu'on lui eût vu verser.

Un quart d'heure après on arrivait au pied de l'échafaud. Jamais pareille multitude n'avait couvert la place de Grève : c'était comme une mer de têtes humaines qui s'étendait jusque dans les rues de la Vannerie, du Mouton et de la Tixerandrie. Il n'était pas une fenêtre donnant sur la place qui ne fût garnie de curieux. Aux costumes de quelques-uns d'entre-eux, on reconnaissait qu'ils devaient appartenir aux classes les plus élevées de la société. On apercevait même çà et là quelques riches toilettes de femmes ; mais je ne puis croire que, dans un siècle qui se targuait de philosophie et d'humanité, de véritables grandes dames aient eu la pensée de se repaître d'un spectacle qui donnait d'avance la fièvre aux bourreaux.

Comme je l'ai dit, Damiens resta pendant quelques minutes assis sur les degrés de l'échafaud : il avait recouvré sa fermeté, il promenait sur la foule des regards assurés. Il demanda à parler aux commissaires, on le porta à l'Hôtel-de-Ville ; il s'adressa à M. Pasquier et le pria de protéger sa femme et sa fille, qui avaient toujours ignoré ses projets. Il rétracta une fois encore l'accusation qu'il avait portée contre le nommé Gautier, et jura, sur le salut de son âme, que seul il avait conçu son attentat, et seul il l'avait exécuté.

À cinq heures, il redescendit sur la place et on le monta sur l'échafaud.

Le réchaud dans lequel brûlait le soufre, mêlé à des charbons ardents, remplissait l'atmosphère de ses âcres vapeurs ; Damiens toussa plusieurs fois ; puis, tandis que les valets le liaient sur la plate-forme, il regarda sa main droite avec cette même expression de tristesse qui s'était manifestée sur sa physionomie lorsqu'il avait considéré ses jambes après la torture ; il murmura quelques lambeaux de litanies, et dit deux fois : qu'ai-je fait là ? qu'ai-je fait là ?

Le bras fut solidement fixé sur une barre, de façon à ce que le poignet dépassât la dernière planche de la plate-forme. Gabriel Sanson approcha le brasier. Lorsque Damiens sentit la flamme bleuâtre mordre sa chair, il poussa un cri épouvantable et se tordit dans ses liens. La première douleur passée, il releva la tête, et regarda brûler sa main sans manifester autrement sa douleur que par le grincement de ses dents que l'on entendait claquer.

Cette première partie du supplice dura trois minutes.

Charles-Henri Sanson avait vu le réchaud qui vacillait dans les mains de son oncle. À la sueur qui inondait son visage, à sa pâleur presque aussi grande que celle du patient, aux frissons qui agitaient ses membres, il comprenait qu'il serait impossible à celui-ci de procéder au tenaillement ; il proposa cent livres à un des valets s'il consentait à s'en charger.

Cet homme, nommé André Legris, accepta.

Il commença de promener son épouvantable instrument sur les bras, sur la poitrine et sur les cuisses du patient ; à chaque morsure l'horrible mâchoire de fer enlevait un lambeau de chairs palpitantes, et Legris versait dans la plaie béante tantôt l'huile brûlante, tantôt la résine enflammée, le soufre en fusion, ou le plomb fondu que lui présentaient les autres valets.

On vit alors quelque chose que la langue est impuissante à décrire, que l'esprit peut à peine concevoir, quelque chose qui n'a son pendant qu'en enfer et que j'appellerai l'ivresse de la douleur.

Damiens, les yeux démesurément sortis de leurs orbites, les cheveux hérissés, la lèvre tordue, stimulait les tourmenteurs, défiait leurs tortures, provoquait de nouvelles souffrances. Lorsque ses chairs criaient au contact des liquides embrasés, sa voix se mêlait à cet odieux frémissement, et cette voix qui n'avait plus rien d'humain, hurlait : — Encore ! encore ! encore !

Ce n'étaient pourtant là que les préliminaires du supplice.

On descendit Damiens de la plate-forme, on le plaça sur une charpente qui avait trois pieds de haut et qui figurait une croix de saint André; puis on assujettit les traits d'un cheval à chacun de ses membres.

Pendant ces préparatifs, le malheureux tint obstinément ses paupières closes. Le vénérable curé de Saint-Paul, qui ne l'avait point abandonné, s'approcha et lui parla; il lui fit signe qu'il l'entendait, mais il n'ouvrit pas les yeux. On eût dit qu'il ne voulait plus que son regard, qui allait rencontrer Dieu, fût souillé par la vue des barbares qui infligeaient de tels tourments à son misérable corps. De temps en temps il s'écriait: — Jésus! Marie! à moi, à moi! comme s'il leur eût demandé de l'arracher bien vite à ses bourreaux.

Un aide avait saisi la bride de chaque cheval, un autre aide s'était placé derrière chacun des quatre animaux un fouet à la main. Charles-Henri Sanson se tenait sur l'échafaud, dominant tous ses hommes.

À son signal, l'effroyable quadrige s'élança en avant. L'effort fut formidable, car un des chevaux s'abattit sur le pavé. Cependant les muscles et les nerfs de la machine humaine avaient résisté à cette affreuse secousse.

Trois fois les chevaux, stimulés par les cris, par le fouet, donnèrent à plein collier, et trois fois la résistance les ramena en arrière.

On remarqua seulement que les bras et les jambes du patient s'étaient démesurément allongés; mais il vivait toujours, et on entendait le bruit de sa respiration, stridente comme le râlement d'un soufflet de forge.

Les exécuteurs étaient consternés; le curé de Saint-Paul, M. Guéret, s'était évanoui; le greffier cachait son visage dans sa toge, et on entendait courir dans la foule ce sourd murmure précurseur des orages.

Alors M. Boyer, le chirurgien, s'étant élancé vers l'Hôtel-de-Ville et ayant annoncé aux juges commissaires que le démembrement n'aurait pas lieu si l'on ne venait en aide aux efforts des chevaux par l'amputation des gros nerfs, on rapporta l'autorisation nécessaire.

On n'avait point de coutelas; ce fut à coups de hache qu'André Legris pratiqua des incisions aux aisselles et aux jointures des cuisses du malheureux.

Presque aussitôt les chevaux furent enlevés; une cuisse se détacha la première, puis l'autre, puis un bras.

Damiens respirait encore.

Enfin, au moment où les chevaux se raidissaient sur le seul membre qui lui restât, ses paupières se soulevèrent, ses yeux se tournèrent vers le ciel: ce tronc informe était parvenu à mourir.

Au moment où les valets détachaient ces tristes restes de la croix de Saint-André pour les jeter dans le brasier, on s'aperçut que les cheveux du patient, qui étaient bruns lorsqu'il arriva sur la Grève, étaient devenus blancs comme la neige.

Tel fut le supplice de Damiens.

Ce fut une grande faute à ceux qui gouvernaient au nom du roi d'infliger à une société civilisée une espèce de complicité passive dans des horreurs qui répugnaient à ses mœurs et à ses sentiments. Cependant, il est juste d'ajouter que la mort de Damiens ne produisit pas, sur le public blasé, énervé de ce temps-là, une impression aussi profonde que celle qu'elle excite en nous à un siècle de distance. Celui qui s'affligea le plus vivement de cet odieux anachronisme fut le roi Louis XV. Lorsqu'on lui raconta ce qui s'était passé sur la Grève, il poussa des cris de douleur, s'enfuit au fond de ses appartements, et se jeta sur son lit en pleurant comme un enfant. La part que MM. de Machault et d'Argenson avaient prise à la direction de cette procédure ne fut point étrangère à la disgrâce de ces deux ministres.

On a comparé Damiens à Ravaillac.

Les deux régicides n'ont pas entre eux plus de ressemblance que les résultats de leurs crimes.

Le coup de poignard de Ravaillac ébranle le monde qu'une main puissante venait d'asseoir sur de nouvelles bases; il modifie pour deux siècles les destinées de l'Europe ; le globe tournait droit, il le fait rebrousser en arrière. Le canif de Damiens eût percé le cœur qu'il avait menacé, que la mort de Louis XV n'eût point servi la cause au nom de laquelle le malheureux s'était armé, et il fallait être un insensé pour ne pas le prévoir.

Ravaillac fut un fanatique convaincu, un de ces esprits sinistres que l'enfer vomit de loin en loin pour l'épouvantement des générations ; Damiens était un pauvre fou qui, à bout d'expédients et ne sachant comment sortir de l'impasse où l'avait poussé la filouterie de quelques louis, imagina de chercher une ressource dans le régicide.

XII. AVÈNEMENT DE CHARLES-HENRI SANSON

Le supplice de Damiens avait produit une telle impression sur Gabriel Sanson, qu'il se décida à se démettre de son office d'exécuteur de la prévôté de l'hôtel. Il proposa à son neveu de se charger de ces fonctions, en lui abandonnant les émoluments, moyennant une rente de deux mille quatre cents livres. Charles-Henri Sanson accepta et réunit sur sa tête les deux charges jusqu'alors distinctes.

La dernière partie du règne de Louis XV est sobre de sang. Après Lally et La Barre, la soif est étanchée ; la cour se vautre dans le vice sans le souiller de cruauté. Aussi ne trouvé-je sur le registre de mon aïeul que des condamnés de la Tournelle. Ce sont des scélérats vulgaires, dont les crimes ne dépassent pas ce niveau de dépravation qui est inhérent aux mauvaises exceptions de la nature humaine. La seule chose digne de remarque, c'est que tous ou presque tous avaient interjeté appel devant le Parlement des sentences rendues contre eux par des juridictions inférieures, et que cet appel n'aboutissait le plus souvent qu'à une aggravation de peine. Ainsi, il était rare que les simples bailliages condamnassent les malheureux qu'ils avaient à juger à être rompus vifs et attachés sur la roue jusqu'à ce que mort s'en suive, ce qui était assurément un des plus terribles raffinements de férocité que l'imagination humaine ait pu concevoir ; la corde et la potence leur paraissaient un châtiment suffisant. Eh bien, généralement le Parlement n'infirmait la sentence que pour substituer le premier de ces supplices à l'autre. On se demande vainement pourquoi ce surcroît de rigueur de la part d'une cour souveraine, à laquelle ces malheureux ne s'adressaient que dans l'espoir d'obtenir au contraire un allégement à leur sort. Cette roue était un odieux emblème pour la justice, et l'on se sent saisi d'une indignation mêlée de haine en la voyant si souvent figurer dans les arrêts du corps le plus élevé de la magistrature du royaume. Où étaient donc alors ce sens moral si pur, ce calme plein de force et de modération qui n'ont cessé depuis de caractériser chez nous l'action judiciaire ?

Parmi ces crimes obscurs dont je viens de résumer l'ensemble et de tirer le seul enseignement qu'ils puissent offrir, je rencontre, en 1774, un parricide qui mérite peut-être plus d'attention. Un marchand de chevaux, nommé Chabert, domicilié dans l'enclos même du Palais-de-Justice, avait un fils unique à qui il nourrissait l'espoir de laisser son commerce florissant. Malheureusement ce jeune homme répondait mal à cette tendre sollicitude. Adonné déjà à la débauche, non seulement il passait sa vie dans l'oisiveté et les plaisirs, mais encore il aspirait au moment où la mort de son père le rendrait maître d'une petite fortune amassée lentement par le travail, et qu'il avait hâte de gaspiller pour la satisfaction de ses vices.

Au nombre de ses compagnons habituels de plaisir se trouvait un ouvrier appelé Cellier, à qui il n'hésita point à faire part de ses coupables impatiences, qui prirent bientôt la forme d'un projet criminel : celui de se défaire de son père, pour jouir plus tôt de la liberté et de l'aisance qu'il ambitionnait.

Cellier était aussi une nature perverse et un esprit faible : deux raisons pour que la semence perfide des excitations du jeune Chabert fructifiât. Il se laissa gagner, et consentit à commettre l'horrible attentat dont ce fils dénaturé avait conçu le projet. Unis désormais comme deux complices, ils fixèrent ensemble le jour et l'heure où il faudrait agir. Chabert remit lui-même à Cellier un grand couteau qu'il avait pris soin d'aiguiser et d'affiler, pour être plus sûr que le meurtrier ne manquerait pas son coup.

Un soir que Chabert père rentrait chez lui, entre huit et neuf heures, Cellier, qui l'y attendait caché, lui porta deux coups de couteau. Une lutte s'engagea entre l'assassin et la victime, qui, résistant énergiquement, était parvenue à le saisir par les cheveux. Aux cris poussés par son père, le fils coupable accourut; mais, au lieu de lui porter secours, il se joignit au meurtrier, qui, grâce à ce renfort, put s'échapper. Chabert, épuisé par la perte de son sang, tomba sur le sol, où il resta privé de mouvement.

Des soins donnés à temps auraient peut-être pu sauver ce malheureux; le monstre sans entrailles qu'il avait pour fils s'éloigna avec l'indifférence stupide de la brute.

Ce crime audacieux avait été commis dans l'enclos du Palais; les juges du bailliage instruisirent immédiatement le procès. Chabert et Cellier, facilement découverts dans la retraite où ils avaient cru se cacher, furent arrêtés, et une sentence rendue le 12 décembre 1774, déclara: « Mathias Cellier coupable d'avoir assassiné, de guet-apens et de dessein prémédité, le 2 décembre, Antoine Chabert père, en lui portant deux coups de couteau, dont ce dernier était mort dans la même nuit, et Louis-Antoine Chabert fils, atteint et convaincu de complicité avec ledit Cellier, de l'avoir engagé et sollicité plusieurs fois de commettre cet assassinat, et d'avoir, la veille, essayé devant lui le couteau destiné à commettre le crime. En conséquence, ledit Chabert fils a été condamné à faire amende honorable, nu en chemise, la corde au cou, tenant entre ses mains une torche de cire ardente du poids de deux livres, devant la principale porte de Notre-Dame; à y être mené par l'exécuteur de la haute justice dans un tombereau, ayant un écriteau devant et derrière portant ces mots: *Parricide et coupable de l'assassinat de son père*; et là, tête nue et à genoux, dire à haute et intelligible voix, qu'il a méchamment fait assassiner son père; après quoi ledit Chabert, avoir le poing coupé sur un poteau placé au-devant de ladite église, puis conduit, avec ledit Cellier, dans le même tombereau, sur la place Dauphine, pour y être tous deux rompus vifs, placés ensuite sur la roue, le visage tourné vers le ciel, et demeurer autant qu'il plaira à Dieu leur conserver la vie; enfin le corps du parricide être, après sa mort, brûlé sur un bûcher préparé à cet effet, et ses cendres jetées au vent : ses biens et ceux dudit Cellier acquis et confisqués au roi ; ordonnant que la somme de deux cent vingt livres dont ledit Chabert fils était porteur lors de sa capture, et qui a été déposée au greffe du bailliage, soit remise au curé de la basse-chapelle, pour être employée à faire dire des prières pour le repos de l'âme du malheureux Chabert père. »

Le même jour le Parlement confirma la sentence, et renvoya les condamnés au lieutenant-criminel du bailliage du Palais pour faire exécuter l'arrêt.

La rapidité avec laquelle cette affaire fut évoquée, instruite et jugée, montre jusqu'à quel point de pareils forfaits blessaient la conscience publique, et combien on avait hâte de les voir expier par un châtiment exemplaire. Mais cette précipitation s'allie-t-elle bien avec la justice ? On dit de Dieu qu'il est patient parce qu'il est éternel. La justice humaine, qui ne peut s'arroger de punir qu'au nom de ce Dieu, source de toute vérité et de toute morale, ne doit-elle pas, à son exemple, se montrer lente si elle veut paraître sûre ? Loin de m'associer aux critiques qu'elles ont parfois soulevées, j'ai toujours approuvé les lenteurs de la procédure criminelle dans la législation moderne. Il est bon que toutes passions aient eu le temps de s'éteindre, toutes impressions extérieures de s'effacer, quand le jour solennel du jugement vient à luire. Nous lisons dans les livres saints qu'il y a plus de joie au ciel pour un pécheur qui revient que pour cent justes qui persévèrent. Il m'a toujours semblé qu'il devait aussi y avoir plus de joie dans le temple de la justice pour une innocence qu'on proclame que pour cent crimes que l'on punit.

Quoi qu'il en soit, le sort de Chabert fils et de son complice n'était que trop mérité. Le parricide étant heureusement un crime rare à cette époque, Charles Henry Sanson n'avait peut-être pas eu encore l'occasion d'infliger les aggravations de peine qu'édictait l'arrêt : l'amende honorable, l'amputation du poing et la combustion du cadavre. Les grandes exécutions se présentent moins qu'on ne pense dans le cours de nos existences d'exécuteurs. Celles qui alors réclamaient le plus souvent le ministère de mon aïeul étaient la fustigation et la marque, punitions habituelles des voleurs et des faussaires. J'en pourrais faire une longue énumération; mais elle n'inspirerait au lecteur qu'un sentiment de dégoût, sans exciter son intérêt.

Nos lois modernes, qui tiennent plus de compte de la dignité humaine, ont aboli les peines corporelles. La marque et le carcan ont disparu l'un après l'autre; je les ai vu rayer de mes funestes attributions. La mutilation, qui précédait l'exécution des parricides, est tombée en désuétude, comme un raffinement de cruauté indigne d'une société civilisée. La crémation des cadavres, la dispersion de leurs cendres au vent, tout cela ne serait plus aujourd'hui qu'une odieuse fantasmagorie qui soulèverait la conscience publique et avilirait la justice. Il ne reste debout que l'échafaud et la mort donnée au nom de la loi; une voix intérieure annonce au vieux descendant des bourreaux que ces derniers fétiches de barbarie ne tarderont pas à être emportés comme les autres par le souffle du progrès, et que la législation, retrempée aux sources éternelles de la religion reconnaîtra enfin l'inviolabilité de la vie humaine, œuvre de Dieu, que seul il a le droit de détruire.

XIII. L'AFFAIRE DU COLLIER

L'affaire du collier de la reine est tellement connue, qu'il me semble inutile d'en détailler tous les incidents préliminaires, d'ajouter quelques présomptions aux présomptions par lesquelles on a essayé d'expliquer les mystères de cette ténébreuse intrigue qui compromit si fatalement la majesté royale, au moment où la fermentation des passions populaires commençait d'ébranler le trône dans ses bases.

Je me bornerai donc à rappeler très succinctement les faits qui déterminèrent l'arrestation de monseigneur le cardinal de Rohan, du sieur de Cagliostro, de M. Retaux de Villette, de la demoiselle Oliva, et qui livrèrent madame Jeanne de Valois, comtesse de la Motte, à l'exécuteur des hautes œuvres.

Un jour, madame de Boulainvilliers, femme du prévôt de Paris, avait rencontré dans le village de Saint-Léger-sous-Bouvray, en Bourgogne, une petite fille qui lui avait dit, en lui tendant la main :

- Ma belle-dame, pour l'amour de Dieu, faites l'aumône à la petite-fille des anciens rois de France.

Ces paroles étonnèrent madame de Boulainvilliers ; elle fit arrêter son carrosse et demanda à l'enfant l'explication de cette singulière formule de mendicité.

Le curé du village, qui passait par là, s'approcha et raconta à madame de Boulainvilliers que cette enfant disait vrai, qu'elle descendait directement de Henry de Saint-Rémy, fils naturel de Henry II et de Nicole de Savigny.

Madame de Boulainvilliers, poursuivant ses recherches, apprit que l'enfant était une orpheline, qu'elle se trouvait à la charité publique. Elle l'emmena à Paris ; d'Hozier examina sa généalogie, et il fut reconnu par lui que la petite Jeanne de Valois, son frère et sa sœur, étaient bien légitimement possesseurs de la généalogie qu'ils s'attribuaient.

Un mémoire fut présenté à la reine et à M. de Maurepas par M. le duc de Brancas-Céreste ; sur ce mémoire, trois brevets de pension furent accordés aux enfants ; le garçon fut mis dans la marine : il mourut lieutenant de vaisseau sous le nom de baron de Saint-Rémy de Valois.

En 1780, Jeanne de Valois épousa un garde du corps de Monsieur, qui se nommait le comte de la Motte.

M. de la Motte n'avait pour tout bien que ses appointements, la dot de sa femme se résumait en une pension assez mince, la fortune du ménage était loin d'être en proportion avec les goûts de luxe et de dissipation des deux époux. Dévorée du désir de briller, madame de la Motte ne tarda pas à chercher dans l'intrigue les ressources qui lui manquaient.

C'était, dit l'abbé Georgel, dans ses mémoires, une femme, qui sans avoir l'éclat de la beauté, se trouvait parée de toutes les grâces de la jeunesse. Sa physionomie était spirituelle et attrayante, elle s'énonçait avec facilité ; un air de bonne foi dans ses récits mettait la persuasion sur ses lèvres ; ses dehors séduisants cachaient l'âme et les talents magiques de Circé.

La protection dont monseigneur le cardinal de Rohan honora madame la comtesse de la Motte fut-elle complètement désintéressée dans son principe ? On serait tenté de supposer le contraire en se reportant aux mœurs légères de l'élégant prélat ; on est d'autant plus fondé à croire le contraire que, d'après son panégyriste lui-même, les générosités de M. de Rohan envers la comtesse, atteignaient déjà le chiffre énorme de cent vingt mille livres avant l'affaire du collier.

Quoiqu'il en fût, admise dans l'intimité de son bienfaiteur, madame de la Motte put pénétrer les secrètes aspirations de l'ambitieux prélat ; elle reconnut que M. de Rohan ne visait à rien moins qu'à jouer, auprès d'une princesse belle et spirituelle, accusée de dominer son mari, le rôle que le cardinal Mazarin avait joué auprès d'Anne d'Autriche ; elle flatta sa manie, elle échafauda sur cette découverte les bases de sa fortune à venir.

La simplicité presque niaise avec laquelle M. de Rohan tomba dans le piège que lui tendit l'intrigante, peut donner la mesure de l'étrange illusion qu'il se faisait sur sa valeur personnelle.

Elle parvint à persuader au cardinal qu'elle était dans l'intime familiarité de la reine ; que, pénétrée des rares qualités qu'elle avait découvertes dans l'âme du grand-aumônier, elle en avait parlé à cette princesse si souvent et avec tant d'effusion, qu'elle avait dissipé toutes les préventions qui, depuis sa malheureuse ambassade à Vienne, le tenaient en disgrâce ; que ses insinuations avaient eu tant de succès, que Marie-Antoinette permettait à M. de Rohan de lui adresser sa justification ; qu'ensuite elle désirait avoir avec lui une correspondance qui resterait secrète, jusqu'au moment favorable pour manifester hautement la bienveillance de la souveraine ; que madame la comtesse de la Motte deviendrait l'intermédiaire de cette correspondance, dont les suites et les effets devaient nécessairement placer le cardinal au sommet de la faveur et du crédit.

Sa première fable avait eu un plein succès. Le cardinal avait accueilli avec un reconnaissant enthousiasme les riantes perspectives qu'elle faisait luire à ses yeux ; M. de Rohan avait libéralement récompensé les bons offices, qui n'avaient coûté à l'intrigante que quelques mensonges et la feuille de papier à tranche dorée, sur laquelle un habile faussaire avait cherché à imiter l'écriture de la reine ; cette incroyable crédulité dut singulièrement encourager madame de la Motte dans ses manœuvres.

Un magnifique collier avait été commandé par Louis XV à MM. Bœhmer et Bassange, joailliers de la couronne.

Le roi était mort avant que ce collier, destiné à madame du Barry, eût été achevé ; la favorite ayant été exilée par le nouveau monarque, le merveilleux bijou était resté dans les mains des deux marchands.

Ils l'avaient présenté à la reine ; mais le prix, qui était de dix-huit cent mille livres, avait effrayé Sa Majesté qui, dans des circonstances où l'économie devenait un devoir, avait refusé de demander au roi de le lui acheter.

Madame de la Motte eut occasion de voir ce collier. Les joailliers ne lui cachèrent pas combien le refus de la reine les embarrassait, combien ils étaient gênés dans leurs affaires par la possession d'une valeur morte aussi considérable ; ils ajoutèrent qu'ils feraient un riche cadeau à la personne qui leur en procurerait le placement.

La comtesse ne songea probablement tout d'abord qu'à conquérir cette magnifique récompense ; ses pensées n'allèrent pas tout de suite à la soustraction de la parure. Elle jugea Marie-Antoinette en femme et non en reine. Elle supposa qu'il était impossible que ses instincts ne fussent pas en contradiction avec sa volonté. Elle en conclut que Marie-Antoinette ne pourrait s'empêcher d'être reconnaissante envers celle qui lui faciliterait adroitement et secrètement une acquisition que la pénurie du trésor lui interdisait de rendre officielle ; elle résolut d'être celle-là.

C'était en même temps une merveilleuse occasion de donner un peu de corps aux fallacieuses promesses à l'aide desquelles elle mettait à contribution son ami le cardinal, que de faire de lui l'intermédiaire de l'achat de ce bijou qui n'avait pas son pareil, et le banquier de la reine.

Il paraît à peu près certain que M. de la Motte entra dans le complot. Les deux époux eurent recours à l'aide d'un ancien gendarme, espèce de pamphlétaire, nommé Marc-Antoine Retaux de Villette, qui avait déjà écrit les lettres que madame de la Motte avait attribuées à Marie-Antoinette, et ils s'assurèrent de l'appui du comte de Cagliostro qui avait acquis une influence très puissante sur l'esprit de M. de Rohan.

Alors madame de la Motte parvint à persuader au cardinal que la reine s'était décidée à acheter le collier à l'insu du roi et à le payer sur ses économies ; que, pour donner au grand-aumônier un témoignage de sa bienveillance, elle le chargeait de faire cette emplette en son nom ; qu'il recevrait à cet effet une reconnaissance écrite et signée de sa main dont il n'aurait à se dessaisir qu'après le payement du collier.

Cette reconnaissance, madame de la Motte ne tarda pas à l'apporter à M. de Rohan ; elle était datée de Trianon et signée *Marie-Antoinette* DE FRANCE.

Il fallait l'aveuglement du cardinal pour se méprendre sur cette signature si singulièrement libellée par le faussaire ordinaire de la comtesse ; la reine, comme toutes les princesses qui l'avaient précédée sur le trône, signait de ses noms de baptême, et les mots *de France*, qu'avait ajoutés l'imagination de Retaux de Villette, auraient dû lui suffire pour découvrir la fraude.

Mais il ne soupçonna rien, et croyant obéir aux volontés de sa souveraine, ne doutant point que la plus haute faveur ne dût être la récompense de la délicate mission qu'elle lui donnait à remplir, il traita avec les joailliers, sans leur cacher que ce collier était pour la reine et en leur montrant, au contraire, le papier qui était entre ses mains.

Les joailliers acceptèrent les arrangements qu'il leur proposa. Le 1er février, l'écrin fut porté chez madame de la Motte, à Versailles, remis par elle, en présence du cardinal, à un prétendu valet de chambre de Sa Majesté, qui n'était autre que Retaux de Villette, affublé d'une livrée royale, et l'audacieuse farce se couronna par le départ de M. de la Motte pour Londres, où il emporta cette parure qui le faisait millionnaire.

En possession du collier, madame de la Motte voulut davantage ; elle espéra compromettre si bien la reine et le cardinal que toute revendication deviendrait impossible, et voici ce qu'elle inventa :

Retaux de Villette se mit de nouveau à l'œuvre ; il fabriqua de nouvelles lettres, dans lesquelles la reine disait à M. de Rohan que, ne pouvant lui donner comme elle le désirait des marques publiques de son estime, elle aurait avec lui dans les bosquets de Versailles, entre onze heures et minuit, un entretien dans lequel elle lui apprendrait ce qu'elle ne pouvait lui écrire touchant le retour de ses bonnes grâces.

En s'avançant jusqu'à promettre un pareil rendez-vous à sa dupe, madame de la Motte n'agissait point à la légère ; elle avait sous la main une fille, nommée d'Oliva qu'elle avait rencontrée au Palais-Royal, dont la ressemblance avec Marie-Antoinette l'avait frappée, et à laquelle elle destinait le rôle de la reine, dans cet incroyable imbroglio.

La scène se passa dans les bains d'Apollon. Mademoiselle d'Oliva, convenablement stylée, joua son personnage dans la perfection ; elle remit une rose au cardinal, qui suffoquait d'émotion ; puis, prétextant quelque bruit qu'elle entendait, elle le congédia presque aussitôt.

Cependant le terme fixé pour le premier paiement approchait, et les joailliers s'inquiétaient. Ils voulurent, un peu tard, s'assurer que le collier était bien entre les mains de la reine ; ils s'ouvrirent à quelques personnes de l'entourage, sollicitèrent vainement une audience de Sa Majesté, et découvrirent bientôt qu'ils étaient les victimes d'une fraude insigne. Dans leur désespoir, ils ne gardèrent plus le secret que leur avait demandé le cardinal ; le bruit de cette audacieuse escroquerie ne tarda pas à se répandre et à arriver à M. le baron de Breteuil, ministre de la maison du roi.

M. de Breteuil était l'ennemi personnel du cardinal ; il ne pouvait laisser échapper cette occasion de le perdre.

Il eut avec la reine un entretien secret ; il lui révéla les rumeurs qui couraient sur elle, sur le cardinal, sur madame de la Motte ; il la supplia de lui dire franchement si elle avait quelque chose à craindre d'un éclat.

La reine, forte de son innocence, répondit qu'elle ne redoutait rien de la publicité ; elle appela le grand jour sur ce qui s'était passé.

Le 15 août, jour de l'Assomption, le cardinal, comme grand-aumônier, devait officier dans la chapelle. Il était déjà revêtu de ses habits pontificaux, lorsqu'un huissier s'approcha de lui, et lui dit que le roi le mandait dans son cabinet.

Le roi, la reine et M. de Breteuil étaient réunis dans cette pièce.

Lorsque le cardinal fut entré, le roi lui dit, d'un ton fort irrité :

- Monsieur, vous avez acheté des diamants à Bœhmer ?

- Oui, sire, répondit le cardinal.

- Qu'en avez-vous fait ?

M. de Rohan hésita un instant.

- Je croyais, sire, dit-il enfin, que ces diamants avaient été remis à la reine.

- Qui vous avait chargé de cette commission ?

- Une dame appelée madame la comtesse de la Motte-Valois, qui m'avait apporté une lettre de la reine, à laquelle je croyais faire ma cour en me chargeant de cette négociation.

La reine l'interrompit brusquement.

- Comment ! Monsieur, s'écria-t-elle, comment avez-vous pu croire, vous à qui je n'adressais pas la parole depuis huit ans, que je vous choisissais pour conduire une affaire de cette espèce et par l'entremise d'une pareille femme ?

- Je vois bien, reprit le cardinal, que j'ai été cruellement trompé ; le désir que j'avais de plaire à Votre Majesté m'a fasciné les yeux. Je payerai le collier... J'ai été la dupe d'une supercherie que je n'ai pas soupçonnée ; j'en suis au désespoir.

Le roi, qui vit son trouble, l'engagea à se remettre et à passer dans la pièce à côté, où il pourrait écrire sa justification.

M. de Rohan obéit ; il y resta un quart d'heure, remit le papier de Sa Majesté, qui lui ordonna de se retirer, et trouva à la porte de la chambre du roi M. de Jouffroy, lieutenant aux gardes, qui l'arrêta et le remit aux mains de l'aide-major, M. d'Agoult, qui le conduisit à la Bastille.

Le lendemain de l'arrestation du cardinal, madame de la Motte fut arrêtée à Bar-sur-Aube, où elle s'était réfugiée. Dans son interrogatoire, elle nia hardiment s'être mêlée de l'acquisition du collier, et elle accusa le comte de Cagliostro d'être l'auteur de cette escroquerie, prétendant que c'était lui qui avait engagé M. le cardinal à réaliser cet achat, que les diamants avaient été dépecés par l'Italien et par sa femme, que seuls, ils en avaient tiré profit.

À la suite de cette déclaration, M. et madame de Cagliostro furent arrêtés.

Madame de la Motte pouvait croire qu'elle parviendrait à échapper à la justice, en rendant le cardinal et Cagliostro responsables du vol que, seule, elle avait commis ; mais mademoiselle d'Oliva fut enlevée à Bruxelles, où elle s'était réfugiée, et ses révélations commencèrent de jeter quelque lumière sur cette intrigue.

Quelque temps après, Retaux de Villette se laissa prendre à Genève ; il fut confronté avec madame de la Motte, qui dut comprendre qu'elle ne pouvait plus échapper au châtiment.

Dans la nuit du 29 au 30 août, tous les inculpés de l'affaire du collier furent transférés de la Bastille à la Conciergerie, et, le 5 septembre suivant, des lettres patentes du roi déférèrent le procès au Parlement.

Ces lettres respiraient le plus profond mécontentement ; elles constituaient pour le cardinal une accusation terrible.

L'arrêt fut prononcé le 31, à neuf heures et demie du soir. En voici le dispositif :

1. La pièce base du procès, les approuvés et signatures en marge de l'écrit en question, déclarés frauduleusement apposés sur icelui-ci et faussement attribués à la reine.
2. La Motte, contumax, condamné aux galères à perpétuité.
3. Jeanne de Saint-Rémy-Valois, femme de la Motte, condamnée à faire amende honorable la corde au col, à être fouettée et marquée sur les deux épaules de la lettreV, à être enfermée à l'Hôpital à perpétuité.
4. Retaux de Villette, banni à perpétuité du royaume.
5. La demoiselle d'Oliva, hors de cour.

6. Le sieur de Cagliostro, déchargé de l'accusation.
7. Le cardinal, déchargé de toute espèce d'accusation; les termes injurieux pour lui répandus dans le Mémoire de madame de la Motte supprimés; permis à lui de faire imprimer l'arrêt.

Madame de la Motte avait été laissée dans l'ignorance des dispositions du jugement à son égard.

Comme le Parlement entrait en vacances le lendemain du jour où l'arrêt avait été rendu, il ne fut pas possible de le rédiger, et son exécution se trouva différée. Dans la disposition où étaient les esprits, ce retard donna prétexte à mille propos qui n'étaient pas à l'avantage de la Cour.

Après la rentrée du Parlement, le jugement ayant été enfin libellé dut être signifié à l'accusée.

Pendant le cours du procès, madame de la Motte, tant dans les interrogatoires que dans les confrontations, avait montré un caractère si emporté, tant de violence dans ses réponses, ses actions, ses récriminations, que l'on redoutait l'exaltation de cette furie, et les propos que, dans son délire, elle pouvait laisser échapper.

Le 21 juin, M. de Fleury manda l'exécuteur des hautes œuvres au Palais, le prévint des dispositions de la condamnée, des appréhensions que l'on avait à son égard, et lui enjoignit d'avoir à s'arranger de façon à éviter le scandale.

Un magistrat qui se trouvait là proposa de bâillonner madame de la Motte comme on avait fait pour M. de Lally, mais Charles-Henry Sanson répondit que le remède serait pire que le mal, et que la pitié dont le vieux général avait reçu tant de témoignages, se trouverait bien plus vivement surexcitée si une femme était l'objet de semblables violences. Il fut donc décidé que l'on concilierait les prescriptions de l'humanité avec les rigueurs de l'arrêt, mais que l'exécution aurait lieu dans la cour de la Conciergerie.

Charles-Henry Sanson pria le procureur général de lui laisser la direction de cette affaire, dans laquelle l'adresse était bien plus nécessaire que la force, et, en raison de la responsabilité qu'il encourait, cette requête lui fut accordée.

« C'était, dit mon grand-père, une femme de taille médiocre, mais très bien prise ; elle était plutôt grasse que maigre. Son visage était assez agréable pour que l'on ne s'aperçût pas tout de suite de l'irrégularité de ses traits ; sa physionomie mobile était pleine de charmes ; ce n'était que par l'analyse que l'on remarquait que son nez finissait en pointe aiguë comme celui d'une belette, que sa bouche si expressive était trop grande, que ses yeux, dont l'éclat avait surpris, étaient trop petits. Ce qu'elle avait de plus remarquable était l'exubérance de sa chevelure, la blancheur de sa peau, la finesse et la délicatesse de ses extrémités. Elle était vêtue d'un déshabillé de soie à raies brunes et blanches chargées de petits bouquets de roses. Elle était coiffée d'un bonnet de dentelles que l'abondance de ses cheveux rejetait fortement en arrière. »

Lorsqu'on fut arrivé dans la chambre où la commission parlementaire se trouvait réunie, le greffier commença la lecture de l'arrêt.

Aux premiers mots qui proclamaient sa culpabilité, la violence des sensations qui agitaient madame de la Motte se refléta sur sa physionomie. Ses yeux roulaient dans leurs orbites, ses dents mordaient ses lèvres crispées et y laissaient des traces sanguinolentes ; il ne restait rien des traits de la femme, tout à l'heure si séduisante, que le masque d'une furie.

Charles-Henry Sanson, pressentant l'orage, s'était rapproché d'elle, et bien lui en prit, car au moment où le greffier arrivait aux dispositions pénales, la rage de la malheureuse éclata avec une impétuosité que l'on n'avait pas prévue. Elle se renversa si brusquement en arrière que, si mon grand-père n'eût pas été là pour la soutenir, elle se fût brisé la tête sur les dalles. Elle se roula sur le carreau en proie à des convulsions affreuses, poussant des hurlements de bête fauve.

Il fallut cinq hommes pour la contenir, et, bien qu'ils fussent des plus robustes, leurs efforts réunis ne parvenaient qu'à l'empêcher de se blesser ou de se tuer dans ses transports.

On dut renoncer à achever la lecture de l'arrêt.

Ses forces semblaient s'alimenter dans le sentiment qui l'inspirait ; loin d'être épuisées, elles lui permirent de soutenir une véritable lutte contre les aides lorsqu'ils essayèrent de la lier. Il ne fallut pas moins de dix minutes pour triompher de la résistance surhumaine qu'elle opposait.

Enfin on parvint à l'emporter, et on la descendit dans la grande cour du Palais.

L'échafaud était dressé dans cette cour, et précisément sous la grille, qui était grande ouverte. Mais il était six heures du matin, et les curieux n'étaient pas nombreux.

Lorsqu'elle eut été étendue sur la plate-forme, la fustigation commença, et, tant qu'elle dura, ses cris ne cessèrent pas de retentir plus furieux. Ses imprécations s'adressaient surtout au cardinal de Rohan, qu'elle accusait de son malheur et auquel elle prodiguait les épithètes les plus outrageantes ; on l'entendit aussi murmurer : « C'est bien ma faute si j'éprouve cette ignominie ; je n'avais qu'un mot à dire, et j'étais pendue. »

Elle reçut douze coups de verges.

Jusqu'alors, dans toute l'explosion de cet incroyable désespoir, on n'avait pas vu une larme s'échapper de ses yeux. Lorsqu'on l'eut relevée, elle pleura abondamment, et ses pleurs, au lieu de ruisseler sur ses joues, jaillissaient de ses paupières et allaient tomber sur sa poitrine comme s'ils eussent été projetés par une puissante contraction des nerfs.

Peut-être l'accès de sa fureur avait-il déterminé une prostration absolue ; peut-être n'avait-elle pas entendu les dernières dispositions du jugement ; toujours est-il que, lorsqu'on l'eut assise sur la plate-forme, elle resta pendant quelques instants muette, immobile et comme anéantie.

Charles-Henry Sanson crut devoir en profiter pour exécuter les dernières prescriptions de l'arrêt. Sa robe avait été déchirée dans les assauts qu'elle avait livrés, et son épaule était découverte. Il prit un fer dans le réchaud, et s'approchant d'elle, il le lui imprima sur la peau.

Madame de la Motte poussa un cri d'hyène blessée et, se renversant sur un des aides qui la tenaient, elle le mordit à la main avec tant de fureur qu'elle détacha le morceau de chair.

Alors, et bien qu'étroitement garrottée, elle recommença de se défendre. Profitant des ménagements que les aides apportaient dans cette lutte contre une femme, elle paralysa longtemps toutes leurs tentatives, et ce ne fut que très imparfaitement que le fer put être apposé une seconde fois sur la seconde épaule.

La justice était satisfaite. Madame de la Motte fut mise dans un fiacre et conduite à la Salpêtrière. Au moment où on la descendit de la voiture, elle essaya de se précipiter sous les roues, et quelques instants après elle tenta encore de s'étouffer en s'enfonçant la couverture de son lit dans la gorge.

Cependant sa détention ne dura que dix mois.

Au mois d'avril suivant elle parvint à s'évader, soit que le gouvernement facilitât sa fuite dans la crainte des révélations que M. de la Motte menaçait de faire à Londres où il s'était réfugié ; soit, ce qui semble infiniment plus probable, qu'avec l'argent du collier, le mari eût gagné quelque sœur de la maison ; soit enfin qu'un de ces cœurs excentriques, pour lesquels la perversité est un attrait, s'étant pris d'une belle passion pour cette triste héroïne ait entrepris de la sauver.

Quoi qu'il en soit, un soldat placé en sentinelle sous la croisée de madame de la Motte, lui ayant fait passer, de la part d'une personne qui s'intéressait à elle, un costume d'homme qui consistait en une lévite bleu de roi, un gilet et des culottes noires, des brodequins, un chapeau rond à haute forme, une badine et des gants de peau, elle parvint à l'aide de ce déguisement à sortir de la Salpêtrière et à retrouver son mari à Londres.

Elle y mourut le 23 août 1791, les uns disent d'une fièvre bilieuse, les autres d'une chute qu'elle aurait faite en se jetant d'une fenêtre sur le pavé dans un accès de fureur.

On raconte que la sœur qui lui ménagea sa sortie, lui dit en la conduisant à la porte et au moment où elle s'éloignait : *Adieu, Madame, prenez garde de vous faire remarquer.*

Il faut bien, ajoute l'auteur des anecdotes sur le règne de Louis XVI, être possédé de la fureur de dire de tristes bons mots pour en faire sur un pareil sujet.

XIV. AVANT LA RÉVOLUTION

L'exécution de Jean-Louis avait été fixée au 3 août. Le 2 au matin, Charles-Henry Sanson fit partir pour Versailles, des charrettes chargées de toutes les charpentes nécessaires, et dans l'après-midi, il se rendit lui-même dans cette ville.

L'émotion qu'avait soulevée le procès de Jean-Louis Louschart(1) n'avait point dépassé les limites de sa ville natale. Charles-Henry Sanson ne pouvait voir en lui qu'un coupable d'une des catégories les moins intéressantes; aussi, tout familiarisé qu'il était avec les effets d'une détestable curiosité, ne fut-t-il pas médiocrement surpris en voyant la place de Saint-Louis couverte d'une telle multitude, que les aides avaient quelque peine à maintenir libre l'espace où les charpentiers dressaient leurs échafaudages.

Cette foule ne manifestait cependant aucune intention hostile: elle était bruyante, mais plutôt rieuse qu'irritée. Elle ne prononçait pas, du moins tout haut, le nom de l'accusé; elle n'avait point jusqu'alors manifesté ses sentiments autrement que par les lazzis et les brocarts qu'elle faisait pleuvoir sur les ouvriers employés à l'édification de la funeste plate-forme.

Cependant elle avait la mobilité de toutes les multitudes. Un charpentier ayant rudoyé un gamin qui le harcelait de ses provocations, quelques cris de mort se firent entendre. En un instant toutes ces physionomies railleuses devinrent sombres et menaçantes; les rangs se pressèrent en ondulant; ceux qui

(1) J.L. Louschart était accusé du meurtre de son père.
Dans les faits, il s'agissait d'un accident survenu lors d'une violente querelle entre le père et le fils. NdE 2003

étaient derrière pressant ceux qui se trouvaient par devant, les cris devinrent des vociférations, en moins d'une seconde ; la faible barrière qu'on avait opposée à cette affluence fut brisée, et les aides et les charpentiers furent aux prises avec le peuple.

Mais presque aussitôt, une centaine d'hommes, qu'à leur stature athlétique, à leurs bras, à leurs visages bronzés par la fumée, on reconnaissait pour les robustes ouvriers du fer, et quelques jeunes gens qui, par la propreté de leur mise, semblaient appartenir à la nombreuse corporation de ce qu'on appelait la basoche, s'étaient précipités au-devant des assaillants ; et moitié par la persuasion, moitié par la force, ils les contraignirent à se retirer avant qu'une seule voie de fait ait été commise.

Mon grand-père avait assisté jusqu'alors avec assez d'indifférence à cette démonstration populaire ; mais en ce moment il hocha la tête. Il pressentait que cette foule obéissait à un mot d'ordre, que si lui et ses aides n'avaient pas été pulvérisés sous le choc de ces vagues humaines, c'est qu'elles avaient un but dont elles ne voulaient pas se laisser détourner, qu'elles étaient décidées à attendre l'heure ; il comprenait le sens de cette attitude gaiement insoucieuse sous laquelle cette multitude dissimulait la conscience de sa volonté et de sa toute-puissance.

Il commanda à ses aides et aux charpentiers de hâter leurs préparatifs, et il retourna à Paris afin de faire part de ses observations au procureur général.

L'émotion politique avait déjà soulevé de nombreux orages en province. La Normandie, la Bretagne, le Béarn, avaient pris fait et cause pour leurs Parlements attaqués dans leurs privilèges. Le Dauphiné avait été plus loin : à la suite d'une longue succession d'émeutes, les représentants des trois ordres, noblesse, clergé et tiers-état, s'étaient spontanément réunis et avaient, pour la première fois, mis en scène la souveraineté nationale.

On admit encore bien moins qu'une lutte contre l'autorité pût s'engager dans la ville qu'habitait la cour et qui devait sa splendeur factice à la présence du roi ; que cette lutte eût pour prétexte l'exécution d'un coupable aussi légitimement condamné.

On se contenta d'envoyer à Versailles quelques soldats pour prêter main-forte à la marée-chaussée, la maison du roi ne fournissant aucune aide pour les exécutions criminelles.

Dans la soirée, cette multitude se retira calme et tranquille ; quelques jeunes gens, quelques-uns des forgerons dont j'ai parlé, restèrent seuls comme pour observer ce qui se passait autour de l'échafaud ; ils parcouraient la place en s'entretenant avec animation.

Le bruit s'était répandu dans la ville qu'Hélène Verdier avait été conduite, par Madame Adélaïde, aux pieds de la reine, qu'elle avait imploré la grâce du condamné et que, touchée de ses instances, Marie-Antoinette avait obtenu du roi la grâce qu'elle sollicitait à son tour.

Cette nouvelle n'avait sans doute pas été étrangère à la dispersion du populaire ; ceux qui demeuraient étaient évidemment les incrédules.

Charles-Henry Sanson profita de la solitude de la place pour faire dresser autour de l'échafaud, avec l'autorisation des juges commissaires, une de ces palissades de pieux et de planches, semblables à celles derrière lesquelles on exécutait les grands criminels en Grève. En même temps les magistrats, qui avaient reçu quelques rapports de police touchant les dispositions de la population, prirent sur eux d'avancer l'heure du supplice.

Il était deux heures du matin lorsque mon grand-père quitta la place *Saint-Louis* pour se rendre à la prison, et il remarqua que les hommes qui avaient stationné toute la nuit dans les environs se dispersaient dans des directions différentes.

Jean-Louis Louschart était enfermé dans une des logettes du rez-de-chaussée ; il était couché sur un grabat. Au bruit des verrous que tirait le guichetier, il se dressa sur son séant et considéra avec calme ceux qui pénétraient dans son cachot.

Le greffier du Parlement lui lut la sentence, qu'il écouta avec une grande attention. Quand celui-ci eut fini de parler, il murmura quelques mots inintelligibles parmi lesquels on distinguait seulement ceux de: pauvre père! puis il ajouta tout haut:

- Dans deux heures je me justifierai devant lui; mais non, ajouta-t-il d'une voix frémissante et en s'adressant au curé de Saint-Louis, qui venait d'entrer, il n'a pu croire que son fils l'avait volontairement frappé, n'est-ce pas, monsieur?

Le prêtre s'approcha de lui, l'embrassa; les hommes de la justice se retirèrent et les laissèrent seuls.

Un ordre des juges-commissaires vint interrompre le pieux tête-à-tête.

Charles-Henri Sanson passa sa tête par l'entrebâillement de la porte et fit signe au condamné qui, en ce moment agenouillé devant le prêtre, recevait la bénédiction.

Jean-Louis Louschart comprit cette muette injonction, et, se retournant du côté de l'exécuteur, il lui dit avec un douloureux sourire:

- Vous n'êtes pas plus pressé que moi, monsieur?

On monta en charrette à quatre heures et demie du matin; les juges commissaires avaient espéré que, grâce aux dispositions du *retentum*, tout serait fini avant que la population ne fût éveillée.

Mais, en sortant de la prison, on put reconnaître combien ces dispositions étaient vaines.

Malgré l'heure matinale, les abords de cette prison regorgeaient de monde, l'affluence était prodigieuse; ces rues de Versailles que les chaises, que les carrosses de la cour animaient sans les peupler; ces rues si tranquilles, si mornes même, lorsque la somptueuse cité n'était pas encore tombée au rang des nécropoles, étaient envahies par les flots sans cesse croissants d'un véritable océan humain. Hommes, femmes, vieillards, enfants, tout était au dehors, et on reconnaissait à leurs costumes bon nombre de campagnards des environs, qui étaient venus se réunir aux citadins. En même temps cette paisible population paraissait en proie à une agitation fiévreuse. L'apparition de la charrette fut saluée par des clameurs assourdissantes, et ce fut avec les plus grandes peines que le véhicule put se frayer un passage dans la foule.

Le condamné ne semblait pas soupçonner que ce mouvement pût être la conséquence des sympathies qu'il excitait. Peut-être y voyait-il encore l'indice du sentiment de répulsion qui s'était manifesté lors de son arrestation. Il écoutait avec recueillement les exhortations de son confesseur, et ne levait pas les yeux sur ceux qui l'entouraient.

Cependant, au coin de la rue de Satory, un cri lamentable, un appel désespéré domina un instant les frémissements de la multitude, et on vit une jeune fille, pâle comme une morte, qui agitait un mouchoir.

Au son de cette voix, Jean-Louis Louschart avait relevé la tête, et aussitôt, et malgré les liens qui enlaçaient ses bras et ses jambes, il se dressa debout en se tournant du côté de la jeune fille. Ses yeux étaient pleins de larmes, les premières qu'on lui eût vu verser depuis le matin; il essaya de sourire, puis on l'entendit qui murmurait:

- Adieu, Hélène, adieu!

À cet instant, un forgeron d'une taille colossale qui, depuis la sortie de la prison avait toujours marché à la hauteur de la charrette, s'avança, et, s'accrochant aux ridelles, cria d'une voix retentissante:

- C'est au revoir qu'il faut dire, Jean-Louis. Est-ce qu'on roue les braves gens comme toi?

Un cavalier le repoussa; mais les applaudissements qui éclatèrent prouvèrent que cette opinion avait pour partisans tous ceux qui se trouvaient là, et qu'ils ne croyaient plus avoir besoin de la dissimuler.

À la physionomie contractée du greffier, des exempts et des soldats qui entouraient la voiture, il était évident qu'ils dépassaient les appréhensions que mon grand-père avait conçues dès la veille.

Cependant, on arriva sans encombre au pied de l'échafaud. Sur la place Saint-Louis, l'agglomération du peuple était immense, car tous ceux qui se trouvaient dans les rues avaient suivi le cortège.

Au moment où la charrette s'arrêta, Jean-Louis Louschart adressa une question au curé de Saint-Louis, et mon grand-père entendit celui-ci lui répondre :

- Vous sauver.

- Non, mon père, dit le condamné d'une voix fiévreuse et avec une sorte d'impatience. Si je suis innocent de l'intention, qui fait le crime, mes mains n'en sont pas moins souillées d'un meurtre horrible. Je dois mourir, je veux mourir. Dépêchez-vous, monsieur, ajouta-t-il en se tournant vers mon grand-père.

- Monsieur, lui répondit mon grand-père en lui montrant les masses furieuses et oscillantes qui ébranlaient la barrière, s'il y a ici quelqu'un qui touche à sa dernière heure, ce n'est pas vous.

Charles-Henry Sanson n'avait point achevé, qu'une tempête de hurlements éclatait, véritables rugissements du lion populaire. La palissade volait en éclats, et de tous les côtés à la fois la foule se ruait sur l'échafaud.

Le forgeron qui avait dans le trajet adressé la parole à Jean-Louis Louschart était au premier rang ; il saisit le condamné dans ses bras musculeux, coupa ses liens, et le hissa sur son épaule, pour l'emporter en triomphe.

On vit alors une scène inouïe. Le patient luttant contre ses libérateurs, les repoussant, leur reprochant de l'arracher au supplice qu'il croyait avoir mérité, se retournant vers ses bourreaux, les invoquant, demandant la mort que sa piété filiale jugeait nécessaire à l'expiation, avec l'anxieuse angoisse avec laquelle on appelle ordinairement la vie.

Mais ses amis l'avaient entouré ; leurs efforts réunis triomphèrent de sa résistance, ils parvinrent à l'entraîner.

Cependant, la situation de mon grand-père était loin d'être rassurante. Séparé de ses aides, isolé au milieu d'une multitude enivrée de sa facile victoire, qui ne le connaissait que trop, et dont le flot n'avait exactement qu'à se refermer pour l'anéantir, il n'avait pas même la ressource de vendre chèrement sa vie.

Sa physionomie traduisait probablement les sinistres pensées qui l'occupaient, car le grand forgeron qui avait délivré le patient s'approcha de lui, et lui saisissant le bras :

- N'aie pas peur, Charlot, s'écria-t-il, ce n'est pas à toi que nous en voulons, c'est à tes outils. Désormais, Charlot, quand il te viendra une pratique, faudra la tuer pour la tuer, et ne pas la tuer pour la faire souffrir. Laissons l'enfer au bon Dieu, vois-tu, Charlot. Et s'adressant à la foule : Laissez-le passer, vous autres, ajouta-t-il, et faites attention que celui qui dira quelque chose à Charlot, on le prendra pour un *marqué* qui se venge.

Les rangs s'ouvrirent à cette harangue, plus pittoresque que correcte, et mon grand-père s'éclipsa.

En moins de temps qu'il n'en faut pour l'écrire, l'échafaud et tous ses sinistres accessoires avaient été mis en pièces ; on les jeta dans le bûcher préparé pour le cadavre en couronnant ce singulier édifice de l'épouvantable roue, dernière confidente de tant de martyres. On y mit le feu, et hommes et femmes, se tenant par la main, formèrent une immense ronde dont les joyeuses spirales se déroulèrent autour de l'auto-da-fé, tant que les cendres jetèrent une étincelle. Jusqu'à la moitié de la nuit, la place retentit de chants joyeux.

J'ai raconté avec quelque prolixité cet événement, ignoré et dédaigné des historiens, parce qu'il m'a semblé qu'il avait été l'occasion de la première fête populaire de la Révolution.

De 1778 à 1789, la vie s'écoula calme, austère, patriarcale dans cette maison, que ne franchissaient pas les bruits du dehors. Tout le monde y subissait l'ascendant des vertus et de la bonté de Marie-Anne Jugier. Jamais il n'y était fait la moindre allusion aux sanglantes occupations qui venaient trop souvent interrompre, pour les hommes, la paix de cette existence. Si parfois il arrivait à un des aides qui s'asseyaient à la table des maîtres de laisser échapper une parole imprudente se rattachant à quelque chose du métier, un sévère regard de mon grand-père réprimait cet oubli, et la conversation reprenait aussitôt son cours en se portant sur d'autres sujets.

Les heures des repas étaient les mêmes que du temps de Jean-Baptiste Sanson; mais ma grand-mère réunissait en outre, deux fois par jour, toute la maison pour les prières du matin et pour celles du soir. Mon grand-père ne manquait aucune de ces pieuses réunions, et y assistait dans l'attitude du plus profond recueillement. Marie-Anne Jugier, agenouillée dans la salle à manger sur un prie-dieu au-dessus duquel était appendu un grand christ d'ivoire, récitait à haute voix les prières, et l'assistance lui faisait écho pour les paroles qui doivent être dites en commun. Je puis d'autant mieux parler de ce touchant usage, qu'il s'est toujours conservé dans ma famille, et que, ayant déjà atteint l'âge de dix-huit ans lorsque ma pauvre grand-mère est morte, je me rappelle encore, aussi parfaitement que si c'était d'hier, l'avoir vue, octogénaire, continuer à remplir ce saint devoir.

Pendant la tourmente révolutionnaire, malgré le danger de pareilles manifestations, elles ne furent pas interrompues. Les temples étaient fermés; mais quelques prêtres, cachés dans un réduit obscur, élevaient aussi vers Dieu leurs voix suppliantes. La France ne priait plus que par les lèvres des proscrits et des bourreaux.

Je n'ai point la prétention de récrire l'histoire de cette époque mémorable, qui a trouvé un grand nombre d'historiens plus éclairés et plus compétents. Je n'aurai à lui apporter mon grain de sable que lorsque cette histoire, malheureusement, viendra, pour ainsi dire, se résumer dans celle des sanglantes attributions de mon aïeul.

Je laisserais peser un doute fâcheux sur sa mémoire, si j'omettais de dire ici qu'il avait adopté avec enthousiasme les idées nouvelles. Sur quelles âmes les théories de progrès et d'émancipation exerceraient-elles plus d'empire que sur celles des malheureux qui se croient victimes de l'oppression et des préjugés. Mais je dois ajouter que, malgré son admiration pour les principes de 1789 dans lesquels il pressentait bien l'évangile politique de l'avenir; malgré son dévouement au nouvel ordre de choses qui paraissait devoir en découler, il n'en restait pas moins profondément attaché à la monarchie et à la personne du roi dont les sentiments droits et les intentions honnêtes, si clairement manifestés au commencement de son règne, avaient gagné bien des cœurs. Il appartenait enfin à ce parti si nombreux qui bornait alors tous ses vœux à l'établissement d'une royauté constitutionnelle et se laissa malheureusement déborder par les fanatiques et les fauteurs d'anarchie.

XV. LA GUILLOTINE

Le docteur Guillotin avait poursuivi avec une rare persévérance la tâche qu'il avait embrassée. Après avoir fait consacrer en décret, comme on le sait, dans la séance du 1er décembre 1789, sa motion du 28 novembre réclamant l'égalité des peines pour crimes ou délits semblables, quel que soit le rang des coupables ; c'est encore lui qui, le 21 janvier suivant, avait pris de nouveau la parole pour soutenir ses autres propositions dont la discussion avait été ajournée. On se rappelle qu'il s'agissait de décréter que le crime étant personnel, la honte du supplice et des condamnations infamantes ne pouvaient imprimer aucune flétrissure à la famille des condamnés ; que la confiscation des biens était à jamais abolie ; que les corps des suppliciés seraient délivrés à leurs parents toutes les fois qu'ils les réclameraient, et, dans le cas contraire, admis à la sépulture habituelle, sans aucune mention sur le registre du genre de mort.

Toutes ces dispositions étaient dans l'esprit de l'Assemblée et dans le sentiment de la nation. Mais il s'agissait surtout pour Guillotin de faire triompher autre chose qui lui tenait bien plus à cœur. Révolté de la barbarie des anciens supplices, saisi d'un profond dégoût à l'aspect de la potence qui, en défigurant les cadavres et en les laissant exposés dans cet état aux regards avides de la populace, semblait flétrir jusqu'à la mort ; il avait juré de renverser tout cela, en imaginant un supplice humain, s'il est permis d'accoupler ces deux mots, qui supprimât la souffrance, qui ne s'accomplît pas directement par la main de l'homme, et qui, une fois l'exécution consommée, cachât aux yeux de la foule, si encline d'ordinaire à se repaître de ces sortes de spectacles, les tristes restes de la victime immolée.

Telle était la pensée de Guillotin ; ses longues méditations sur ce sujet ne lui avaient fait entrevoir que la décapitation comme acheminement vers son idéal. C'était le genre de supplice le plus digne ; il frappait l'homme dans le plus noble et le plus puissant de ses organes, le siège présumé de l'intelligence et de la pensée. Réservé jusqu'alors à une classe privilégiée, il devenait, grâce au principe de l'égalité dans le crime, le supplice du droit commun. Mais que d'exemples ne citait-on pas où le glaive inexpérimenté des exécuteurs avait fait de la décapitation une horrible boucherie ? Il fallait trouver un moyen plus prompt, plus sûr, plus infaillible que la main humaine, et le mécanisme seul pouvait l'offrir. Dès lors la solution du problème ne consista plus, pour Guillotin, que dans la découverte de la meilleure machine à décapiter. Cette recherche demandait du temps et des connaissances étrangères à celles du pauvre docteur, qui s'était jusque-là plutôt occupé de sauver ou de prolonger la vie que de donner la mort.

Aussi, pour gagner le temps nécessaire à ses investigations et à ses études, se borna-t-il à poser tout d'abord le principe en proposant seulement aux délibérations de l'Assemblée un article ainsi conçu :

> Dans tous les cas où la loi prononcera la peine de mort contre un accusé, le supplice sera le même, quelle que soit la nature du crime dont il se sera rendu coupable. Le criminel sera décapité ; il le sera par l'effet d'un simple mécanisme.

Cette proposition se formulait, je l'ai déjà fait remarquer, trois ans, jour pour jour, avant celui où le mécanisme recevrait sur la place de la Révolution le baptême d'un sang royal : triste consécration qui ne fut certainement pas étrangère au rôle qu'il a joué dans nos discordes civiles.

Les articles proposés par Guillotin furent renvoyés au comité des sept, chargé du travail sur la jurisprudence criminelle. Ils n'en sortirent qu'en 1791, où le Code pénal porta enfin définitivement que tout condamné à mort aurait la tête tranchée, mais sans fixer encore le système de décapitation. Mon grand-père s'alarma vivement de cette décision qui, si l'on n'adoptait pas un moyen mécanique, menaçait de faire à l'habileté de l'exécuteur, dans les supplices, une part dont la responsabilité l'effrayait à bon droit. Il adressa au ministre de la justice un Mémoire dans lequel il lui représentait toutes les difficultés de la décollation par l'épée : la nécessité d'une fermeté et d'un courage qu'on ne rencontre point chez tous les patients ; l'impossibilité des exécutions multiples, à cause de la fatigue des épées sujettes à s'ébrécher ou à perdre leur fil.

> Il est certain, ajoutait-il dans ce Mémoire, que lorsqu'il y aura plusieurs condamnés à exécuter successivement, la terreur que produira cette exécution par l'aspect du sang répandu, portera l'effroi et la faiblesse dans l'âme des derniers à exécuter. Cette faiblesse, en ne leur permettant plus de se soutenir, mettra un obstacle invincible à l'exécution, qui, si l'on voulait passer outre, deviendrait un véritable massacre.
> Enfin, une chose encore essentielle à remarquer, c'est que lorsque les condamnés auront des révélations à faire, et monteront à l'Hôtel-de-Ville, ce qui souvent conduit jusqu'à la nuit, l'exécution ne pourra plus avoir lieu pour le jour indiqué ; car il sera impossible de la faire aux flambeaux, la lumière ne donnant qu'une clarté douteuse, mobile et susceptible de tromper le coup d'œil. Il faudra donc ajourner, c'est-à-dire prolonger l'agonie de ces malheureux, mourant de la pire de toutes les morts, la mort violente et contre le vœu de la nature.

De toutes ces observations, Charles-Henry Sanson concluait à l'indispensabilité d'adopter l'usage d'une machine qui fixât le patient dans la position horizontale, pour qu'il n'eût plus à soutenir le poids de son corps, et qui permît d'opérer avec plus de précision et de sûreté que la main de l'homme n'en peut avoir.

C'était bien aussi ce que cherchait Guillotin, et pour cela il n'avait point reculé à venir plusieurs fois chez mon grand-père lui demander des renseignements auxquels l'expérience spéciale de l'homme qui les donnait attachait certainement une grande autorité. Ils avaient eu ensemble de longs entretiens, mais dont il n'était sorti jusque-là que des combinaisons défectueuses. En vain on avait passé en revue tout ce qui dans le passé et dans d'autres pays se rapprochait du type que l'imagination ne faisait que concevoir, sans pouvoir encore en arrêter la forme. Trois gravures allemandes de Pentz, d'Aldegreder et de Lucas de Cranach, une gravure italienne de 1555, due à Achille Bocchi, offraient bien quelques modèles, mais tous laissaient à désirer. La dernière de ces gravures représentait un instrument de supplice appelé la Mannaïa, et dont on s'était servi quelquefois en Italie, notamment à Gênes, lors de l'exécution du fameux conspirateur Giustiniani. L'appareil était dressé sur un échafaud, la hache placée au haut de deux coulisses, le condamné à genoux, la tête posée sur un billot et l'exécuteur contre un des montants de la coulisse, prêt à lâcher la corde qui tenait la hache suspendue. Les gravures allemandes étaient à peu de chose près semblables.

On avait recueilli de minutieuses informations sur divers supplices usités très anciennement en Perse, et plus tard en Écosse, pour les nobles, mais ce n'étaient que des variantes plus ou moins grossières de la *Mannaïa*. En France même on avait eu déjà recours à la décapitation mécanique ; le maréchal de Montmorency avait été exécuté en 1632, à Toulouse, au moyen d'une doloire hissée entre deux poteaux et qui, en tombant, lui avait tranché la tête. C'était une coutume du pays.

On fut longtemps sans rien imaginer de mieux que ce système, et l'on allait peut-être s'y arrêter ; mais mon grand-père, toujours préoccupé des inconvénients qu'il avait signalés dans son Mémoire au garde des sceaux, ne cessait d'objecter qu'on n'avait point résolu la difficulté de l'attitude du patient et qu'il n'est guère plus facile à un homme de se tenir sur ses genoux que sur ses pieds, quand cette prostration dans laquelle il tombe à l'approche de la mort, vient à s'emparer de lui. Il fallait avoir vu de près et souvent ces choses-là, pour pouvoir en raisonner. On hissait bien un corps presque inanimé à la potence ; on l'attachait sur une roue ; mais autre chose était de le faire tenir debout ou sur ses genoux dans une immobilité absolue pour recevoir le coup mortel. Il faut s'appeler Montmorency, Lally-Tollendal, la Barre, etc., pour offrir le spectacle de cette stoïque résignation. Si l'on faisait tenir le patient par des aides, outre que c'était fort difficile, c'était exposer ceux-ci à être blessés.

Charles-Henry Sanson insistait donc vivement pour qu'on trouvât un moyen de fixer le patient et dans la position horizontale qui lui épargnait le poids de son corps et gênait en même temps la liberté de ses mouvements.

Heureusement il venait depuis quelque temps chez mon grand-père un mécanicien allemand nommé Schmidt, à qui il avait parlé quelquefois de son embarras et de celui du docteur Guillotin. Ce Schmidt, alors facteur de clavecins, était fort habile en mécanique et passionné musicien, comme presque tous les gens de son pays. Ayant fait la connaissance de mon grand-père par quelques instruments qu'il lui avait vendus, il avait fini par la cultiver, soit en venant accorder le clavecin, soit en apportant les fournitures qu'on lui demandait pour d'autres instruments. Le goût de la musique acheva de le lier avec Charles-Henry Sanson, qui était aussi un mélomane et jouait assez bien du violon et du violoncelle ; le répertoire de Gluck ne tarda pas à les mettre en accord parfait.

Schmidt venait donc très souvent s'escrimer sur le clavecin, tandis que Charles-Henry Sanson faisait gémir son violon ou soupirer son violoncelle. Or, un soir, entre un air d'*Orphée* et un duo d'*Iphigénie en Aulide*, on changea d'instruments, si je puis faire cet horrible jeu de mots, et mon grand père revint à celui dont il cherchait avec tant de perplexité la forme.

Schmidt, prenant un crayon, traça rapidement, en quelques traits, un dessin :

C'ETAIT LA GUILLOTINE !

La guillotine, avec sa lame d'acier tranchante, suspendue entre deux poteaux, et que le simple jeu d'une corde faisait mouvoir ; avec le patient attaché tout de son long sur une planche à bascule, de façon que, cette planche baissée, son cou se trouve juste à l'endroit où la lame vient frapper en tombant. Voilà pourtant comment la guillotine naquit au milieu d'un concert. Le lendemain de cette précieuse découverte, Charles-Henry Sanson en informa de suite le docteur Guillotin, qui ne se sentit pas de joie, car on ne saurait s'imaginer avec quelle passion, quelle fixité certains hommes s'attachent à une idée et l'empire qu'elle finit par exercer sur leurs facultés. Des biographes peu exacts se sont plu à représenter Guillotin comme regrettant son œuvre dans sa vieillesse et poursuivi de doutes sur la réalité du service qu'il avait rendu à l'humanité ; c'est un outrage à l'histoire et à la vérité. Jusqu'à son dernier soupir Guillotin fut convaincu qu'il avait pris une initiative utile et rempli un devoir de conscience. Si le peuple a laissé à l'instrument actuel des exécutions le nom de Guillotine, bien que le docteur n'en soit pas le véritable inventeur, ce n'en est pas mois un acte de haute justice ; car ce sont ses efforts qui ont fait adopter la peine de la décapitation et la machine qui sert à l'infliger.

Dans la séance du 30 avril 1791, il fit part à l'Assemblée de ce mécanisme. Emporté par la chaleur de l'improvisation, il eut des mots malheureux qui excitèrent une folle hilarité et faillirent compromettre le succès de sa cause. En prétendant que ce mode de supplice humanitaire n'entraînait point de souffrance, il dit que le patient éprouverait tout au plus *une légère fraîcheur sur le cou*. La phrase était déjà un peu risquée, mais lorsqu'il ajouta : *avec cette machine je vous fais sauter la tête d'un clin d'œil et vous ne souffrez point* ; toute l'Assemblée partit d'un long éclat de rire que l'on ne put calmer qu'en passant à l'ordre du jour. Quoi qu'il en soit, l'Assemblée était liée par sa première décision et le projet restait à l'étude. Une longue correspondance s'engagea entre Guillotin, M. Rœderer, procureur général de la commune, le ministre des finances Clavères et mon grand-père. L'Assemblée chargea enfin le docteur Antoine Louis de lui donner son avis motivé sur ce mode de décollation.

Louis était médecin du roi, et son royal patron apprit la mission dont il venait d'être investi. Le roi et son médecin furent curieux d'examiner le plan de la machine proposée par Guillotin. En conséquence, celui-ci fut mandé aux Tuileries par le docteur Louis, qui l'avertit sous main de se faire accompagner de mon grand-père, qu'une tierce personne présente à l'entretien voulait pouvoir consulter au besoin.

Après quelques paroles gracieusement confraternelles échangées entre les deux médecins, Antoine Louis demanda à voir le plan de la machine. Guillotin lui donna le dessin de Schmidt, auquel mon grand-père avait ajouté une légende explicative en indiquant par des lettres alphabétiques l'emploi de chaque pièce. Tandis qu'il était en train de l'examiner, une portière en tapisserie fut soulevée et un nouveau venu parut dans le cabinet.

Le docteur Louis, jusqu'alors assis, se leva. L'arrivant jeta un regard froid sur Guillotin, qui s'inclinait profondément, et s'adressant brusquement à Antoine Louis, lui dit :

- Eh bien ! Docteur, qu'en pensez-vous ?

- Cela me paraît parfait, répondit le docteur et justifie pleinement tout ce que M. Guillotin m'en avait dit. Du reste, jugez vous-même.

Et il passa le dessin à celui qui l'avait interrogé. Celui-ci le considéra un instant en silence, puis il finit par secouer la tête en signe de doute.

- Ce fer en forme de croissant est-il bien là ce qu'il faut ? Croyez-vous qu'un fer ainsi découpé puisse s'adapter exactement à tous les cous ? Il en est qu'il ne ferait qu'entamer, et d'autres qu'il n'embrasserait même pas.

Depuis l'entrée de ce personnage, Charles-Henry Sanson n'avait perdu ni un coup d'œil ni une parole. Le son de cette voix vint lui prouver que sa première impression ne l'avait point trompé : c'était bien le roi qu'il avait devant lui ; le roi en habit sombre, sans ordres sur la poitrine, et qui, à l'attitude qu'il avait prise et imposait à ceux qui devaient le reconnaître, montrait qu'il voulait cette fois garder l'incognito.

Charles-Henry Sanson fut frappé de la justesse de son observation, et, portant machinalement les yeux sur le cou du roi, que de minces cravates de dentelles laissaient toujours découvert, il remarqua que ce prince, du reste très vigoureusement constitué, avait un cou musculeux dont les proportions dépassaient de beaucoup le croissant indiqué par le crayon de Schmidt. Un frémissement involontaire s'empara de lui ; et, comme il restait plongé dans une sorte de rêverie, il entendit encore la voix du roi qui disait bas au docteur Louis, en le désignant du regard :

- Est-ce l'*homme* ?

Le docteur fit un signe affirmatif.

- Demandez-lui son opinion, reprit alors Louis XVI.

- Vous avez entendu l'observation de monsieur, fit le médecin du roi ; quelle est votre manière de voir sur la forme du couperet ?

- *Monsieur* a parfaitement raison, répondit mon grand-père en appuyant avec une certaine affectation sur le mot monsieur ; la forme du couperet pourrait amener quelques difficultés.

Le roi sourit d'un air satisfait ; puis, prenant une plume sur la table du docteur Louis, il corrigea le dessin en substituant au croissant une ligne oblique.

- Du reste, je puis me tromper, ajouta-t-il, et lorsqu'on fera des expériences, il faudra essayer les deux manières.

Puis il se leva et se retira en saluant de la main. Aussi *Monsieur* et l'*homme*, le roi et le bourreau, durent-ils observer un strict incognito. Ils ne devaient se retrouver que trop officiellement le 21 janvier suivant.

Cinq jours après cette conférence des Tuileries, c'est-à-dire le

7 mars, Antoine Louis présentait à l'Assemblée son rapport, dans lequel il proposait purement et simplement le mécanisme dessiné par Schmidt, avec l'alternative après essai, de l'une ou l'autre forme de couperet. Le 20 mars, l'Assemblée adopta les conclusions de ce rapport, et le docteur Louis fut chargé de faire établir la première machine à décapiter. Il s'adressa à un nommé Guidon, maître charpentier, qui demanda cinq mille cinq cents francs pour ce travail.

Quand la machine fut achevée, mon grand-père et deux de ses frères furent appelés à la prison de Bicêtre pour en faire l'essai sur trois cadavres. Cette expérience eut lieu le 17 avril 1792, dans la cour de Bicêtre, en présence des docteurs Antoine Louis, Philippe Pinel et Cabanis. Les prisonniers, qu'on avait fait rentrer, contemplaient avidement de leurs fenêtres ce sinistre spectacle.

On décapita successivement trois cadavres, qui avaient été fournis par la direction des hospices. Les deux premières exécutions avec la lame en ligne oblique, comme l'avait indiquée le roi, réussirent; la troisième, avec le fer taillé en croissant, conformément au dessin de Schmidt, manqua. En conséquence, la cause de la lame oblique était gagnée.

Huit jours après, mon grand-père avait à faire la première application de ce nouveau système sur un condamné vivant, le nommé Jacques-Nicolas Pelletier, condamné le 24 janvier précédent pour vol avec violences sur la voie publique. On n'était pas sans inquiétude sur l'attitude du peuple à l'aspect de ce nouvel instrument de mort, ainsi que le prouve la lettre suivante, adressée par Rœderer, procureur général syndic, à Lafayette, commandant général de la garde nationale:

Paris, 25 avril 1792.

Le nouveau mode d'exécution, Monsieur, du supplice de la tête tranchée, attirera certainement une foule considérable à la Grève, et il est intéressant de prendre des mesures pour qu'il ne se

commette aucune dégradation à la machine.
Je crois, en conséquence, nécessaire que vous ordonniez aux gendarmes qui seront présents à l'exécution, de rester, après qu'elle aura eu lieu, en nombre suffisant sur la place et dans les issues, pour faciliter l'enlèvement de la machine et de l'échafaud.

RŒDERER

On se souvenait peut-être du dernier chapitre de l'histoire de la roue, et on craignait que l'effervescence populaire ne lui fît un digne pendant par un premier chapitre à sa façon de l'histoire de la machine à décapiter, que les uns appelaient déjà *louison* ou *louisette*, du nom du docteur Louis, et les autres guillotine, du nom du docteur Guillotin. On sait que c'est cette dernière appellation qui a prévalu. Il n'en fut rien. Si le châtiment infligé à Pelletier était trop sévère, le criminel n'en était pas moins un de ces scélérats vulgaires dont le sort ne saurait exciter ni une généreuse pitié ni une véritable sympathie. Malgré une affluence prodigieuse, tout se passa donc dans le plus grand ordre et avec un calme parfait.

Cette exécution confirma pleinement les judicieuses observations de mon grand-père. Pelletier, tombé dans un affaissement complet, fut porté plutôt qu'il ne marcha au supplice. S'il eût dû être exécuté à l'épée, il aurait fallu le hacher à terre pendant qu'il se serait débattu, mu par l'instinct de la conservation.

Ce serait peut-être ici le lieu d'examiner si la guillotine est en effet le genre de supplice le moins douloureux, et si elle a, par conséquent, rempli les vues d'humanité de ses inventeurs, ou si, comme quelques anatomistes un peu paradoxaux ont essayé de le prétendre, elle engendre au contraire des souffrances horribles, et en quelque sorte posthumes, parce que le sentiment, la personnalité, le moi, subsistent encore, un certain temps après que la tête a été séparée du corps, et font éprouver au patient l'arrière douleur de la section du cou ; mais je préfère ajourner l'étude de cette importante question à l'époque où, racontant mes propres souvenirs, je pourrai mettre dans la balance le faible contingent de mes observations et de mes impressions personnelles.

Le temps marche, d'ailleurs, et nous approchons d'événements si considérables, qu'il serait inexcusable d'en retarder ou d'en interrompre le récit.

XVI. LA MORT DE LOUIS XVI

Aux élections des officiers et sous-officiers de la garde nationale, mon père et mon grand-père furent nommés sergents, et mon grand-oncle, Charlemagne Sanson, caporal. Ce service les obligea à prendre une part plus active qu'ils n'auraient voulu aux manifestations politiques qui se succédaient à cette étrange époque, où ce qu'on appelait les devoirs civiques avait pris le pas sur toutes les autres occupations de la vie.

Il y avait peu de temps qu'ils remplissaient ces grades, lorsqu'on commença de discuter, dans le sein de la Convention, la mise en jugement du royal captif de la tour du Temple. Cette sanglante page de notre histoire est inscrite en caractères trop ineffaçables pour qu'il soit besoin de la tracer de nouveau. D'autres ont raconté d'une voix dont l'écho retentira à travers les siècles à l'oreille des générations, le drame douloureux qui, de l'enceinte législative, vint se dénouer sur la place de la Révolution. C'est ce dénouement seul que j'ai à raconter, et je sens que c'est déjà une tâche formidable pour ma plume débile.

J'épargnerai donc toutes redites en passant sous silence les luttes oratoires auxquelles se livrèrent la Montagne et la Gironde à la Convention à propos de l'auguste victime, que toutes deux devaient s'unir pour sacrifier.

Quand l'infortuné monarque parut à la barre de la Convention, plus que jamais il dut sentir qu'il marchait dans cette voie du martyre royal où Charles Ier l'avait précédé. La perfidie des accusations dirigées contre lui, l'oubli volontaire des plus simples formes juridiques ne lui montraient que trop que sa perte était résolue, et que son sang allait être répandu en holocauste pour expier la faute des temps, et apaiser les passions déchaînées. On sait ses réponses fermes et dignes à l'acte d'accusation dressé contre lui, l'énergie avec laquelle il se défendit d'avoir fait tirer sur le peuple au 10 août, même pour repousser la plus menaçante des agressions.

Quand on relit à soixante-dix ans de distance cet incroyable procès, on se demande quel égarement aveuglait cette Assemblée, pour qu'elle imputât à crime à Louis XVI jusqu'aux attentats dirigés contre lui. Combien ne bénit-on pas le progrès de la moralité humaine qui a permis aux révolutions qui se sont accomplies depuis, d'échapper à de si funestes conséquences, et de laisser les souverains détrônés, trouver au moins un refuge dans l'exil.

C'est le 11 décembre 1792 que l'infortuné monarque était comparu à la barre de la Convention présidée par Barrère dont la froide dialectique devait exercer une influence si décisive sur le vote définitif; c'est le 17 janvier que la sentence régicide fut rendue. Au premier abord la stupeur fut si grande qu'on n'osa croire à l'exactitude du dépouillement du scrutin et qu'il fallut recommencer, le lendemain, 18, cette opération. Le résultat de la veille étant reconnu exact, Vergniaud qui, à son tour, présidait la Convention constata que la peine prononcée contre Louis Capet était la mort.

La séance du 19 fut consacrée à l'examen de la question du sursis; là encore ceux qui essayaient tous ces timides atermoiements échouèrent tout à fait; une majorité de trois cent quatre-vingts voix sur six cent quatre-vingt-dix déclara qu'il ne serait pas sursis à l'exécution du royal condamné.

Ce fut la première nouvelle qu'apprit mon grand-père qui avait suivi avec une poignante anxiété toutes les péripéties de cet horrible procès; je n'ai pas besoin de dire le coup terrible qu'il en reçut. Cette journée du 20 janvier devait être pour lui une fête de famille: c'était l'anniversaire de son mariage avec ma bonne grand'mère qui entrait dans sa soixantième année et dans sa vingt-neuvième année de mariage. Il voulut lui laisser ignorer la catastrophe qui venait jeter un tel voile de deuil sur cette date si chère à tous les deux; mais l'altération de ses traits ne lui permettait pas de dissimuler les angoisses qui le rongeaient; mon père, presque aussi affecté, ne répondait aussi qu'avec une contrainte visible aux prévenances accoutumées de sa mère. Tout dans la maison respirait une tristesse morne et lugubre.

Afin de ne point éveiller les soupçons de ma grand-mère, et après avoir recommandé un silence absolu à tous leurs gens, mon grand-père et mon père sortirent chacun de leur côté et cheminèrent par la ville pour recueillir les bruits qui transpiraient déjà. Déjà on savait que le roi avait demandé un délai de trois jours pour se préparer à la mort.

La Convention n'osa pas l'accorder, et Charles-Henry Sanson, qui s'était aventuré jusque vers les abords du palais législatif, sut d'une manière positive que les dernières et uniques grâces faites au roi de France étaient celles de recevoir les adieux de sa famille et d'être accompagné au supplice par un prêtre de sa religion. Il n'y avait donc plus à douter que l'exécution dût avoir lieu le lendemain.

Mon grand-père rentra chez lui, atterré de désespoir; mon père l'y avait devancé avec d'aussi tristes nouvelles. Plusieurs personnes s'étaient présentées dans la journée pour le voir et en demandant à lui parler avec instance; on lui remit aussi divers papiers parmi lesquels se trouvait l'ordre fatal de faire dresser l'échafaud dans la nuit et d'y attendre le condamné à partir de huit heures du matin. Les autres papiers étaient des lettres, la plupart sans signatures, dans lesquelles on l'avertissait que toutes les mesures étaient prises pour la délivrance du roi pendant le trajet du Temple à la place de la Révolution, et qu'à la moindre résistance que lui, Sanson, voudrait y faire, il tomberait percé de mille coups. D'autres, sans recourir ainsi à la menace, revêtaient au contraire la forme des objurgations les plus suppliantes. On l'adjurait de se joindre aux libérateurs de la victime, de traîner l'exécution en longueur pour donner le temps à des hommes bien déterminés qui devaient se trouver dans la foule de rompre les rangs de la milice et d'enlever le roi de dessus l'échafaud.

Ce dernier moyen, que mon grand-père ne regardait ni comme impossible ni comme improbable, était le seul qui lui laissât une lueur d'espoir. Comme il traversait la salle à manger pour se rendre dans l'appartement où se tenait sa femme, il vit la table dressée pour l'anniversaire qu'on devait célébrer ; des fleurs, des fruits, des pâtisseries la décoraient et attestaient le soin avec lequel ma grand-mère conservait le doux souvenir de leur union. Avant d'entrer chez elle, il lui sembla entendre le bruit de deux voix d'hommes qui réclamaient du secours. Il poussa vivement la porte et aperçut mon père et un jeune homme qu'il ne connaissait point, occupés à faire revenir ma grand-mère qui était tombée profondément évanouie.

Ce jeune homme, qui venait d'arriver, n'ayant point trouvé Charles-Henry Sanson, avait demandé à parler à son fils, et introduit près de lui, en présence de ma grand'mère, il avait révélé, dès les premiers mots de l'entretien, le terrible secret de la journée. C'était encore un libérateur qui venait pour le roi ; poussant le dévouement plus loin que tous les autres, il s'offrait à mourir à sa place, si on pouvait lui procurer des vêtements exactement semblables, de manière qu'une substitution pût s'opérer sur l'échafaud sans que la foule s'en aperçût. Cette chevaleresque utopie, toute sincère qu'elle fût, n'était même pas discutable ; il en était ainsi des projets de délivrance durant le trajet, qui cherchaient un point d'appui dans la coopération de mon grand-père, car ce n'était pas lui qui serait chargé cette fois, comme pour les condamnés ordinaires, de conduire le condamné au supplice.

Quand ma grand-mère fut revenue de son évanouissement, on congédia le visiteur en lui faisant comprendre l'impossibilité de son généreux sacrifice et en émettant l'espoir que la providence daignerait choisir d'autres voies pour le salut de l'illustre victime.

Maintenant que la fatale nouvelle était connue, il ne pouvait plus être question de l'anniversaire projeté. On fit enlever ces modestes agapes et, pendant que le captif du Temple, à ses mortelles vigiles rompait le pain et buvait le vin de la dernière cène au fond d'une prison, celui qui devait être le lendemain son meurtrier jeûna ainsi que sa famille de parias dans la prière et les larmes. Ma grand-mère tomba affaissée comme une seconde madone sur son prie-Dieu, au pied du grand Christ ; elle y passa toute la nuit dans le recueillement et la méditation, n'entendant que le pas de son époux qui faisait crier le plancher en marchant de long en large dans la pièce à côté.

Mon père seul se jeta un instant tout habillé sur son lit ; mais il ne dormit que quelques instants d'un sommeil agité et obsédé de visions. Enfin l'aube parut ; les tambours battaient le rappel pour inviter les sections à s'armer, chacune devait fournir un bataillon pour cette lugubre cérémonie. Mon père faisait justement partie de celui qui était commandé dans notre section. Dans le fond, il ne le regrettait point, car c'était un moyen de se prononcer si l'occasion s'en présentait, et, dans tous les cas, cela l'associait aux périls que pouvait courir son père dans cette cruelle journée. Il revêtit donc son uniforme et descendit près de Charles-Henry Sanson qui, de son côté, s'apprêtait à partir accompagné de Charlemagne Sanson et d'un autre de ses frères, qui n'avaient pas voulu l'abandonner dans un pareil moment. Tous les trois étaient armés jusqu'aux dents sous d'épaisses houppelandes boutonnées jusqu'au col et qui les enveloppaient complètement.

Lorsqu'il fallut se séparer, ma grand-mère fondit en larmes et mon père et mon grand-père eurent beaucoup de peine à s'arracher de ses bras. Elle avait la triste conviction de ne plus les revoir, tant les rapports qui lui avaient été faits l'avaient alarmée et tant elle était persuadée que, de quelque manière que cette horrible journée se terminât, elle allait mettre en péril les existences qui lui étaient chères.

Mon père prit congé du sien et de ses oncles pour aller rejoindre son bataillon posté sur la place de la Révolution à sept ou huit mètres de la guillotine, que les aides commençaient à dresser. La place était littéralement encombrée de troupes de toutes armes, parmi lesquelles on remarquait surtout le bataillon des Marseillais qui avait pris position sur le terrain à droite en venant des boulevards ; ce bataillon avait avec lui ses canons qui étaient braqués sur l'échafaud.

Je laisse pour la suite de cette relation la parole à Charles-Henry Sanson :

« Le sacrifice est consommé !

Je suis parti ce matin à huit heures, après avoir embrassé ma pauvre femme et mon fils que je n'espérais plus revoir, je suis monté dans un fiacre avec mes deux frères Charlemagne et Louis-Martin. La foule était si grande dans les rues qu'il était déjà près de neuf heures lorsque nous arrivâmes sur la place de la Révolution. Gros et Barré, mes aides, avaient fait monter la machine et c'est à peine si je l'ai examinée tant je pensais qu'elle ne servirait point. Mes frères et moi nous étions solidement armés, nous avions sous nos houppelandes outre nos épées, des couteaux-poignards, quatre pistolets passés dans notre ceinture, une boîte à poudre et nos poches pleines de balles. Nous pensions bien qu'on ferait une tentative pour délivrer ce malheureux prince, et que nous ne saurions être munis de trop de moyens pour lui frayer un passage.

Aussitôt arrivé sur la place, j'ai cherché des yeux mon fils et je l'ai aperçu à peu de distance de moi avec son bataillon. Il me regardait d'un air d'intelligence et paraissait m'encourager en me flattant de l'espoir que cette fois je ne boirais pas le calice jusqu'à la lie. Je prêtais une oreille inquiète pour savoir si je n'entendrais point quelque bruit qui fût l'indice d'une de ces tentatives de délivrance qu'on m'avait annoncées hier. Je me réjouissais à la pensée qu'à cette heure le roi venait peut-être d'être arraché à son escorte et fuyait sous la sauvegarde d'amis dévoués, à moins que ce peuple inconstant et mobile, dont il est si aisé de changer les sentiments, ne l'ait pris sous sa protection toute-puissante et n'ait fait tourner en ovation, le supplice qu'on lui avait préparé.

Pendant que je me berçais ainsi de chimères, que je me laissais aller à ce rêve, quel réveil m'attendait !

De temps à autre mes yeux plongeaient avec anxiété du côté de la Madeleine. Tout à coup je vois déboucher un corps de cavalerie, et, peu après, une berline attelée de deux chevaux, entourée aussi d'une double haie de cavaliers et escortée d'un nouveau détachement de la même arme. Plus de doute possible, plus d'illusion, c'est le martyr qui s'avance. Ma vue se trouble, un frémissement universel s'empare de moi, je jette les yeux sur mon fils : je vois aussi une pâleur livide couvrir son visage.

Pendant ce temps, la berline arrive. Le roi était assis dans le fond, à droite, ayant à côté de lui un prêtre, son confesseur, et sur la banquette de devant il y avait deux maréchaux des logis de la gendarmerie. La voiture s'arrête, la portière s'ouvre : les deux gendarmes descendent les premiers, ensuite ce vénérable prêtre vêtu du costume proscrit que j'avais cessé de voir depuis quelque temps, et enfin le roi, plus digne, plus calme, plus majestueux que je ne l'avais vu à Versailles et aux Tuileries.

En le voyant approcher de l'escalier, je jette un regard désespéré autour de moi ; partout je n'aperçois que de la troupe. Le peuple, relégué derrière cette soldatesque, semble frappé de stupeur et garde un morne silence. Le roulement des tambours, qui ne cessent de battre, étoufferait d'ailleurs ses cris, s'il en poussait qui fussent un appel à la pitié. Où sont donc ses sauveurs tant annoncés ? Charlemagne et moi, nous sommes consternés ; Martin, plus jeune et plus ferme, s'avance, et, se découvrant respectueusement, fait observer au roi qu'il faudrait qu'on lui ôtât son habit.

- C'est inutile, répondit-il, on peut en finir comme je suis.

Mon frère insiste et ajoute qu'il est indispensable aussi qu'on lui lie les mains.

Cette dernière condition paraît le révolter encore davantage et fait monter le rouge à son front.

- Eh quoi ! dit-il, vous oseriez porter la main sur moi. Tenez, voici mon habit, mais ne me touchez pas !

En disant cela, il ôte lui-même son habit. Charlemagne vient en aide à Martin, et fort en peine de parler à cette illustre victime avec les égards qui débordent de son cœur, sans offusquer ces hordes farouches qui entourent l'échafaud, il lui dit d'un ton froid, mais sous lequel on devine des larmes.

- C'est absolument nécessaire. L'exécution est impossible sans cela.

Rappelé enfin à mon rôle et n'en pouvant laisser supporter plus longtemps le poids à mes frères, je me penche à l'oreille du prêtre :

- Monsieur l'abbé, lui dis-je, obtenez cela du roi, je vous en supplie. Pendant qu'on lui liera les mains, nous gagnerons du temps, et il est impossible qu'un pareil spectacle ne finisse point par émouvoir les entrailles de ce peuple.

L'abbé se retourna vers moi avec un triste regard dans lequel se peignaient à la fois l'étonnement, l'incrédulité et la résignation, puis s'adressant au roi :

- Sire, dit-il, résignez-vous à ce dernier sacrifice par lequel vous ressemblerez davantage au Dieu qui va vous en récompenser.

Aussitôt il présenta lui-même ses bras pendant que son confesseur lui faisait embrasser l'image du Christ. Deux aides lièrent ces mains qui avaient porté le sceptre. Il me semblait que ce devait être le signal de la réaction qui ne pouvait manquer d'éclater en faveur de cette touchante victime : rien que le roulement infernal des tambours. Le roi, soutenu par le digne prêtre, monta lentement et avec majesté les degrés de l'échafaud.

- Est-ce que les tambours ne vont pas cesser, demande-t-il à Charlemagne.

Celui-ci lui fait signe qu'il n'en sait rien. Arrivé sur la plate-forme, il s'avança du côté où il paraissait y avoir le plus de peuple, et fit de la tête un mouvement impératif aux tambours qui suspendirent un instant, et comme malgré eux, leur roulement.

- Français, dit-il d'une voix forte, vous voyez votre roi prêt à mourir pour vous. Puisse mon sang cimenter votre bonheur. Je meurs innocent de tout ce dont on m'accuse.

Il allait peut-être continuer, lorsque Santerre qui était à la tête de son état-major, fit un signe aux tambours dont les roulements recommencèrent de suite et n'auraient plus permis de l'entendre.

En un instant il fut attaché sur la planche fatale, et au moment où le couteau glissait sur sa tête, il put encore entendre la voix grave du pieux ecclésiastique qui l'avait accompagné jusque sur l'échafaud, prononcer ces mots :

Fils de saint Louis, montez au ciel !

Ainsi a fini ce malheureux prince, qu'un millier d'hommes résolus auraient pu sauver à ce dernier moment où, hors parmi la soldatesque, il commençait d'exciter une véritable compassion ; et réellement je n'ai pas compris après tous les avis que j'avais reçus hier, qu'il ait été si cruellement abandonné. Le moindre signal eût suffi pour amener une diversion en sa faveur, car, si lorsque mon aide Gros montra cette auguste tête aux assistants, quelques forcenés poussèrent des cris de triomphe, la majeure partie se détourna avec une profonde horreur et un douloureux frémissement. »

Tel est le récit que mon grand-père nous a laissé de la mort de Louis XVI ; il est conforme, du reste, à la lettre qu'il eut le courage d'écrire au *Thermomètre du jour* pour rectifier les allégations erronées de cette feuille, qui ne respectait même pas un pareil mort dans sa tombe. Cette lettre est trop connue pour qu'il soit besoin de la reproduire ici.

La relation que je viens de donner diffère beaucoup, par exemple, de celle de M. de Lamartine dans l'*Histoire des*

Girondins; mais, quelle que soit l'autorité de l'éminent écrivain, elle ne pourrait rivaliser pour l'exactitude avec celle de l'homme qui a eu le malheur de prendre une part si active à ce douloureux événement.

Il lui a plu de faire tutoyer le roi au pied de l'échafaud par mon grand-père ou un de ses frères, de les représenter comme *levant la main* et prêts à exercer d'indignes violences sur le roi martyr. Ce sont là de grossières inventions pour jouer aux bourreaux de mélodrame, qui ont lieu de surprendre sous une plume habituellement mieux inspirée. Elles ne trouveront de créance nulle part, et je me suis demandé si ce n'était pas abaisser la mémoire des miens que de prendre la peine de les démentir.

XVII. CHARLOTTE CORDAY

J'ai dit que Charles-Henry Sanson avait, pendant une certaine période de la crise révolutionnaire, tenu un journal quotidien non-seulement des exécutions auxquelles il présidait, mais de ses impressions personnelles. Ce journal ne devint régulier que vers la fin de brumaire 1793 ; mais il nous a laissé sur la mort de Charlotte Corday une note plus circonstanciée, plus étendue que ne le sont celles qui ont servi de base aux récits du dénouement des procès de la première phase de la Révolution. Je vais donner cette note, comme plus tard je donnerai le journal, sans en modifier la forme, dans son décousu, me contentant seulement de relever par des notes les erreurs que l'auteur a pu commettre, et en me gardant bien d'altérer cette simplicité qui, si l'on songe à la main qui l'écrivit, peut lui prêter quelque éloquence.

« Ce mercredi, 17 juillet, l'an Ier de la République une et indivisible, exécuté la citoyenne Corday, de Caen, conspiratrice et assassin du patriote Marat, député à la Convention. Ce mercredi, 17 comme ci-dessus, à dix heures du matin, j'allai demander l'ordre au citoyen Fouquier. Le citoyen Fouquier était en séance, il me fit répondre que j'eusse à attendre et à ne pas m'éloigner. Je redescendis et j'allai prendre une bouchée chez le citoyen Fournier. Vers une heure de l'après-midi, un citoyen qui du Tribunal nous dit que la fille était condamnée. Je montais alors et je me trouvais dans la chambre des témoins lorsque le citoyen Fouquier la traversa avec le citoyen Montané. Il ne me vit pas, parce qu'il disputait fort vivement avec ledit Montané, qu'il accusait d'avoir été favorable à l'accusée(1). Ils restèrent

(1) Le 20 juillet 1793, le Comité de salut public fit mettre en arrestation le président du tribunal révolutionnaire pour avoir, dans le jugement de

plus d'une heure enfermés dans le cabinet. En sortant, le citoyen Fouquier m'aperçut et me dit avec colère : " Tu es encore là ? " Je lui observai que je n'avais pas eu d'ordre. Le citoyen Fabricius entra avec la minute et la copie du jugement qui fut signée, et nous descendîmes à la Conciergerie. Je parlai au citoyen Richard, et en lui parlant je vis la citoyenne, son épouse, qui était toute pâle et comme tremblante. Je lui demandai si elle était malade. Elle me dit : " Attendez au tantôt, et peut-être le cœur vous défaillira-t-il plus qu'à moi. " Le citoyen Richard nous conduisit à la chambre de la condamnée. Les citoyens Tirrase et Monet, huissiers du tribunal, entrèrent les premiers, je demeurai sur la porte. Il y avait dans la chambre de la condamnée deux personnes, un gendarme et un citoyen qui prenait son portrait. Elle était assise sur une chaise et écrivait sur le dos d'un livre. Elle ne regarda point les huissiers, mais moi, et me fit signe d'attendre. Lorsqu'elle eut fini, les citoyens Tirrase et Monet commencèrent la lecture du jugement et, pendant ce temps-là, la citoyenne Corday plia le papier qu'elle avait écrit dans la forme de lettre et la remit au citoyen Monet en le priant de la faire tenir au citoyen député Pontécoulant. Alors elle amena sa chaise au milieu de la chambre ; s'étant assise, elle enleva son bonnet, dénoua ses cheveux couleur châtain-clair, qui étaient fort longs et fort beaux, et elle me fit signe de les couper. Depuis M. de la Barre, je n'avais pas rencontré tant de courage pour mourir. Nous étions là six ou sept citoyens dont le métier n'est pas fait pour attendrir beaucoup ; elle paraissait moins émue que nous tous et ses lèvres mêmes n'avaient pas perdu leur couleur. Lorsque ses cheveux

---

Charlotte Corday, changé la cinquième question, ainsi conçue : " L'a-t-elle fait avec préméditation et dessein criminel et contre-révolutionnaire ? " en celle-ci : " L'a-t-elle fait avec dessein prémédité. "

(De Proussinale, *Hist. du Tribunal révolutionnaire*. T. Ier.)

furent tombés, elle en donna une partie au citoyen peintre qui l'avait dessinée et remit le reste au citoyen Richard pour son épouse. Je lui donnai la chemise rouge qu'elle passa et arrangea elle-même. Elle me demanda, alors que je me préparais à la lier, si elle devait garder ses gants, parce que ceux qui l'avaient liée lors de son arrestation l'avaient si fort serrée, qu'il lui en restait des cicatrices aux poignets. Je lui dis qu'elle pouvait faire ce qu'elle désirait, mais que cette précaution était inutile parce que je saurais la lier sans lui faire aucun mal. Elle dit en souriant: Au fait, ils n'en ont pas votre habitude, et elle me tendit ses mains nues. — Nous montâmes dans la charrette. Il y avait deux chaises, je l'engageai à s'asseoir, elle refusa; je lui dis qu'elle avait raison et que, de la sorte, les cahots la fatigueraient moins; elle sourit encore, mais sans me répondre. Elle resta debout, appuyée sur les ridelles. Fermin, qui était assis derrière la voiture, voulut prendre le tabouret, mais je l'en empêchai, et je le mis devant la citoyenne, afin qu'elle pût y accoter un de ses genoux; il plut et il tonna au moment où nous arrivions sur le quai; mais le peuple, qui était en grand nombre sur notre passage, ne se dispersa pas comme d'habitude. On avait beaucoup crié au moment où nous étions sortis de l'Arcade, mais plus nous avancions moins ces cris étaient nombreux. Il n'y avait guère que ceux qui marchaient autour de nous qui injuriaient la condamnée et lui reprochaient la mort de Marat. À une fenêtre de la rue Saint-Honoré, je reconnus les citoyens Robespierre, Camille Desmoulins et Danton, députés à la Convention. Le citoyen Robespierre paraissait très animé et parlait beaucoup à ses collègues; mais ceux-ci, et particulièrement le citoyen Danton, avaient l'air de ne pas l'écouter, tant ils regardaient fixement la condamnée. Moi-même, à chaque instant, je me détournais pour la regarder, et plus je la regardais plus j'avais envie de la voir. Ce n'était pourtant pas à cause de sa beauté, si grande qu'elle fût; mais il me semblait impossible qu'elle restât jusqu'à la fin aussi douce, aussi courageuse que je la voyais ; je voulais m'assurer qu'elle aurait sa faiblesse comme les autres ; mais je ne sais pas pourquoi, chaque fois que je tournais mes yeux sur elle, je tremblais qu'elle n'eût défailli. Cependant, ce que je regardais comme impossible est arrivé. Pendant les deux heures qu'elle a été près de moi, ses paupières n'ont pas tremblé, je n'ai pas surpris un mouvement de colère ou d'indignation sur son visage. Elle ne parlait pas ; elle regardait, non pas ceux qui entouraient la charrette et qui lui débitaient leurs saletés, mais les citoyens rangés le long des maisons. Il y avait tant de monde dans la rue que nous avancions bien lentement. Comme elle avait soupiré, je crus pouvoir lui dire : "Vous trouvez que c'est bien long, n'est-ce pas ?" Elle me répondit : "Bah ! nous sommes toujours sûrs d'arriver." et sa voix était aussi calme, aussi flûtée que dans la prison. Au moment où nous débouchâmes sur la place de la Révolution, je me levai et me plaçai devant elle pour l'empêcher de voir la guillotine. Mais elle se pencha en avant pour regarder et elle me dit : "J'ai bien le droit d'être curieuse, je n'en avais jamais vu !" Je crois néanmoins, que sa curiosité la fit pâlir ; mais cela ne dura qu'un instant et presque aussitôt son teint reprit ses couleurs qui étaient fort vives. Au moment où nous descendions de la charrette je m'aperçus que des inconnus s'étaient mêlés à mes hommes. Pendant que je m'adressais aux gendarmes pour qu'ils m'aidassent à dégager la place, la condamnée avait rapidement monté l'escalier. Comme elle arrivait sur la plateforme, Fermin lui ayant enlevé brusquement son fichu, elle se précipita d'elle-même sur la bascule où elle fut bouclée. Bien que je ne fusse pas à mon poste, je pensai qu'il serait barbare de prolonger, pendant une seconde de plus, l'agonie de cette femme courageuse, et je fis signe à Fermin, qui se trouvait auprès du poteau de droite, de lâcher le déclic. J'étais encore au pied de l'échafaud, lorsqu'un de ceux qui avaient voulu se mêler de ce qui ne les regardait pas, un charpentier nommé Legros, qui, pendant la journée, avait travaillé à des réparations à la guillotine, ayant ramassé la tête de la citoyenne Corday, la montra au peuple. Je suis pourtant familiarisé avec ces sortes de spectacles et cependant j'eus peur. Il me semblait que c'était sur moi que ces yeux entr'ouverts étaient fixés et que j'y retrouvais encore cette douceur pénétrante et irrésistible qui m'avait tant étonné. Aussi, je détournai la tête. Ce ne fut que par les murmures que j'entendis autour de moi que j'appris que le scélérat avait souffleté la tête ; ce furent les autres qui m'assurèrent qu'elle avait rougi à cette insulte. Lorsque je rentrai chez moi, la prédiction de la citoyenne Richard se réalisa. Au moment où je m'asseyais à la table, ma femme me dit : *Qu'as-tu donc, et pourquoi es-tu si pâle ?* »

Mon grand-père réclama auprès des journaux qui avaient annoncé que celui qui s'était rendu coupable de cet inqualifiable outrage était un de ses aides. Le tribunal révolutionnaire fit incarcérer le charpentier Legros et lui adressa une publique et sévère remontrance.

Un dernier mot pour finir.

On a essayé de rapetisser la grande figure de Charlotte Corday en donnant à son action un motif vulgaire ; on a voulu réduire son héroïsme aux proportions d'un amour en quête d'une vengeance ; on a désigné l'objet de cet amour, on a dit tantôt que c'était Barbaroux et tantôt le comte de Belzunce, égorgé à Caen en 1790, ou bien l'émigré Boijugan de Maingré. Rien n'est plus faux. L'âme de Charlotte Corday est montée au ciel pure de toute souillure terrestre, son cœur n'avait jamais battu que pour la patrie. Elle n'est pas seulement la martyre de la liberté, elle est la Jeanne d'Arc de la démocratie.

XVIII. MARIE-ANTOINETTE

Charles-Henry Sanson ne nous a point laissé, comme pour le roi, de relation complète de la mort de la reine ; mais les détails que je vais donner, ainsi que ceux qui précèdent, ont été recueillis sur des notes qu'il avait prises en vue de faire par la suite un récit plus circonstancié, ou sont le fruit des souvenirs que ma grand-mère et mon père avaient gardés sur ce triste événement.

Mon grand-père avait passé la nuit au tribunal révolutionnaire ; à l'issue de la séance, il se tenait à la porte du cabinet de Fouquier-Tinville ; celui-ci, averti de sa présence, lui fit dire d'entrer. Le président Herman, Renaudin, juge, Nicolas, juge et imprimeur du Tribunal, et le greffier Fabricius Paris se trouvaient là. Fouquier demanda aussitôt à mon grand-père si les dispositions pour la *fête* étaient complètes ; ce fut le mot dont il se servit. Charles-Henry Sanson lui ayant répondu que son devoir consistait à attendre les décisions du tribunal et non pas à les prévenir, Fouquier le rudoya avec sa violence ordinaire et lui dit, entre autres choses, qu'il regretterait peut-être un jour de n'avoir pas prévenu certaine décision qui concernerait un mauvais patriote de sa connaissance. Le greffier Fabricius mêla ses lourdes plaisanteries aux invectives de l'accusateur. L'entretien prenait une tournure désagréable ; pour y mettre fin, mon grand-père sollicita l'ordre de requérir une voiture fermée semblable à celle qui avait conduit le roi à l'échafaud. Cette demande acheva d'exaspérer Fouquier-Tinville ; il répondit à Charles-Henry qu'il avait mérité d'aller lui-même à la guillotine pour avoir osé faire une semblable proposition, qu'une charrette était encore trop bonne pour l'Autrichienne, et il ajouta mille injures contre la reine. Mais Renaudin lui fit observer qu'avant de prendre une décision semblable, il était peut-être convenable d'avoir l'avis du Comité, ou du moins de quelques-uns de ses membres ; et comme la liaison de celui-ci avec Robespierre faisait de lui un personnage important, il se trouva, qu'après quelques minutes de discussion, Fouquier lui-même se rendit à son conseil. Nourry, dit Grammont, ex-comédien du théâtre de la Montansier et depuis adjudant général de l'armée révolutionnaire, venait d'entrer dans le cabinet de l'accusateur. Il se chargea de l'ambassade. Après trois quarts d'heure il était de retour ; il avait vu Robespierre et Collot qui, tous les deux, s'étaient récusés en répondant que le soin de ces dispositions n'appartenait qu'à Fouquier-Tinville. Il fut donc décidé que la reine ne jouirait pas du dernier privilège qui avait été accordé à Louis XVI et qu'elle irait à l'échafaud dans la charrette qui servait aux criminels ordinaires.

Il était cinq heures du matin lorsque mon grand-père quitta le Palais, et déjà on entendait de tous les côtés le bruit des tambours qui appelaient les sections sous les armes.

Tout le monde dormait encore dans sa maison lorsqu'il y rentra. Il ne fit qu'une courte apparition dans sa chambre en marchant sur la pointe des pieds, de crainte de réveiller ma grand'mère ; mais celle-ci avait le sommeil léger ; elle fut bientôt levée, et n'eut pas de peine à lire sur les traits altérés de son mari la triste issue du procès de la reine.

Ma grand-mère cacha son visage entre ses mains et éclata en sanglots. Elle eut une attaque de nerfs si violente que mon grand-père dut appeler son fils à son aide pour la placer sur son lit. Il n'osait la laisser voir à personne ; ces larmes étaient un attentat contre la République ; les gens qu'il employait croyaient pour la plupart racheter l'infamie de leur profession par l'exaltation de leurs sentiments démagogiques et ils n'eussent pas manqué de la dénoncer.

À la suite de cette scène, Charles-Henry Sanson était si abattu que mon père lui proposa de l'accompagner. Il alla dépouiller son uniforme et ils se rendirent d'abord à la place de la

Révolution, où se dressait déjà le sinistre appareil de ce second martyre royal.

Ensuite ils partirent pour la Conciergerie, où ils arrivèrent à dix heures. Elle était déjà tout entourée d'hommes en armes. Dans la cour stationnaient un fort détachement de gendarmerie, quelques cavaliers et des officiers de l'armée révolutionnaire.

Ils furent rejoints en ce moment par le citoyen Eustache Nappier, huissier audiencier au tribunal révolutionnaire, chargé d'assister à l'exécution et d'en dresser le procès-verbal.

Charles-Henry Sanson fit avancer la charrette et entra à la Conciergerie avec le citoyen huissier, les officiers, des gendarmes et mon père.

La reine était dans la salle des morts, assise sur un banc, la tête appuyée contre le mur; les deux gendarmes, ses gardiens, étaient à quelques pas avec Bault le concierge; la fille de celui-ci se tenait debout devant Marie-Antoinette et pleurait.

En apercevant l'escorte, la reine se leva et fit un pas pour aller au-devant des exécuteurs, mais sur un mouvement de la fille Bault elle s'arrêta et l'embrassa avec beaucoup de tendresse.

Elle était vêtue d'une robe blanche. Un fichu également blanc couvrait ses épaules. Elle avait sur la tête un bonnet serré d'un ruban noir. Elle était pâle; mais ce n'était point la pâleur qui accuse une crainte vainement dissimulée, car cette pâleur ne s'étendait pas à ses lèvres, et ses yeux, entourés d'un large cercle qui trahissait ses insomnies, brillaient d'un vif éclat.

Mon grand-père et mon père s'étaient découverts, beaucoup de ceux qui étaient avec eux avaient salué; l'huissier Nappier et quelques militaires s'abstinrent seuls de donner ce témoignage de déférence à une grande infortune.

Avant qu'aucun d'eux ait eu le temps de prendre la parole, Marie-Antoinette s'avança et d'une voie brève qui ne trahissait aucune émotion:

- Je suis prête, Messieurs, nous pouvons partir, dit-elle.

Charles-Henry lui fit observer qu'il était nécessaire que certaines précautions fussent prises, Marie-Antoinette se retourna et lui montrant sa nuque dont les cheveux avaient été coupés.

- Est-ce bien ainsi ? lui dit-elle.

En même temps elle tendit ses mains pour qu'on les attachât.

Pendant que mon père s'acquittait de cette tâche, un prêtre, l'abbé Lothringer entra dans la salle des morts et lui demanda la permission de l'accompagner. L'abbé Lothringer, prêtre assermenté comme les abbés Girard et Lambert, s'était déjà présenté après le départ de ceux-ci, et comme eux, il avait vu repousser les secours d'une religion entachée de schisme. Son insistance parut visiblement désagréable à la reine qui répondit cependant.

- Comme il vous plaira, monsieur.

Le cortège se mit immédiatement en marche. Les gendarmes précédaient la reine, près de laquelle l'abbé Lothringer faisait tous ses efforts pour se maintenir ; derrière venaient l'huissier, les exécuteurs et d'autres gendarmes. En entrant dans la cour, Marie-Antoinette aperçut la charrette ; elle s'arrêta brusquement et un vif mouvement d'horreur se peignit sur sa physionomie.

Le prêtre devina les sentiments qui l'agitaient ; dans son jargon, moitié allemand, moitié français, il l'exhorta à imiter la résignation du Christ qui avait porté sa croix, et, à propos d'expiation, il prononça le mot de crimes.

- Dites les fautes, monsieur, répartit la reine, qui, sans l'écouter davantage, s'avança rapidement vers la charrette.

On avait placé un tabouret pour lui en faciliter la montée ; ce tabouret chancela au moment où elle y posait le pied ; elle remercia ceux qui l'avaient soutenue.

Les portes s'ouvrirent, la reine de France apparut au milieu de sa sinistre escorte, et aussitôt tout ce peuple entassé sur les quais et sur les ponts ondula comme une mer houleuse, en hurlant mille cris de malédiction et de mort.

La foule était tellement compacte que la charrette ne pouvait avancer ; le cheval épouvanté se cabrait dans les brancards. Il y eut un moment de confusion si terrible que mon père et mon grand-père qui étaient assis sur le devant de la charrette se levèrent et se placèrent devant Marie-Antoinette. Sur deux ou trois points différents, des furieux avaient pénétré dans les rangs de l'escorte, et loin d'essayer de les repousser ou de calmer leur effervescence, la plupart des gendarmes mêlaient leurs injures à leurs vociférations. Le fils de Nourry-Grammont, officier dans l'armée révolutionnaire comme son père, eut la lâcheté de menacer de son poing fermé le visage de la reine. L'abbé Lothringer le repoussa et lui reprocha avec beaucoup de vivacité l'indignité de cette action.

Cette scène dura deux ou trois minutes.

Jamais, m'a bien souvent répété mon père, Marie-Antoinette ne s'était montrée plus digne du rang suprême. C'était bien une reine que cette femme qui soutenait sans blêmir, sans abaisser ses paupières, les regards féroces du peuple-roi ; qui entendait sans tressaillir les rugissements du lion auquel on la jetait en pâture ; qui tombait comme le César romain, tout d'une pièce et sans fléchir le genou ; pour laquelle le hideux tombereau était encore un trône, et qui, enfin, dans l'abjection à laquelle on l'avait réduite, parvenait par la seule force de son âme, à commander le respect à des cœurs incapables de pitié.

Grammont père avait pris les devants avec quelques cavaliers et il parvint à frayer un passage au cortège. Lorsque la charrette se fut remise en mouvement, les clameurs s'apaisèrent. De temps en temps, on entendait encore quelques cris de : Mort à l'Autrichienne ! mort à madame Veto ! s'élever dans la partie de la foule qu'on allait traverser ; mais à mesure qu'on avançait, lorsque la voiture arrivait à la hauteur de ceux qui avaient crié, ils se taisaient.

Marie-Antoinette était debout au milieu de la charrette ; l'abbé Lothringer, appuyé sur la ridelle de droite, lui parlait avec plus de vivacité que d'onction ; elle ne lui répondait pas et ne paraissait pas même l'entendre.

À mesure que l'attitude du peuple à travers lequel il fallait passer devenait plus calme, ses yeux perdaient quelque chose de leur éclat lumineux ; elle les promenait avec indifférence sur la foule et sur les monuments.

Lorsqu'on eut dépassé le palais Égalité, elle parut inquiète ; elle regardait les numéros des maisons avec une expression qui indiquait plus que de la curiosité.

La reine avait prévu qu'on ne permettrait pas à un prêtre de l'Église romaine de lui apporter les suprêmes consolations de la religion ; elle s'en était inquiétée et un membre non assermenté du clergé, l'abbé Magnien, qui, du temps de Richard, avait pénétré à la Conciergerie, lui avait promis de se trouver le jour du supplice dans une maison de la rue Saint-Honoré et de laisser tomber sur sa tête cette absolution *in extremis* pour laquelle l'Église a remis tous ses pouvoirs aux plus humbles de ses ministres. Le numéro de cette maison avait été désigné à Marie-Antoinette, et c'était elle qu'elle cherchait ; elle la trouva, et alors, à un signe que seule elle pouvait comprendre, ayant reconnu le prêtre, elle baissa le front, se recueillit et pria ; puis un soupir d'allégement souleva sa poitrine et on vit un sourire sur ses lèvres.

En arrivant sur la place de la Révolution, la charrette s'arrêta précisément en face de la grande allée des Tuileries ; pendant quelques instants la reine resta abîmée dans une contemplation douloureuse ; elle devint beaucoup plus pâle, ses paupières s'humectèrent et on l'entendit murmurer d'une voix sourde :

- Ma fille ! mes enfants !

Au bruit de l'échafaud qu'on ajustait, elle parut revenir à elle et se prépara à descendre. Mon grand-père et mon père la soutenaient ; au moment où elle posait le pied par terre, Charles-Henry Sanson, qui était penché sur elle, lui dit à voix basse :

- Courage, madame.

La reine se retourna brusquement et comme si elle eût été bien étonnée de rencontrer cette pitié chez celui qui allait la mettre à mort, elle lui répondit :

- Merci, monsieur, merci.

Son accent n'était pas altéré, sa parole restait ferme et vibrante. Quelques pas seulement séparaient la charrette de l'échafaud ; mon père voulut continuer de la soutenir, elle refusa en disant :

- Non, j'aurai, Dieu merci, la force d'aller jusque-là.

Elle s'avança d'un pas égal, sans précipitation, ni lenteur, et monta les degrés avec autant de majesté que si ces degrés eussent été ceux du grand escalier de Versailles.

Son arrivée sur la plate-forme produisit un instant de confusion. L'abbé Lothringer l'avait suivie jusque-là, et continuait ses inutiles exhortations ; mon père le repoussa doucement pour abréger enfin ce poignant supplice.

Les aides s'emparèrent alors de cette auguste victime. Pendant qu'ils l'attachaient sur la bascule, elle leva les yeux vers le ciel et s'écria d'une voix très haute :

- Adieu, mes enfants, je vais rejoindre votre père.

Elle avait à peine achevé ces mots que la bascule était mise en place et que le couteau s'abattait sur sa tête.

Des cris de *Vive la République!* répondirent au bruit du couperet, mais ces cris étaient généralement circonscrits aux alentours de l'échafaud. Alors Grammont, qui agitait son sabre comme un énergumène, ordonna à plusieurs reprises à Charles-Henry de montrer la tête au peuple. Un des aides fit le tour de l'échafaud avec ce hideux trophée, dont les paupières étaient encore agitées par un frisson convulsif.

Le corps de la reine fut enfermé dans un mauvais cercueil de bois blanc et consumé dans la chaux du cimetière de la Madeleine ; ses vêtements furent distribués aux pauvres des hospices.

XIX. LE DUC D'ORLEANS

À dater de la mort des Girondins, les morts se pressent et se multiplient ; le véritable règne de la Terreur est commencé ; jusque-là, elle n'avait été qu'une inspiration du fanatisme de quelques forcenés ; elle passe à l'état de rouage normal du gouvernement.

Le 13, le tribunal envoyait à la mort une femme que son courage, plus que ses talents, avait rendue célèbre, *Olympe de Gouges*. Elle avait applaudi à l'aurore de la Révolution, mais la pitié n'avait pas tardé à l'emporter dans son cœur sur l'enthousiasme de la liberté. Dans un accès de généreuse audace, elle avait écrit à la Convention pour revendiquer l'honneur de défendre le Roi. Après le 2 juin, elle avait énergiquement flétri le triomphe de l'insurrection, elle avait gémi sur la représentation nationale violée ; mais à cette époque des mains viriles laissaient échapper la plume, et les journaux refusèrent d'insérer les violentes attaques qu'Olympe de Gouges dirigeait contre les vainqueurs ; elle fut réduite à exprimer ses sentiments dans des affiches qu'elle faisait coller sur les murs de Paris. Incarcérée pour ce fait, elle resta cinq mois en prison. Devant le tribunal, elle eut un regret pour la vie ; elle espéra la prolonger par une déclaration de grossesse. Un historien, ordinairement impartial et auquel il faut accorder le bien rare mérite de respecter ses adversaires les plus acharnés, est loin d'être juste envers Olympe de Gouges ou plutôt envers les hommes qui la jugèrent. Il dit, en parlant de cette malheureuse femme : « elle se déclara enceinte et cette déclaration, si elle n'eût été reconnue inexacte, l'eût sauvée. » Or, l'expertise médicale ne contredit pas l'affirmation de l'accusée ; elle se borne à déclarer qu'il est impossible d'affirmer si elle est ou si elle n'est pas enceinte. Fouquier répondit que les règlements de la prison dans laquelle Olympe de Gouges était incarcérée depuis cinq mois, s'opposaient à ce qu'aucune communication pût exister entre les hommes et les femmes. Mais pour qui se reporte aux peintures de l'intérieur des prisons à cette époque, il devient évident que l'invraisemblable pouvait être le vrai, et on conçoit difficilement que Fouquier soit infaillible dans cette rigoureuse application du système des probabilités. Conduite à l'échafaud, Olympe de Gouges pleura beaucoup pendant le trajet ; de temps en temps, cependant, elle paraissait se ranimer et, alors, elle parlait des événements politiques avec beaucoup d'animation ; sa voix était fiévreuse et son accent déclamatoire. Elle faiblit complètement sur la place de la Révolution.

Le 16 brumaire voyait périr un des plus fameux initiateurs de la Révolution, *Louis-Philippe-Joseph d'Orléans*. En vain avait-il échangé son titre contre le nom significatif d'Égalité, en vain avait-il donné à la Révolution un gage autrement terrible en votant la mort de son roi et de son parent, il n'était pas parvenu à faire oublier les torts de sa naissance et de ses immenses richesses. Justement odieux aux royalistes, il n'avait point tardé à devenir pour les républicains un grave sujet de craintes et d'embarras. Les Girondins refusaient de croire que le patriotisme eût été le seul mobile de l'opposition d'un premier prince du sang à la cour ; ils n'admettaient pas cette alliance d'une immoralité flagrante avec la plus pure des vertus civiques : le désintéressement. Depuis la réunion de la Convention, ils n'avaient jamais cessé de le traiter en prétendant. De son côté, la Montagne s'apercevait que la présence d'un Bourbon dans ses rangs servirait éternellement de prétexte aux soupçons et aux récriminations de ses ennemis, elle n'hésita pas à le sacrifier à la première occasion. Cette occasion, la défection de Dumouriez la lui fournit. Arrêté le 7 avril, Égalité fut transféré le 12 à Marseille, où il retrouva ses deux fils, les ducs de Montpensier et de Beaujolais, qui avaient été enlevés tous les deux, le premier à l'armée d'Italie où il servait sous Biron.

Après six mois de détention au fort Saint-Jean, on le ramena le 2 brumaire à Paris, et il fut enfermé à la Conciergerie.

La mort de ce complice importun était si bien décidée à l'avance, que Fouquier ne lui fit pas l'honneur d'un acte d'accusation. En dépit de l'axiome de droit non bis in idem, il se servit de celui qu'Amar avait rédigé contre les Girondins, les implacables ennemis d'Égalité. Lorsque celui-ci s'entendit accuser d'avoir été un *Brissotin*, lui dont Brissot avait plusieurs fois demandé l'arrestation ; lorsqu'on lui reprocha, comme on l'avait déjà reproché à Carra, d'avoir voulu placer le duc d'York sur le trône de France, il interrompit la lecture pour s'écrier : « Mais ceci a l'air d'une plaisanterie ! » Lorsque le président lui demanda ce qu'il avait à répondre, il dit froidement : « Que ces accusations se détruisaient d'elles-mêmes et qu'elles ne lui étaient pas applicables, puisqu'il était notoire qu'il avait été constamment opposé au système et aux mesures du parti qu'on l'accusait d'avoir favorisé. »

Charles Voidel le défendit avec beaucoup d'énergie ; mais, comme je l'ai dit, sa mort avait été jugée nécessaire, et le duc d'Orléans inspirait trop peu de sympathie pour que les jurés hésitassent devant ce qu'ils considéraient comme une mesure de salut public.

Il écouta sa condamnation avec beaucoup de sang-froid et, se tournant vers Antonnelle, chef du jury, qui avait été un de ses familiers, il lui dit : « Puisque vous étiez décidés à me faire périr, vous auriez dû chercher au moins des prétextes plus plausibles pour y parvenir ; car vous ne persuaderez jamais, à qui que ce soit, que vous m'ayez cru coupable de tout ce dont vous venez de me déclarer convaincu, et vous, moins que personne, Antonnelle, qui me connaissez si bien. Au reste, puisque mon sort est décidé, je vous demande de ne pas me faire languir ici jusqu'à demain, et d'ordonner que je sois conduit à la mort sur-le-champ. »

Le général Coustard, son aide-de-camp, député à la Convention, avait été condamné en même temps que lui.

La séance avait commencé le matin; en redescendant à la Conciergerie, le duc d'Orléans se plaignit d'avoir faim; on lui servit des huîtres et un poulet qu'il invita vainement Coustard de partager avec lui.

Le jour même du procès d'Égalité, on avait exécuté, vers midi, *Jean-Louis Lepage*, ouvrier couvreur, contre-révolutionnaire; mais le tribunal ayant décidé qu'il serait fait droit à la triste requête qui venait de lui être présentée, Fouquier envoya chercher Charles-Henry Sanson, auquel Monet remit un ordre d'exécution immédiate qui adjoignait aux deux condamnés deux autres individus jugés la veille au soir : *Jacques-Nicolas de Laroque*, ex-subdélégué de Mortagne, et *Pierre Gondier*, agent de change. Pierre Gondier avait été accusé d'avoir accaparé chez lui une grande quantité de pain, que la défense réduisait à quelques croûtes desséchées que le malheureux avait conservées pour donner aux poules d'une voisine.

Il était trois heures et demie lorsque mon grand-père reçut cet ordre; mais au moment où il allait partir, on lui fit dire d'attendre et, quelques instants après, une cinquième condamnation était prononcée, celle d'Antoine Brousse, dit *Languedouin*, ouvrier serrurier, et il était ordonné, sans doute pour consacrer les principes de l'égalité, qu'il irait à l'échafaud en même temps que le prince.

Le duc d'Orléans se promenait avec le général Coustard, lorsque l'exécuteur se présenta dans l'avant-greffe. Il était un peu pâle, mais ne laissait pas soupçonner la moindre émotion. Mon grand-père s'était découvert comme il le faisait toujours; à l'escorte de gendarmes, au costume des aides, aux cordes, aux ciseaux qu'ils portaient, le prince devait avoir deviné quel était l'homme qui le saluait; il le regarda fixement, mais n'interrompit ni sa causerie ni sa promenade. Charles-Henry Sanson lui ayant demandé s'il voulait bien permettre qu'on lui coupât les cheveux, il s'assit sur une chaise sans faire aucune observation.

En ce moment, on amena les trois autres condamnés. M. de Laroque entra le premier; c'était un vieillard de soixante-dix ans, dont la physionomie avait un grand caractère de noblesse. Comme un des aides voulait lui couper les cheveux, il ôta la perruque qui couvrait sa tête complètement chauve et il lui répondit: « Voici qui me dispense de cette formalité essentielle. » Le duc d'Orléans, qui jusque-là tournait le dos, s'étant levé, M. de Laroque le reconnut; une vive indignation se peignit sur le visage du vieux gentilhomme, qui dit au prince d'une voix forte:

- Je ne regrette plus la vie, puisque celui qui a perdu mon pays reçoit la peine de ses crimes; mais je suis, je vous l'avoue, Monseigneur, bien humilié d'être obligé de mourir sur le même échafaud que vous.

Le duc d'Orléans détourna la tête et ne répondit pas.

Il était quatre heures du soir lorsque le cortège quitta la Conciergerie. Le sang-froid du prince ne l'abandonnait pas, mais son courage ne ressemblait en rien à celui des Girondins et de tant d'autres victimes; sa physionomie indiquait l'indifférence, le dégoût plutôt qu'une mâle résolution. Cette impassibilité d'un esprit blasé, d'un cœur saturé, restait bien au-dessous de l'héroïque fermeté des confesseurs d'une foi politique quelle qu'elle fût; l'obscur gentilhomme qui l'avait si durement apostrophé dans la salle des morts et qui, à ses côtés, priait sans forfanterie mais sans faiblesse, représentait bien mieux la véritable grandeur de l'âme humaine.

Le chef d'escorte fit arrêter les charrettes devant le palais Égalité, sur la façade duquel on lisait en grosses lettres ces mots: *Propriété nationale*. Le prince ne se méprit pas à l'intention qui avait dicté cette halte. Le duc d'Orléans regarda un instant la demeure de ses pères, sans qu'il fût possible de saisir les sentiments qui agitaient son âme, puis il détourna les yeux avec dédain.

M. de Laroque fut exécuté le premier, il mit une certaine affectation à dire adieu à ses compagnons et même au pauvre ouvrier et à ne pas adresser la parole au duc d'Orléans. Gondier fut exécuté le second, puis le général Coustard, et enfin le malheureux Brousse.

Le prince vit tomber ces quatre têtes sans émotion ; il monta à son tour sur l'échafaud et regarda d'un air fier et hautain et en haussant les épaules la foule qui le poursuivait de ses huées ; peut-être se souvenait-il que c'étaient là les Parisiens qui, en 89, avaient triomphalement porté son buste couronné de lauriers. Après l'avoir dépouillé de son frac, les aides voulurent lui ôter ses bottes ; il se dégagea de leurs mains, et s'avança de lui-même vers la planche fatale en leur disant : « c'est du temps perdu, vous me débotterez bien plus aisément mort ; dépêchons-nous. »

Un instant après, la tête de ce malheureux prince tombait, aux applaudissements féroces d'une multitude aveugle qui saluait l'expiation comme elle avait salué le crime.

Tristes inconséquences des passions populaires ! Les petits-fils de ceux qui battirent des mains ce jour-là devaient, quarante ans plus tard, au sortir d'une seconde révolution, poser une couronne sur le front du fils de ce décapité !

XX. JOURNAL DE CHARLES-HENRY SANSON

17 frimaire. Madame Dubarry a été condamnée hier au soir et exécutée ce matin. Nous étions, suivant l'ordre, à neuf heures à la maison de justice, mais il a fallu espérer parce que la condamnée était enfermée avec le citoyen Denizot, juge, et le citoyen Royer, substitut de l'accusateur, qui enregistraient des révélations. À dix heures, les citoyens *Vandenyver*, qui étaient trois, le père et les deux fils, tous complices de madame Dubarry, et les citoyens *Bonnardot* et *Joseph Bruniot*, falsificateurs d'assignats, condamnés par le tribunal criminel, ont été amenés. Pendant qu'on arrangeait les susdits, madame Dubarry est arrivée dans l'avant-greffe. Elle marchait en s'appuyant contre les murs, car ses jambes fléchissaient sous elle. Il y avait une vingtaine d'années que je ne l'avais vue, et je ne l'aurais pas reconnue ; elle était aussi défigurée par l'embonpoint que par la peine et l'angoisse. Quand elle m'aperçut derrière les condamnés déjà liés, elle jeta un grand : ah ! en se cachant les yeux sous son mouchoir, et elle se mit à genoux en criant : « Je ne veux pas, je ne veux pas ! »

Enfin, les citoyens Denizot et Royer se levèrent et lui dirent très durement qu'il fallait se soumettre aux décrets de la justice, et racheter par son courage l'ignominie de sa vie passée. Elle est demeurée comme anéantie sur sa chaise. Un aide s'est approché et a cru le moment bon pour lui couper les cheveux, mais au premier coup de ciseaux elle s'est relevée et l'a repoussé ; il a fallu que deux autres aides l'aidassent à la lier. Alors elle s'est laissée faire, seulement elle pleurait comme je n'ai jamais vu pleurer. Il y avait sur le quai autant de monde que pour la sortie de la Reine et des députés girondins. On criait ferme, mais les cris de la victime s'élevaient toujours dessus ceux du peuple. Nous n'avons pas fait cent pas qu'on n'a plus entendu qu'elle. Elle disait : « Bons citoyens, délivrez-moi, je suis innocente ! Je suis du peuple comme vous, bons citoyens, ne me laissez pas mourir ! »

On ne bougeait pas, mais citoyens et citoyennes baissaient la tête et ne lui jetaient plus d'injures. Jamais je n'avais vu le peuple si alangui. Jacot y perdait son temps et ses grimaces. Je ne reconnaissais plus les gens de guillotine, et pourtant c'étaient bien les mêmes que j'avais vus si durs pour le citoyen Bailly, si courageux. Par moments elle s'arrêtait de crier ; de violette qu'était sa face on la voyait devenir toute blanche. Elle s'abandonnait aux cahots de la charrette comme étant morte ; ils la jetaient de ci, de là ; dix fois elle fût tombée si mon fils ne l'eût soutenue. À des instants elle s'adressait à moi, me disant : « Non, n'est-ce pas, que vous ne me ferez pas mourir ? »

Ses dents claquaient et la voix venait de sa gorge, rauque et saccadée. Moi, je me sentais amolli à pleurer comme les autres, et plus amèrement qu'aucun, car la vue de cette malheureuse femme me rappelait notre jeunesse qui ne nous prédisait guère un tel destin, et son digne père, dont la sollicitude n'avait pu écarter d'elle, ni de si funestes grandeurs, ni une si terrible chute. Malgré tous mes efforts pour surmonter mon émotion, jamais le trajet ne m'avait autant duré. Une fois je lui conseillai de prier, que cela la réconforterait certainement. Les prières ne lui revinrent plus en mémoire ; elle disait : « Mon Dieu ! mon Dieu ! mon Dieu ! sans trouver autre chose. »

Alors elle recommençait à implorer les citoyens. L'ordre était qu'elle serait exécutée la dernière, mais quand je suis descendu, le citoyen huissier m'a dit de m'arranger pour le mieux. Comme en voyant la guillotine elle avait eu une défaillance, je dis de la faire monter de suite ; mais elle ne sentit pas plutôt les mains sur elle qu'elle reprit connaissance, et, quoique liée, elle repoussa les aides en criant : « Pas tout de suite ; encore un moment, messieurs les bourreaux, encore un moment, je vous prie ! »

Ils l'ont entraînée, mais elle se débattit et essaya de les mordre.

Elle était aussi forte que puissante, car, bien qu'ils fussent quatre, ils employèrent plus de trois minutes à la monter. Si elle ne les avait pas échauffés en les bousculant, je ne sais s'ils en seraient venus à bout, tant ils étaient consternés. Le peuple de même ; nul ne soufflait mot, et beaucoup se sauvaient de tous côtés comme en déroute. Là-haut, cela a recommencé, elle hurlait ; on devait l'entendre par-delà de la rivière ; elle était bien effrayante à regarder ; enfin ils sont parvenus à la boucler, et ce fut fait. Après on a exécuté les autres.

18 frimaire. Ce jour nous avons guillotiné *Jean-Baptiste Noël*, député des Vosges, hors la loi. Dans la route, il m'a demandé si c'était vrai que madame Dubarry avait eu si grand peur ; et, une autre fois, si on avait bien essuyé le couteau, parce qu'il ne convenait pas que le sang d'un républicain fût souillé par le sang d'une prostituée. Avec lui, un condamné du tribunal criminel pour une affaire de faux assignats. Aujourd'hui, Clavière, ex-ministre, s'est poignardé à la Conciergerie.

20 frimaire. Six ont été condamnés et suppliciés : *Jacques Dessalles*, bijoutier et fournisseur d'habillements pour les troupes de la République ; *Philippe Rigault*, ex-administrateur de l'habillement des troupes ; *André Bourillon*, tailleur d'habits ; *Antoine Poujole*, tailleur d'habits ; *Michel-Joseph Bouchet*, tailleur d'habits ; *Charles-Antoine Pinard*, tailleur d'habits ; tous convaincus d'être auteurs ou complices de fournitures infidèles.

21 frimaire. Ce ne sera pas une mince affaire que de se chausser désormais. La Convention a décidé que des cordonniers ne pouvaient travailler que pour les défenseurs de la patrie, à peine de confiscation des souliers qu'ils auraient destinés à toute autre personne et d'une amende de dix livres au profit du dénonciateur. Là-dessus, toutes sortes de calembredaines sur les va-nu-pieds ; mais on ne raille plus qu'à voix basse, car le cœur boude aux plus effrontés. Deux condamnés aujourd'hui.

XXI. PROCÈS DE DANTON

Si rigoureusement que l'on condamne la conduite politique de Danton, si peu sympathique que l'on soit au célèbre tribun, on ne saurait s'empêcher de reconnaître que son procès est le grand procès de la période révolutionnaire.

Jusqu'alors la Révolution n'avait frappé que ceux qui lui avaient donné le droit de les traiter en ennemis ; elle commence à s'attaquer à ses propres entrailles, elle les déchire. Œuvre de républicains, la mort de Danton n'en est pas moins le premier symptôme de la réaction qui doit si promptement emporter la République. Je vais donc raconter les principaux incidents de ces débats, puis, je rendrai la parole à Charles-Henri Sanson, qui nous dira les derniers moments de ces conventionnels célèbres.

Danton, Camille Desmoulins, Philippeaux et Lacroix furent arrêtés chez eux dans la nuit du 10 au 11 germinal. Cette mesure avait été l'objet de débats animés dans le sein des comités. Quelques historiens affirment que loin d'avoir provoqué la proscription de ses anciens amis, Robespierre ne s'y était décidé qu'après de violents combats contre ses collègues et contre lui-même, et lorsqu'il lui eut été démontré que leur existence mettait la République en danger.

S'il en fut ainsi, ce ne fut, de la part de Robespierre, qu'une habileté de plus. Il se charge, du reste, lui-même de nous fournir la mesure de ses sentiments pour les accusés. Dans la séance du 11, lorsqu'au nom de la justice et du droit, Legendre réclame pour ses amis la grâce d'être entendus par leurs collègues, qui s'y oppose ? Robespierre, et son discours, dont je citerai plus tard des extraits, sert d'avant-garde au formidable réquisitoire de Saint-Just.

Danton, et c'est sa gloire, cela effacera peut-être dans l'avenir la tache sanglante que les massacres de septembre ont laissée sur sa mémoire ; Danton à ce moment représentait l'idée de générosité et de clémence. S'il avait les vices de sa puissante organisation, il en avait aussi les qualités ; s'il avait pu regarder d'un œil indifférent le sang qui coulait dans l'ardeur de la lutte, les massacres juridiques lui inspiraient cependant une répugnance qui ressemblait à du dégoût ; il était d'ailleurs trop indolent pour haïr même ses ennemis ; aussi l'opinion publique l'avait-elle justement associé aux pages sublimes dans lesquelles Camille Desmoulins épanchait ses patriotiques indignations. Tuer ces deux hommes qui prétendaient mettre un terme au sanglant régime que les fanatiques du système de la terreur croyaient destiné à devenir l'état normal de la France, telle avait dû être la pensée des comités. Les vues de Robespierre furent, il me semble, plus profondes. La cruauté n'était pas chez lui la conséquence de ses instincts : elle était un besoin de sa politique ; il était trop sagace pour ne pas avoir compris que la véritable popularité appartiendrait à ceux qui délivreraient le pays de l'effroyable cauchemar qui pesait sur le sommeil des innocents comme sur celui des coupables, il s'était réservé ce rôle et il attendait l'heure. Danton voulut être le libérateur avant lui, ce fut son crime.

Ce dernier suivit sans résistance les agents de Héron qui l'arrêtèrent et le conduisirent au Luxembourg. Camille Desmoulins, au contraire, avait ouvert ses fenêtres et appelé au secours contre la tyrannie. Voyant que personne ne se présentait pour le défendre, il demanda la permission de prendre quelques livres, choisit dans sa bibliothèque *les Nuits d'Young*, et *les Méditations d'Hervey*, embrassa sa femme et son fils au berceau et se laissa emmener. L'arrestation de Philippeaux et de Lacroix ne souffrit pas plus de difficultés. Au jour, les constatations d'usage furent faites et il leur fut permis de descendre au préau. L'attitude des quatre proscrits était bien différente : Camille était sombre, triste, abattu ; Lacroix partageait son découragement ; Philippeaux se montrait calme et résigné ; Danton, peut-être pour relever le courage de ses amis, affectait une gaieté stoïque. La nouvelle de la présence de ces hommes, si puissants naguère, s'était répandue dans la prison et y excitait une vive émotion ; tous accouraient pour les voir.

Cependant à la Convention, un des amis de Danton, Legendre, osait plaider la cause des proscrits. Il monte à la tribune, et, d'une voix dont il ne cherche pas à déguiser l'émotion : « Citoyens, dit-il, quatre membres de cette Assemblée ont été arrêtés de cette nuit. Je sais que Danton en est un, j'ignore le nom des autres. Qu'importent leurs noms s'ils sont coupables ? Mais, citoyens, je viens demander que les membres arrêtés soient traduits à la barre où vous les entendrez, où ils seront condamnés ou absous par vous... J'avoue que je ne puis croire Danton coupable, je le répète, il est aussi pur que moi. Il est dans les fers depuis cette nuit ; on a craint sans doute que ses réponses ne détruisissent les accusations dirigées contre lui. »

Un représentant de la Montagne, Fayau, répond à Legendre, et s'oppose à la motion ; mais l'Assemblée était agitée, il fallait une parole plus puissante que celle-là pour maîtriser une émotion qui pouvait devenir favorable aux accusés. Robespierre monte à la tribune. Il commence par s'étonner du trouble qu'il remarque dans la Convention ; il demande s'il doit en conclure que quelques hommes, qu'il qualifie d'intrigants, l'emporteront sur la patrie ; enfin s'adressant à Legendre, il lui dit :

« Legendre paraît ignorer les noms de ceux qui sont arrêtés ; ces noms, toute la Convention les connaît. Son ami Lacroix est du nombre de ces détenus. Pourquoi feint-il de l'ignorer ? Parce qu'il sait bien qu'on ne peut, sans impudeur, défendre Lacroix. Il a parlé de Danton, parce qu'il croit sans doute qu'à ce nom est attaché un privilège, non, nous ne voulons point de privilèges, non, nous ne voulons point d'idoles ! Nous verrons dans ce jour si la Convention saura briser une prétendue idole pourrie depuis longtemps, ou, si dans sa chute elle écrasera la Convention et le peuple français... Quel privilège aurait-il donc ? En quoi Danton est-il supérieur à ses collègues ? En quoi est-il supérieur à ses concitoyens ? Est-ce parce que quelques individus qu'il a trompés, et d'autres, qui ne l'étaient pas, se sont groupés autour de lui pour marcher à sa suite à la fortune et au pouvoir ? »

L'effet de ce discours machiavélique fut considérable. Robespierre avait très habilement associé la Convention aux résolutions des comités : il avait stimulé les ardents, rassuré les timides, en leur déclarant que le nombre des coupables était peu nombreux, en leur donnant à supposer qu'après ceux-là, le minotaure repu ne demanderait plus d'autres têtes. Saint-Just vint achever l'œuvre qu'avait ébauchée Robespierre.

Il y a, entre le discours de Robespierre et le rapport de Saint-Just, toute la distance qui sépare l'ambition froide et calculatrice, du fanatisme. L'âpre conventionnel qui avait dit : « *Que la République, ce n'est pas un sénat, c'est la vertu*, » était sincère dans sa haine contre Danton, qui ne se donnait pas la peine de voiler ses vices et de déguiser ses faiblesses. C'était avec une sorte d'ivresse sauvage qu'il s'était jeté sur la proie qu'on lui abandonnait ; cette ivresse paraît à chaque ligne de ce travail, où le vrai et le faux, l'absurde et le vraisemblable se heurtent, se croisent, se confondent : mélange monstrueux de convictions farouches, de formes altières, d'intolérances furieuses, de basses flatteries et d'accusations insensées, dans lequel, pour être plus certain que nul n'essayerait de relever la victime, il la renversait dans la fange, en prononçant ce mot qui arrête toutes les sympathies : le vol. Ce rapport, Saint-Just le lut avec cette éloquence qui, selon un historien, avait le froid de l'acier et tranchait comme un glaive. Les représentants écoutaient tête basse, comme des écoliers sous la férule du pédagogue. La consternation était générale ; cette nouvelle invasion de la terreur dans la Convention glaçait tous les courages ; pas une voix ne s'éleva pour défendre les proscrits ; Legendre renia plus de trois fois celui dont il était le disciple, et le décret fut voté avec l'enthousiasme de l'épouvante.

Le lendemain, 12 germinal, l'acte d'accusation de Fouquier-Tinville, verbeux pastiche du foudroyant réquisitoire de Saint-Just, fut remis aux accusés. Pendant les journées du 11 et du 12, beaucoup de personnes furent se promener dans les jardins du Luxembourg, et mon père m'a dit qu'on en voyait d'immobiles devant ces murailles de granit, les considérant avec stupeur, comme si elles se fussent attendues qu'à la voix de Danton les murs de cette nouvelle Jéricho allaient s'effondrer et tomber en poudre.

Camille, âme plus tendre, était tout entier à ceux qu'il avait laissés derrière lui ; à sa Lucile qu'il adorait, à son petit Horace dont le souvenir brisait son courage. Sa femme, désespérée, errait dans les allées du Luxembourg, portant son enfant dans ses bras, et lui, le visage collé aux barreaux de sa fenêtre, il passait ses journées à les chercher dans la foule. Il retrouva un instant ses inspirations éloquentes ; dans la nuit du 11 au 12, il commença son numéro du *Vieux Cordelier*, dernier cri de patriotisme et d'indignation jeté aux tyrans ; il l'interrompit pour dormir ; en s'éveillant, il ne reprit pas son travail ; il écrivit à sa femme. L'histoire a conservé cette lettre.

Décadi, 12 germinal, 5 heures du matin

« Le sommeil bienfaisant a suspendu mes maux ; on est libre quand on dort ; on n'a point le sentiment de sa captivité. Le ciel a eu pitié de moi. Il n'y a qu'un moment, je te voyais en songe ; je vous embrassais tour à tour, toi, Horace et Daronne qui était à la maison ; mais notre petit avait perdu un œil, par une humeur qui venait de se jeter dessus, et la douleur de cet accident m'a réveillé. Je me suis retrouvé dans mon cachot. Il faisait un peu de jour ; ne pouvant plus te voir et entendre tes réponses (car toi et ta mère vous me parliez), je me suis levé pour te parler et pour t'écrire. Mais, ouvrant mes fenêtres, la pensée de ma solitude, les affreux barreaux, les verrous qui me séparent de toi, ont vaincu toute ma fermeté d'âme ; j'ai fondu en larmes, ou plutôt, j'ai sangloté en criant dans mon tombeau : " Lucile ! Lucile ! oh ! ma chère Lucile !

où es-tu ? " (*Ici on voit les traces d'une larme.*) Hier, au soir, j'ai eu un pareil moment, et mon cœur s'est également fendu, quand j'ai aperçu dans le jardin ta mère ; un mouvement machinal m'a jeté à genoux contre les barreaux ; j'ai joint les mains, comme implorant sa pitié, elle qui gémit non moins que nous, j'en suis sûr. J'ai vu hier sa douleur (*ici encore une trace de larmes*), à son mouchoir et à son voile qu'elle a baissé, ne pouvant tenir à ce spectacle. Quand vous viendrez, qu'elle s'asseye un peu plus près avec toi, afin que je vous voie mieux ; il n'y a pas de danger à ce qu'il me semble. Ma chère Lucile ! me voilà revenu au temps de nos premiers amours, où quelqu'un m'intéressait, par cela seul qu'il sortait de chez toi. Hier, quand le citoyen qui t'a porté ma lettre fut revenu : Eh bien ! vous l'avez vue ? lui dis-je, comme je le disais autrefois à cet abbé de Landreville, et je me surprenais à le regarder comme s'il fût resté sur ses habits, sur toute sa personne, quelque chose de ta présence, quelque chose de toi… J'ai découvert une fente dans mon appartement, j'ai appliqué mon oreille, j'ai entendu gémir, j'ai hasardé quelques paroles, j'ai entendu la voix d'un malade qui souffrait. Il m'a demandé mon nom, je le lui ai dit. " O mon Dieu ! " s'est-il écrié à ce nom, en retombant sur son lit d'où il s'était levé, et j'ai reconnu distinctement la voix de Fabre d'Églantine : " Oui, je suis Fabre, m'a-t-il dit, mais toi ici ! La contre-révolution est donc faite ? " Nous n'osons cependant nous parler, de peur que la haine ne nous envie cette faible consolation, et que, si on venait à nous entendre, nous ne fussions séparés et resserrés plus étroitement… Si c'était Pitt ou Cobourg qui me traitassent si durement, mais mes collègues, mais Robespierre qui a signé l'ordre de mon cachot ; mais la République après tout ce que j'ai fait pour elle !… Je vois le sort qui m'attend. Adieu, ma Lucile, ma chère Lolotte, mon bon loup, dis adieu à mon père ! Tu vois en moi un exemple de la barbarie et de l'ingratitude des hommes ; mes derniers moments ne te déshonoreront pas. Tu vois que ma crainte était fondée, que mes pressentiments furent toujours vrais !… O ma chère Lucile, j'étais né pour faire des vers, pour défendre les malheureux, pour te rendre heureuse, pour composer avec ta mère et mon père, et quelques personnes selon notre cœur, un Otaïti ! J'avais rêvé une République que tout le monde eût adorée ! Je n'ai pu croire que les hommes fussent si féroces et si injustes !

Comment penser que quelques plaisanteries dans mes récits, contre des collègues qui m'avaient provoqué, effaceraient le souvenir de mes services ? Je ne me dissimule pas que je meurs victime de ces plaisanteries et de mon amitié pour Danton. Je remercie mes assassins de me faire mourir avec lui et Philippeaux ; et, puisque nos collègues sont assez lâches pour nous abandonner, je vois que nous mourrons victimes de notre courage à dénoncer des traîtres et de notre amour pour la vérité… Pardon, chère amie, ma véritable vie, que j'ai perdue du moment où l'on nous a séparés, je m'occupe de ma mémoire, je devrais bien plutôt m'occuper de te la faire oublier. Ma Lucile, mon bon loulou, ma poule à Cachan, je t'en conjure, ne reste point sur la branche, ne m'appelle point par tes cris ; ils me déchireraient au fond du tombeau. Va gratter pour ton petit, vis pour Horace, parle-lui de moi ! Tu lui diras ce qu'il ne peut entendre, que je l'aurais bien aimé ! Malgré mon supplice, je crois qu'il y a un Dieu ! Mon sang effacera mes fautes, les faiblesses de l'humanité ; et ce que j'eus de bon : mes vertus, mon amour de l'humanité, Dieu les récompensera ! Je te reverrai un jour, ô Lucile ! ô Annette ! Sensible comme je l'étais, la mort qui me délivre de la vue de tant de crimes est-elle un si grand malheur ? Adieu, ma Lucile, ma chère Lucile ! Adieu, Horace, Annette ; Adieu, mon père ! Je sens fuir devant moi le rivage de la vie ; je vois encore Lucile ! je la vois ! mes bras entrelacés te serrent, mes mains liées t'embrassent ! et ma tête séparée repose sur toi. Je vais mourir. »

Le 13 germinal, ils comparaissaient devant le tribunal.

La composition de ce tribunal avait été l'objet de tous les soins des comités. Les jurés étaient *triés* ; on avait choisi ceux qui se qualifiaient eux-mêmes de *solides* ; ceux qui avaient donné des preuves de leur ardeur à exécuter le *feu de file* sur les malheureux qu'on amenait devant eux.

Pour justifier les accusations de Saint-Just, on avait englobé dans le procès de Danton, les représentants accusés de malversation : Chabot, Delaunay, Bazire, à peu près convaincus d'avoir, les deux premiers par avidité, le troisième par faiblesse, trafiqué de leur influence dans l'affaire des actions de la compagnie des Indes ; Fabre d'Églantine dont la complicité dans le faux, auquel cette affaire avait donné lieu, ne fut jamais prouvée, mais dont la plume était aussi redoutée de Robespierre que l'était celle de Desmoulins. En se fondant sur les concussions reprochées à Lacroix, à Danton, pendant leurs missions en Belgique, on avait pu établir une apparence de connexité entre eux et les faussaires présumés ou tels ; pour Hérault de Séchelles, arrêté parce qu'il avait donné asile à un proscrit et sur de vagues inculpations du comité de sûreté générale ; pour Philippeaux, coupable de ce que Robespierre appelait des *philippotiques*, d'écrits violents dans lesquels il stigmatisait la conduite des agents de la République dans la Vendée, la chose avait été plus difficile ; mais on s'était décidé à se passer de vraisemblance, et, en ajoutant à la fournée un Danois, un Espagnol et deux Allemands, on avait formé un tout qui justifiait vaille que vaille le titre sonore qu'on lui avait donné : conspiration de l'étranger.

Ils étaient treize sur les bancs.

Georges-Jacques Danton, âgé de trente-quatre ans ; *Camille Desmoulins*, âgé de trente-trois ans, avocat et homme de lettres ; *Pierre Philippeaux*, âgé de trente-cinq ans ; *Philippe-François-Nazaire Fabre d'Églantine*, âgé de trente-neuf ans, homme de lettres ; *Claude Bazire*, âgé de vingt-neuf ans ; *François Chabot*, âgé de trente-trois ans, ex-capucin ; *Marie-Jean Hérault de Séchelles*, âgé de trente-quatre ans, ex-avocat général au ci-devant Parlement de Paris et membre du tribunal de cassation ; *Jacques Delaunay*, ci-devant homme de loi, tous députés à la Convention nationale ; *Jean Didericksen*, âgé de quarante et un ans, ex-fermier ; *Marc-Réné Sahuguet d'Espagnac*, ci-devant abbé, fournisseur des armées ; *Sigismond Junius Frey*, âgé de trente-six ans, fournisseur des armées ; *Emmanuel Frey*, âgé de trente-quatre ans, vivant de son revenu ; *André-Marie Gusman*, âgé de quarante et un ans, espagnol naturalisé, ci-devant officier, vivant de son revenu.

Aux questions d'usage sur son nom et sa demeure, Danton répondit : « Je suis Danton, assez connu dans la Révolution ; ma demeure sera bientôt le néant, mon nom vivra dans le Panthéon de l'histoire. »

Camille dit à son tour : « J'ai trente-trois ans, âge critique pour les révolutionnaires, âge du sans-culotte Jésus quand il mourut ; » et Hérault de Séchelles : « Je m'appelle Jean-Marie, noms peu fameux parmi les saints, je siégeais dans cette salle où j'étais détesté des parlementaires. »

Fouquier-Tinville commença la lecture de ses commentaires sur le rapport de Saint-Just. Les accusés demandèrent communication du rapport lui-même, et leur demande leur fut accordée ; quelques citations donneront l'idée de l'ensemble de cette pièce étrange :

« Danton, tu te déclarais pour des principes modérés, et tes formes robustes semblaient déguiser la faiblesse de tes conseils. Tu disais que des maximes sévères feraient trop d'ennemis à la République. Conciliateur banal, tous tes exordes à la tribune commençaient comme le tonnerre, et tu finissais par faire pactiser la vérité et le mensonge… Tu t'accommodais à tout ; Brissot et ses complices sortaient toujours contents de toi. À la tribune, tu leur donnais des avis salutaires pour qu'ils dissimulassent davantage. Tu les menaçais sans indignation, mais avec une bonté paternelle et tu leur donnais plutôt des conseils pour corrompre la liberté, pour se sauver, pour mieux nous tromper, que tu n'en donnais au parti républicain pour les perdre. *La haine*, disais-tu, *est insupportable à mon cœur*. Et tu nous avais dit : *Je n'aime pas Marat*. Mais n'es-tu pas criminel de n'avoir pas haï les ennemis de la patrie ? Est-ce par ses penchants privés qu'un homme public détermine son indifférence ou sa haine ou par l'amour de la patrie que n'a jamais senti ton cœur ? Tu fis le conciliateur comme Sixte-Quint fit le simple pour arriver au but où il tendait. Éclate maintenant devant la justice du peuple, toi qui n'éclatas jamais devant les ennemis de la patrie. Mauvais citoyen, tu as conspiré ; faux ami, tu disais, il y a deux jours, du mal de Desmoulins, instrument que tu as perdu ; méchant homme, tu as comparé l'opinion publique à une prostituée, tu as dit que l'honneur était ridicule, que la postérité et la gloire étaient une sottise. »

Comme je l'ai dit plus haut, en réunissant dans une seule cause trois catégories d'accusés dont les délits présumés étaient différents, Fouquier avait suivi une tactique traditionnelle au tribunal révolutionnaire, qui consistait à étouffer chez le public tout sentiment de commisération par le contact des prévenus dont on redoutait la popularité avec des gens envers lesquels cette commisération n'était plus possible. Lorsqu'ils s'étaient vus accolés à des fripons, Camille, Philippeaux et Lacroix avaient énergiquement protesté ; Danton se taisait, un sourire de mépris crispait ses grosses lèvres. Camille insistant, il l'engagea à se rasseoir en lui disant :

« Laisse-les faire leur métier ; tout ce qu'ils peuvent c'est de nous tuer ; quant à nous déshonorer, je les en défie. »

Les interrogatoires commencèrent.

Fabre d'Églantine expliqua la falsification du décret qu'on lui reprochait : il dit que la pièce dont on voulait parler, car on ne la produisait pas, n'était qu'un projet libellé à la suite de la discussion du comité. Chabot prétendit qu'il n'était entré dans cette affaire que pour en saisir les fils et la dénoncer ; Delaunay et Bazire nièrent qu'ils en eussent eu connaissance.

Le procès, en ce qui regardait Lacroix, Philippeaux et Hérault de Séchelles, était un véritable procès de tendance, ce qu'on incriminait c'étaient leurs opinions et jusqu'à leurs votes de représentants du peuple.

Il fallait bien arriver à Danton. Herman redoutait avec raison le moment où il parlerait. En effet, le titan révolutionnaire n'eut pas plutôt ouvert la bouche, que la salle de la Liberté se transformait : qu'aux éclats de cette voix formidable, les juges devenaient des accusés, l'accusé devenait le juge, que le jury d'Herman courbait la tête devant le masque léonin qu'il n'osait plus regarder en face.

« Ma voix, que tant de fois j'ai fait entendre pour la cause du peuple, n'aura pas de peine à repousser la calomnie. Les lâches qui me calomnient, s'écriait Danton, oseraient-ils m'attaquer en face ? Ma tête est là qui répond de tout ; la vie m'est à charge, il me tarde d'en être délivré. »

Herman, plein d'épouvante, se hâte de l'interrompre, en lui disant « que l'audace était le propre du crime, que le calme était le propre de l'innocence. »

« Sans doute, répliqua Danton à la sentencieuse apostrophe du président, sans doute, l'audace individuelle est réprimable, et elle ne peut jamais m'être reprochée ; mais l'audace nationale, dont j'ai tant de fois donné l'exemple, dont j'ai tant de fois servi la chose publique, cette audace est permise, elle est nécessaire, et c'est de celle-là que je m'honore ! Et toi, Saint-Just, tu répondras à la postérité de la diffamation lancée contre le meilleur ami du peuple. En parcourant cette liste d'horreur, je sens toute mon existence frémir… »

Herman l'arrêta une seconde fois ; il redoutait peut-être qu'après Saint-Just, Danton ne s'attaquât à Robespierre, et que le chef du parti fût pulvérisé dans l'étreinte.

« Lorsque je provoque mes accusateurs, s'écria-t-il une seconde fois, j'ai toute la plénitude de ma raison. Qu'on me les produise, et je les plonge dans le néant, dont ils n'auraient jamais dû sortir. Vils imposteurs, paraissez, et je vais vous arracher le masque qui vous dérobe à la vindicte publique. »

Lacroix avait recommandé à Danton d'émouvoir le peuple, le peuple était plus qu'ému, il était frémissant ; tous les cœurs palpitaient, et dans la salle et au dehors, car les rugissements du tribun, à travers les fenêtres ouvertes, retentissaient au-delà de la Seine. Les juges étaient foudroyés. Herman agitait vainement la sonnette : « Ne m'entends-tu pas ? dit-il à Danton. »

- *La voix d'un homme qui défend son honneur et sa vie doit couvrir le bruit de ta sonnette.*

XXII. JOURNAL (SUITE)

16 germinal. Suivant l'ordre du citoyen Fouquier, je demeurai hier jusqu'au soir à la maison de justice. N'ayant pu, comme les jours précédents, entrer dans la salle de la Liberté, où se jugeait le procès des citoyens députés, car l'affluence était encore plus considérable qu'elle ne l'avait été jusqu'ici, je retournai vers neuf heures. Je suis revenu ce matin au jour à la Conciergerie. Comme j'entrais, un gendarme m'a frappé sur l'épaule et m'a dit : « Tu as du gros gibier, aujourd'hui. » Et Rivière : « Ils sont tous condamnés. » Il se trompait, car le citoyen Luillier avait été acquitté. Bientôt les citoyens Lescot-Fleuriot, substitut de l'accusateur, et deux administrateurs du département sont venus. Lescot m'a demandé si mes charrettes étaient là ; je lui ai répondu qu'elles venaient ; alors il m'a ordonné de descendre et d'attendre, ce que j'ai fait.

Il y avait une bonne heure que j'espérais, lorsqu'un gendarme est venu me chercher de la part de l'accusateur. Bien que Fouquier fût présent, ce fut Lescot-Fleuriot qui me donna l'ordre. Il me dit que les condamnés s'étant rebellés contre le tribunal, on devait supposer qu'ils résisteraient à l'exécution du jugement ; que je ne devais pas oublier que force devait rester à la justice du peuple ; que, pour prévenir les conséquences d'une lutte avec la troupe entière de ces forcenés, on me les livrerait un à un ; que j'aurais à les saisir à leur sortie au greffe et à les garrotter immédiatement, bon gré, mal gré ; qu'une escouade de gendarmes déterminés serait là qui, au besoin, me prêterait main-forte. Le citoyen Amar ayant demandé si les chevaux étaient solides ? Liendon, l'autre substitut, répondit affirmativement, et Lescot-Fleuriot ajouta que, dans le cas où les rebelles seraient parvenus à soulever l'émotion populaire, mes voitures devaient prendre le trot ou le galop avec l'escorte ; qu'au besoin les gendarmes piqueraient nos timoniers de la pointe de leurs sabres pour les enlever. Il dit encore que, sur la place, tout devait être fait promptement; que la République ne serait sauvée que lorsque la tête des scélérats serait tombée sous le fer vengeur. Il y eut alors une discussion à propos du nombre des voitures à employer. J'en avais commandé trois. Lescot me déclara que deux suffisaient. Coffinhal prétendit qu'il n'en fallait prendre qu'une seule; que dans le cas où des scélérats tenteraient d'enlever des condamnés, l'escorte protégerait plus aisément une charrette que plusieurs. Ce n'était pas le moment de représenter les tortures qui résulteraient pour les condamnés de cet entassement dans une seule voiture, mais je fis observer que si les prévisions du citoyen Lescot-Fleuriot se réalisaient, si l'on était forcé de presser le train des chevaux, les aides, qui auraient marché à pied, pourraient ne pas se trouver à leur poste à la guillotine; il resta convenu que j'emploierais deux charrettes, et on me congédia.

J'ai trouvé l'avant-greffe plein de gendarmes et avec eux quelques canonniers de l'armée révolutionnaire. Ils ont formé une haie très épaisse le long du grillage qui sépare le greffe de l'avant-greffe. Après une demi-heure, un homme a passé entre leurs rangs, c'était le citoyen Chabot; il était très abattu et marchait avec peine; cela tenait sans doute autant à son état de souffrance qu'à la frayeur, car il s'était empoisonné au Luxembourg. Il a semblé surpris et inquiet de se voir seul au milieu de nous et il a murmuré à plusieurs reprises: « Et les autres ? » On l'a lié et on lui a coupé les cheveux, on n'avait pas achevé que Bazire est sorti du greffe à son tour. Chabot s'est levé, a couru vers lui, en approchant son visage pour l'embrasser. Il pleurait et il disait d'une voix dans laquelle il y avait plus de larmes encore que dans ses yeux: « Mon pauvre Bazire, c'est à cause de moi que tu vas mourir. » Le citoyen Bazire l'a serré sur son cœur sans lui adresser un mot de reproche.

Les deux Frey, Delaunay, représentants du peuple, le ci-devant abbé d'Espagnac, Disderiksen ont été amenés ensuite.

On les appelait au greffe sans leur dire de quoi il s'agissait, on leur faisait la lecture de leur jugement, ensuite on les faisait passer dans la salle où nous les attendions ; les cinq condamnés ci-dessus se sont présentés à la fois. Après eux sont venus successivement, Philippeaux, Lacroix, Westermann et Fabre d'Églantine ; deux guichetiers soutenaient ce dernier qui paraissait malade. On a reconnu la voix du citoyen Danton, et tout le monde s'est tu pour mieux entendre. La vivacité avec laquelle il s'exprimait empêchait de distinguer toutes ses paroles ; souvent elles ressemblaient à des hurlements. À un moment il dit clairement : « Ton jugement, je m'en f…, je ne veux pas l'écouter ; nous autres révolutionnaires, c'est la postérité qui nous juge, elle mettra mon nom au Panthéon et les vôtres aux gémonies. » On ne put le faire taire et Ducray dut achever sa lecture sans qu'il l'entendît ; enfin poussé par les guichetiers, traîné par les gendarmes, il a été amené dans l'avant-greffe. Aussitôt qu'il a aperçu les condamnés déjà liés et nous autres, sa figure a si subitement changé d'aspect qu'on n'eût pas cru que c'était le même homme, s'il n'eût pas été essoufflé de l'assaut qu'il venait de livrer. Il avait pris un air indifférent, presque froid ; il marcha d'un pas délibéré vers moi, se laissa tomber sur une chaise, arracha le col de sa chemise, en me disant : « Fais ta besogne, citoyen Sanson. » Je l'apprêtai moi-même. Il avait les cheveux durs et rudes comme du crin. Pendant ce temps-là il parlait toujours, s'adressant à ses amis, il leur dit : « C'est le commencement de la fin ; ils vont guillotiner maintenant les représentants par fournées, mais l'isolement n'est pas la force. » Un peu plus tard il s'écria encore : « Nous avons accompli notre tâche, allons dormir. »

Les citoyens Hérault de Séchelles et Camille Desmoulins ont été amenés ensemble. Le premier paraissait indifférent ; le second pleurait et parlait de sa femme et de son enfant avec des mots qui tiraient les larmes des yeux ; mais sitôt qu'il nous vit, il se fit chez lui une révolution aussi immédiate que celle qui s'était opérée chez Danton, mais bien différente : il se rua sur les aides, comme si eux eussent été les condamnés et lui l'exécuteur; il les repoussa et les frappa; ses vêtements furent déchirés dans la lutte, qui ne finit que parce que les gendarmes s'en mêlèrent. Il n'était pas grand, un peu replet, cependant il résista aussi longtemps que l'eût fait un homme très vigoureux. Il était, il est vrai, dans un de ces moments où l'âme passe dans les muscles. En un instant, son habit a été en lambeaux. Pour lui couper les cheveux, il fallut le maintenir à quatre sur sa chaise; tantôt il se lançait en avant, tantôt il se renversait en arrière, culbutant ceux qui l'entouraient et dont il renversa deux ou trois. En se débattant, il nous invectivait; ses amis ont essayé de le calmer, Fabre avec des paroles très douces, Danton avec l'accent de l'autorité; ce dernier lui dit: « Laisse ces hommes; pourquoi t'en prendre à ces valets de la guillotine? Ils font leur métier, fais ton devoir. » Alors les larmes sortaient comme une pluie des yeux de Desmoulins, il criait: « Lucile, à moi Lucile! » Comme si la pauvre femme eût pu l'entendre. Aussitôt ne la voyant pas venir à lui, il voulait sans doute aller à elle et ses efforts pour échapper recommençaient.

Enfin tous furent prêts. Ducray qui était là, donna le signal du départ. On plaça un condamné entre deux gendarmes, les autres gendarmes formant une seconde haie autour d'eux. Nous sommes sortis ainsi.

Les représentants et Westermann sont montés dans la première voiture. Je me suis mis sur le devant; Henry et un aide par-derrière; dans la deuxième voiture, quatre aides avec les autres condamnés. L'escorte était aussi forte que celle de la reine et des citoyens Girondins. Danton était debout au premier rang, derrière moi; auprès de lui, Hérault de Séchelles; après eux Fabre, Camille et Philippeaux, Chabot est le seul qui se soit assis, il paraissait souffrir beaucoup, il eut des vomissements dans le trajet. Bazire s'agenouilla près de lui, aidant autant qu'il pouvait Henry à le soutenir et l'encourageant.

Au moment où le charretier touchait son cheval, Danton s'est écrié : « Les f... bêtes, ils vont crier : vive la République ! en nous voyant passer ! Dans deux heures, la République, elle n'aura plus de tête. »

Au moment où nous débouchions sur le quai, Camille Desmoulins s'est abandonné à de nouveaux transports : « Ne me reconnaissez-vous pas ? s'écriait-il, penché en dehors de la charrette, c'est à ma voix que la Bastille est tombée ! Ne me reconnaissez-vous pas ? je suis le premier apôtre de la liberté ! Sa statue va être arrosée par le sang d'un de ses enfants. À moi, peuple du 14 juillet, ne me laisse pas assassiner. »

On lui répondit par des huées. Sa fureur redoubla ; je craignis qu'il ne se précipitât sous la roue de la voiture ; l'aide dut passer auprès de lui pour le contenir ; on le menaçait de le garrotter aux ridelles, c'était en vain. Danton qui voyait clairement que le peuple dont ils étaient entourés ne remuerait pas, se pencha par-dessus Philippeaux et lui dit d'une voix forte : « Tais-toi, tais-toi, n'espères-tu pas attendrir cette vile canaille ? » — Et Lacroix : « Calme-toi, songe à leur commander le respect plutôt qu'à exciter leur pitié. »

Danton avait raison, il eût plutôt attendri des pierres. En sortant de la Conciergerie, l'escorte avait été entourée de la foule des hommes et femmes de guillotine qui nous attendaient ; elle se tenait serrée et compacte, marchant avec nous et poussant de telles clameurs qu'il était impossible que les citoyens qui étaient aux fenêtres ou le long des maisons distinguassent les paroles des condamnés.

En passant devant un café, nous avons vu un citoyen assis sur le bord d'une fenêtre et dessinant les condamnés sur un carton. Ceux-ci ont tous levé la tête et murmuré : « David, David ! » Je l'ai effectivement reconnu à sa bouche de travers. Danton a élevé la voix et lui a crié : « Te voilà, valet ; vas apprendre à ton maître, comment meurent les soldats de la liberté ! » Lacroix l'a apostrophé à son tour et l'a traité de scélérat ; David a continué de dessiner.

La voix de Danton dominait toutes les voix, sa figure qui avait toujours été rouge, devenait violette, sa bouche écumait et ses yeux étincelaient comme les charbons d'un brasier. « Robespierre, vociférait-il ; c'est en vain que tu te caches, tu y viendras, et l'ombre de Danton rugira de joie dans son tombeau quand tu seras à cette place ! » Il ajoutait de grosses injures dont celle de j... f... était la moindre.

Jusque devant la guillotine, Danton a été le même. Passant sans transition de l'emportement le plus violent à la sérénité la plus calme, tantôt brutal, tantôt goguenard, toujours si ferme que celui qui n'eût regardé que lui, eût pu prendre la triste voiture dans laquelle je le conduisais pour le char d'un triomphateur. Au moment où nous débouchions sur la place, il aperçut l'échafaud ; les couleurs de son visage s'effacèrent, et je vis ses yeux devenir humides. L'attention avec laquelle je le regardais a paru lui déplaire, il m'a rudement poussé de son coude en me disant avec une sorte de rage : « N'as-tu pas une femelle, des petits ? » J'ai répondu oui ; alors il a repris avec le même accent : « Moi aussi ; eh bien ! pensant à eux, je redeviens un homme. » Il a baissé la tête, et nous l'avons entendu murmurer : « Ma femme bien-aimée, je ne te reverrai plus ; mon enfant, je ne te verrai donc pas. » La charrette en s'arrêtant l'a rappelé à lui ; il a secoué convulsivement la tête comme s'il espérait se débarrasser ainsi d'une idée importune, et il est descendu en disant : « Danton, point de faiblesse. » Delaunay, Chabot, Bazire, les deux Frey, Gusman, Disdericksen, d'Espagnac, sont morts les premiers.

Lorsque Camille arriva sur la plate-forme, il s'est arrêté devant moi, en me demandant si je voulais lui rendre un dernier service ; je n'ai pas eu le temps de lui répondre, il a compris à ma physionomie qu'il pouvait y compter ; il m'a dit de prendre dans sa main une mèche de cheveux et de la porter à la mère de sa femme, madame Duplessis. Il a pleuré en prononçant ces derniers mots, et je me sentais prêt à faire comme lui. En ce moment on relevait le couteau qui venait d'abattre Chabot ; il a regardé le fer tout marbré de sang, il dit à demi-voix : « ma récompense, ma récompense. » Il a regardé le ciel et s'est laissé conduire sur la bascule, il a répété à plusieurs reprises le nom de Lucile. J'ai fait le signe et le couteau est tombé.

Fabre, Lacroix, Westermann, Philippeaux, ont été exécutés après Camille. Westermann a crié plusieurs fois : « Vive la République ! » Fabre disait se parlant à lui-même : « Sachons mourir. » Mais son émotion était grande, et il avait beaucoup de peine à la dompter. Lacroix a voulu parler au peuple ; mais nous avions ordre de nous y opposer, les aides l'ont entraîné.

Hérault de Séchelles est monté ensuite, et Danton avec lui, sans attendre qu'on le lui commandât, et sans que personne osât s'y opposer. Les aides avaient déjà saisi Hérault quand il s'est approché pour l'embrasser. Hérault, poussé vers la bascule, ne put lui rendre ce dernier adieu, et Danton s'écria : « Les imbéciles ! Empêcherez-vous nos têtes de se baiser au fond du panier. »

Il a regardé mourir son ami avec un sang-froid qui n'appartient pas à notre espèce ; pas un muscle de son visage n'a remué. Il semblait défier, non-seulement la peur de la mort, mais la mort elle-même. La bascule n'était pas encore débarrassée, le collet nettoyé, qu'il s'avançait ; je l'ai retenu, je l'ai engagé à se retourner pendant qu'on enlevait le cadavre, il a haussé les épaules avec une expression dédaigneuse : « Un peu plus, un peu moins de sang à ta machine, qu'importe ? m'a-t-il dit ; n'oublie pas surtout de montrer ma tête au peuple, il n'en voit pas tous les jours de pareilles ! »

Lorsque, selon son dernier vœu, on a promené la tête de Danton autour de l'échafaud, on a crié : *Vive la république* ! mais les cris étaient circonscrits dans les alentours de la guillotine.

Le cimetière de la Madeleine où sont le roi, la reine et les Girondins ayant été fermé par décision du département, les quinze cadavres des Dantonistes ont été portés cette nuit dans le petit cimetière que l'on vient d'ouvrir pour les suppliciés auprès de la barrière de Monceaux, dans le vieux jardin.

Je suis rentré à six heures à la maison de justice, afin de chercher l'ordre pour demain. J'ai donné les nouvelles à Rivière. En traversant le pont pour m'en retourner, j'ai rencontré Desboisseaux et Vilate, jurés, qui marchaient avec Vaucannu et Langlois, membres de la Commune ; ils ont voulu savoir de moi comment Danton était mort ; j'ai raconté ce que j'avais vu ; Langlois m'a interrompu en disant : « Je crois bien, il était saoul comme un Prussien. » J'ai assuré qu'il n'était pas plus saoul que je ne l'étais moi-même ; alors ils m'ont traité de scélérat, et je les avais quittés que j'entendis encore leurs injures.

17 germinal. J'ai rempli la mission dont le pauvre citoyen Desmoulins m'avait chargé.

XXIII. LE 9 ET LE 10 THERMIDOR

Maximilien Robespierre gisait à terre grièvement blessé et couvert de sang(1); Robespierre jeune, après avoir ôté ses souliers et marché quelque temps sur la large corniche du premier étage de l'Hôtel-de-Ville, s'était élancé sur la pointe des baïonnettes; Couthon, légèrement contusionné, avait été transporté par ses amis sur le quai, où ils l'avaient abandonné; Henriot n'était pas en meilleur état que ses complices. Il ne s'était pas fait volontairement justice, comme avait dit Barrère: révolté de sa lâcheté, Coffinhal l'avait précipité par une fenêtre qui donnait sur une des cours intérieures, et il était tombé sur un tas de verre cassé; tout pantelant de sa chute, il s'était traîné dans un égout, où on ne le découvrit que quelques heures après. Saint-Just, Dumas, Payant, Lescot, Fleuriot étaient arrêtés.

Dans la ville, l'agitation était immense.

Malgré l'heure matinale, la population tout entière était descendue dans les rues, sur les places publiques. On racontait, on commentait les événements de la nuit.

La haine de ce sanglant régime était si générale, si profonde,

(1) Une brochure intitulée: *Derniers instants de Robespierre et de sa faction*, donne d'intéressants détails sur cette scène: « Il resta pendant près d'une heure dans un état d'immobilité qui laissait croire qu'il allait cesser d'être. Enfin, au bout d'une heure, il commença à ouvrir les yeux. Le sang coulait avec abondance de la blessure qu'il avait à la mâchoire inférieure gauche; cette mâchoire était brisée et la joue percée d'un coup de feu. Sa chemise était ensanglantée. Il était sans chapeau et sans cravate. Il avait un habit bleu de ciel, une culotte de nankin, des bas de coton blanc rabattus jusque sur ses talons. Vers quatre heures du matin on s'aperçut qu'il tenait dans ses mains un petit sac de peau blanche sur lequel était écrit: *Au grand Monarque, Lecourt, fournisseur du roi et de ses troupes, rue Saint-Honoré, près de celle des Poulies, à Paris*, et sur le revers du sac: À M. *Archier*. Il se servait de ce sac pour retirer le sang caillé qui sortait de sa bouche. Les citoyens qui l'en-

que, dans ces assises populaires, personne n'osait prendre la défense des tyrans. Par un revirement subit, il semblait que l'on eût jamais redouté que celui-là même dans lequel, naguère, on était réduit à espérer. La colère de tous augmentait en raison des reproches que chacun adressait à sa pusillanimité. La terreur se trouvait tout à coup identifiée dans son apôtre le plus célèbre ; on oubliait les terribles déceptions qui avaient suivi le supplice des Hébertistes et la fête de l'Être-Suprême.

L'échafaud fut démonté et chargé sur les charrettes. Pendant cette opération, une foule immense se rassembla sur la place du Trône-Renversé ; l'immense espace était si bien envahi, que l'intervention de la force armée fut nécessaire pour dégager l'emplacement où l'on devait installer l'échafaud. Il était deux heures du soir lorsque ce travail fut terminé.

Mon grand-père et mon père étaient retournés à la Conciergerie avec leurs aides vers midi. L'émotion n'était pas moins grande dans la prison qu'au dehors ; mais elle ressemblait plutôt à de la stupeur qu'à de la joie. Tous ceux qui se trouvaient là étaient si près de la mort que, d'apprendre que celui au nom duquel on devait les immoler se trouvait sous les mêmes voûtes et plus menacé qu'eux-mêmes, c'était un rêve auquel ils se refusaient à croire.

---

touraient observaient tous ses mouvements. Quelques-uns d'entre eux lui donnèrent même du papier blanc, faute de linge, qu'il employait au même usage, en se servant de la main droite seulement et en s'appuyant sur le coude gauche. Robespierre à deux ou trois reprises différentes fut vivement maltraité de paroles par quelques citoyens, mais particulièrement par un canonnier de son pays, qui lui reprocha militairement sa perfidie et sa scélératesse. Vers dix heures du matin, un chirurgien qui se trouva dans la cour du Palais National fut appelé pour le panser ; il lui mit par précaution une clef dans la bouche. Il trouva qu'il avait la mâchoire fracassée ; il lui tira deux ou trois dents ; lui banda sa blessure et fit placer à côté de lui une cuvette remplie d'eau. Robespierre s'en servait de temps en temps, et retirait le sang qui remplissait sa bouche avec des morceaux de papier qu'il ployait à cet effet en plusieurs doubles de sa seule main droite. Au moment où l'on y pensait le moins, il se

Comme je l'ai dit plus haut, Robespierre avait été écroué entre huit et neuf heures du matin ; on le plaça dans un cachot, on le déposa sur un lit où Danton avait dormi pendant une nuit. Il ne fit pas entendre une plainte, un gémissement ; il ne parla que deux ou trois fois, et, en raison de sa blessure, sa parole était à peu près inintelligible. On lui offrit de l'eau et du linge ; il demanda un chirurgien. Il fut alors transporté à l'Hôtel-Dieu et pansé une seconde fois. À son retour à la Conciergerie, il essaya de dormir, ses douleurs l'empêchèrent de trouver le sommeil ; il se redressa sur son séant et dit au guichetier de lui apporter de quoi écrire ; des ordres formels étaient donnés, on lui répondit par un refus ; ce refus, le guichetier l'exprima avec la grossièreté qui était dans les habitudes de sa profession. Robespierre laissa échapper un geste de colère et de menace, mais presque aussitôt il rentra dans son impassibilité, ferma les yeux et s'absorba dans ses pensées.

Robespierre jeune était dans un cachot à côté de celui de son frère ; plus heureux que lui, il parvint à s'assoupir quelques instants. Couthon avait été déposé dans le cabinet des guichetiers de garde ; Saint-Just était dans cette cellule qu'en souvenir des massacres de septembre on appelait le cachot de la *Bûche nationale*.

À midi et demi, le tribunal entra en séance ; Scellier le présidait ; Fouquier-Tinville était à son banc, assisté du substitut

---

mit sur son séant, releva les bras, se glissa subitement en bas de la table et courut se placer dans un fauteuil. À peine assis, il demanda de l'eau et du linge blanc. Lorsqu'il eut repris connaissance, il regarda fixement tous ceux qui l'environnaient et particulièrement les employés du Comité de salut public qu'il reconnaissait. Il levait souvent les yeux au plafond ; mais, à quelques mouvements convulsifs près, on remarqua constamment en lui une grande impassibilité, même dans les instants du pansement de sa blessure, qui dut lui occasionner des douleurs très-aiguës. Son teint, habituellement bilieux, avait la lividité de la mort. »

Liendon. Robespierre aîné fut apporté sur un brancard. Robespierre jeune était soutenu sur deux gendarmes ; deux autres gendarmes portaient Couthon dans un fauteuil ; l'identité reconnue, on les réintégra dans la Conciergerie, et le tribunal continua de procéder contre ceux qu'on lui amenait, à mesure qu'on les arrêtait ou qu'on les extrayait des prisons dans lesquelles ils avaient été enfermés le matin.

Liendon avait donné ordre d'apprêter les condamnés à mesure qu'ils descendraient du tribunal, et de façon à pouvoir les conduire au supplice à la première réquisition.

Vers deux heures, Charles-Henry Sanson, son frère, et deux aides entrèrent dans le cachot de Robespierre. Il était couché, les yeux fixés sur la fenêtre placée en face de son lit, et à travers laquelle glissait un pâle rayon de soleil. Il ne fit pas un mouvement en les entendant venir, il ne détourna pas la tête. Mon père l'engagea à se lever ; son regard resté vif et parlant demanda : pourquoi ? Avant qu'on lui eût répondu, il avait compris, s'était placé sur son séant et soutenant sa tête sur sa main droite, il avait tendu la nuque, manifestant ainsi le désir de ne pas quitter le lit. On lui fit observer que, dans cette situation, il serait difficile de ne pas déranger l'appareil de sa blessure ; les deux aides le soulevèrent dans leurs bras et le placèrent sur une chaise. On enleva la large bande qui assujettissait une mentonnière qui soutenait sa mâchoire brisée, et pendant que mon grand-oncle faisait tomber les cheveux, Charles-Henry Sanson, placé devant Robespierre, maintenait les linges à la hauteur des tempes. Lorsque ce fut terminé, mon grand-père replaça la bandelette, et Robespierre, avant de se diriger vers son lit, lui fit un signe de tête qui signifiait sans doute : bien ; ou peut-être : merci.

Saint-Just se promenait de long en large dans sa cellule lorsque les exécuteurs y entrèrent. Il était un peu pâle, quoique son œil n'eût rien perdu de son assurance et de sa fierté. Il s'assit et se laissa couper les cheveux sans mot dire ; quand ce fut terminé, il tendit de lui-même ses mains à Charles-Henry ; celui-ci lui ayant dit : Pas encore, Saint-Just murmura : Tant pis ! Ce fut la seule parole qu'il prononça, et cela sans que l'expression de superbe indifférence de sa physionomie fût modifiée, sans que l'impatience que faisait supposer ce mot se manifestât sur son visage.

À quatre heures et demie, les charrettes sortirent et débouchèrent sur le quai. Ce que j'ai raconté des multitudes qui venaient saluer ou injurier les grands morts ne peut donner une idée de l'affluence qui, le 10 thermidor, se pressait dans les rues que devaient traverser les condamnés.

Robespierre ne parut pas l'entendre. On la détacha de force, car elle ne voulait pas lâcher prise, et le convoi se remit en marche.

Il était six heures un quart lorsqu'il arriva sur la place de la Révolution. Les patients furent descendus. Gobeau, ex-substitut de l'accusateur public au tribunal criminel et membre de la Commune, fut exécuté le premier. Maximilien Robespierre était resté debout, appuyé contre la charrette, tournant le dos à l'échafaud. Son frère était soutenu par des gendarmes ; ses blessures le rendaient incapable de se tenir sur ses jambes. Une chaise avait été disposée pour porter Couthon ; il était déjà assis sur cette chaise. Quand ce fut au tour de Saint-Just de monter, il embrassa le paralytique, et en passant devant Robespierre il lui dit ce seul mot : Adieu. Sa voix n'indiquait point d'émotion. Celui-ci lui répondit par un signe de tête, se détourna et le suivit des yeux jusqu'à ce qu'il eût été placé sur la bascule. Robespierre fut exécuté le dixième ; il monta seul et sans être aidé. Sa démarche n'indiquait ni jactance, ni pusillanimité ; son regard, la seule partie de sa face qui vécût, était froid mais calme. Charles-Henry avait averti un de ses aides d'avoir à enlever les linges qui entouraient la tête du patient ; cet homme fit ce qui lui avait été commandé et débarrassa la blessure de ses ligatures. La douleur fut horrible, le patient poussa un cri effroyable. La mâchoire désarticulée pendait, la bouche s'ouvrait affreusement béante et le sang en coulait. On se hâta de le pousser sur la bascule et moins d'une minute après le couteau tombait. La tête de Robespierre fut montrée au peuple, comme l'avaient été celle du roi et celle de Danton ; la foule la salua de plusieurs salves d'applaudissements.

XXIV. BABŒUF

Après vendémiaire, l'échafaud se trouva heureusement réduit à son contingent de criminels; pendant quelque temps il cessa d'être l'instrument des vengeances politiques.

Dans le mois de floréal de l'an IV, on avait découvert une conspiration qui ne tendait à rien moins qu'à bouleverser la société plus profondément encore qu'elle ne l'avait été par la Révolution; car ce n'était plus à des institutions que les conspirateurs s'attaquaient, c'était aux bases mêmes de l'ordre social, à la propriété, à la liberté individuelle.

Dès les commencements de la Révolution, des esprits audacieux et violents avaient déclaré que, pour être efficace, cette révolution ne devait pas se borner à affranchir le peuple de la servitude politique, à le pourvoir de droits que son état de misère rendait illusoires, à le doter d'une égalité imaginaire; il fallait aussi, pensaient-ils, que, réformant la vieille iniquité de l'inégal partage des richesses, elle mît le peuple en possession de la portion de terre et de fruits qui, seule, pouvait réaliser son indépendance.

Né à Saint-Quentin, de parents pauvres, François-Noël Babœuf avait été élevé par un habitant de Roye qui, lui trouvant de l'intelligence, le fit instruire. On prétend que Babœuf témoigna de sa reconnaissance en plaidant contre son bienfaiteur. Il devint commissaire à Horrier, fut inculpé dans une affaire de faux à la suite de laquelle il fut enfermé dans la citadelle d'Arras, et ne recouvra sa liberté qu'en 1789. À cette époque, il vint à Paris et se plaça à l'avant-garde de la Révolution. Suivant l'usage des patriotes exagérés, il changea ses prénoms; le patron qu'il se choisit dans l'antiquité indiqua le programme de ses idées et de ses projets; il prit le nom de Gracchus, et aussitôt, comme ses célèbres devanciers, il prêcha le partage des biens, l'envahissement des propriétés, le soulèvement des classes pauvres, dans un journal qu'il nomma *le Tribun du Peuple*. Après la chute de Robespierre, il fut plusieurs fois arrêté et mis en prison ; mais rien ne pouvait ni l'intimider ni l'abattre. Babœuf ne reculait devant aucune des conséquences de ces incroyables théories ; il avait formulé à l'avance le Code de sa République des Égaux, et ce code supprimait le commerce, les rapports avec les étrangers ; confisquait l'individu au profit de l'État, lui enlevait la direction de l'éducation de ses enfants, ne lui reconnaissait qu'un droit d'usufruit sur les biens qui lui avaient été accordés par les magistrats ; proscrivait les arts ; réglementait l'existence individuelle du citoyen, ses vêtements, son ameublement, et enfin instituait un gouvernement populaire qui s'exerçait directement !

Voici maintenant quelques-unes des dispositions qui devaient suivre le triomphe de l'insurrection : « Dissolution immédiate de toutes les autorités civiles et judiciaires, et mise hors la loi de tout individu qui eût osé en exercer les fonctions... Abolition de tout impôt direct et des patentes... Répartition progressive sur les riches de la totalité des contributions directes précédemment frappées ; recouvrement de ces contributions en nature... Abolition immédiate de tout traitement en argent dans l'intérieur de la République. Fourniture du nécessaire, en nature, aux agents dont les besoins seraient prouvés... Exhortation aux riches de céder de bonne grâce à la voix impérieuse de la justice, d'épargner à la patrie des déchirements, et à eux-mêmes une longue suite de maux, et de se réduire au nécessaire par un généreux abandon de leur superflu... Réintégration dans les maisons d'arrêt, sous peine d'être mis hors la loi, de tous ceux qui étaient détenus le 8 thermidor de l'an II, à moins qu'ils n'eussent accédé à l'exhortation de se réduire au nécessaire. »

Les Montagnards avaient cru exploiter au profit de leurs haines et de leurs ambitions la popularité de Babœuf, et l'influence que donnait à celui-ci le radicalisme de ses opinions. En l'approchant de plus près, en appréciant l'indomptable énergie et la supériorité de cet homme, ils reconnurent qu'en cas de succès, ils ne joueraient qu'un rôle secondaire dans une révolution nouvelle; qu'il faudrait suivre le chef des égalitaires où il entendait les conduire. Son programme les épouvantait eux-mêmes; ils refusèrent d'autoriser la publication du manifeste des Égaux, et bientôt ils séparèrent leur cause de la sienne. L'homme de Varennes, Drouet, fut le seul des représentants qui persista dans son association avec Babœuf. Celui-ci ne se décourageait pas; mais parmi les agents militaires qui devaient gagner l'armée en même temps que les agents révolutionnaires soulèveraient le peuple, il s'était glissé un traître, Georges Grisel, qui livra au Directoire le plan de la conspiration et les noms des conjurés.

Dans les fers, Babœuf conservait toute son audace; il était tellement pénétré de la puissance de la secte des Égaux, tellement convaincu de l'importance qu'elle lui donnait, qu'il s'adressait au gouvernement, non pas en prisonnier vaincu, mais en adversaire redoutable.

Le procès ne se termina que le 7 prairial. Le 6, le jury avait rendu son verdict qui acquittait trente-six des accusés, qui déclarait les neuf autres coupables, deux sans circonstances atténuantes, les sept autres avec des circonstances atténuantes.

En conséquence de la déclaration du jury, Buonarotti, Germain, Cazin, Mauroy, Blondeau, Menessier et Bouin furent condamnés à la déportation, Babœuf et Darthé à la peine de mort.

Au moment où le président de la Haute-Cour prononçait la sentence, un grand tumulte se faisait entendre: Babœuf et Darthé s'étaient frappés de deux coups de poignard, et leurs compagnons criaient: Au secours, on les assassine! Mais la faiblesse de leurs poignards n'avait pas permis aux deux condamnés de s'ôter la vie; les gendarmes leur arrachèrent leurs armes et les entraînèrent, ainsi que ceux des prévenus qui étaient destinés à la déportation.

La guillotine arriva de Blois à dix heures du soir; les exécuteurs de Chartres et de Blois devaient assister mon grand-père, qui n'avait amené que deux aides avec lui.

À neuf heures du matin, on les introduisit dans les cachots où les condamnés étaient enfermés. Ils étaient affaiblis par la perte de leur sang, mais ils ne manifestaient pas d'abattement. Babœuf paraissait éprouver de cruelles souffrances : le fer de son poignard s'était brisé dans sa blessure, et le chirurgien avait jugé l'opération de l'extraction de ce fer trop douloureuse pour l'infliger à un homme dont la mort était si prochaine. Malgré ses souffrances, il avait employé une partie de la nuit à écrire à sa femme et à ses enfants ; ensuite il avait fait quelques corrections à sa défense, à la publication de laquelle il paraissait attacher un grand prix.

Il était couché sur un grabat, lorsque les exécuteurs se présentèrent ; leur vue lui fit comprendre que sa dernière heure était venue ; il se leva précipitamment, marcha au-devant d'eux, en leur disant que, « malgré les regrets qu'il éprouvait en se séparant d'une femme et d'enfants tendrement aimés, et les inquiétudes que lui causait leur sort, il n'en regardait pas moins le jour où il mourrait pour le peuple comme étant le plus beau de sa vie. Toutes les paroles qu'il prononça dénotaient plutôt le fanatique sincère et convaincu que l'ambitieux qui flatte les passions de la multitude pour s'élever au pouvoir.

Sa fermeté, non plus que celle de Darthé, ne se démentit, ni pendant les lugubres apprêts, ni pendant le court trajet de la prison à la place sur laquelle l'échafaud avait été dressé. Plusieurs fois, dans le chemin, il s'adressa aux spectateurs, protestant de son amour pour le peuple, lui recommandant sa famille avec un attendrissement qui, plus d'une fois, se communiqua à la foule. Peut-être espérait-il qu'en raison de cette émotion elle interviendrait pour le sauver ; mais les mesures militaires pour assurer l'exécution étaient bien prises, des forces considérables entouraient l'échafaud. — Darthé fut exécuté le premier ; il cria trois fois : « Vive la République ! » et, chaque fois, Babœuf, resté au bas de la guillotine, lui répondit. Lorsque la tête du premier fut tombée, Babœuf monta sur la plate-forme d'un pas ferme et assuré. Il voulut encore une fois parler au peuple ; mais les ordres de l'accusateur public étaient précis, les aides l'entraînèrent, le fixèrent sur la bascule, et mon grand-père donna le signal de sa mort.

XXV. CADOUDAL

Les condamnés entendirent leur sentence sans manifester la moindre émotion. En rentrant à la Conciergerie, Georges Cadoudal y trouva M. Réal, conseiller d'État, avec lequel il eut un long entretien. Réal insinua au Vendéen que l'empereur serait disposé à lui accorder sa grâce s'il s'adressait à sa clémence. Georges résista à ces généreuses ouvertures et se montra décidé à partager le sort de ses camarades. Mais il se trouvait, dans les familles des condamnés, des cœurs moins superbes qui ne crurent pas s'humilier en demandant au souverain la vie de ceux qu'ils aimaient.

L'Empereur ne résista à aucune de ces intercessions, et le 6 messidor an XII, la Cour de justice criminelle entérina la lettre impériale qui commuait la peine capitale contre celle de la déportation, pour les condamnés Bouvet de Lozier, Rusillion, Rochelle, Armand de Polignac, d'Hozier, de Rivière, Lajolais et Gaillard.

Georges et ses chouans restaient seuls en face de l'échafaud.

Ce n'était pas que les avocats lui eussent manqué pour plaider sa cause auprès de Napoléon. Il était à la cour un homme chevaleresque, auquel le courage indomptable, l'énergie, la rudesse du Vendéen devaient être sympathiques ; cet homme, c'était Murat. Le futur roi de Naples plaida chaleureusement la cause des condamnés auprès de l'Empereur, qui était assez disposé à se rendre à ses prières ; mais, au fond de sa prison, Georges parlait encore comme au moment où son sabre le faisait roi des landes du Morbihan ; il voulait que la grâce s'étendît à tous ses complices, et la clémence impériale dut s'arrêter devant ces exigences. Il s'était pourvu en cassation pour prolonger de quelques jours la vie de ses compagnons. Le 4 messidor, la Cour rejeta le pourvoi, et, le 5, on ramena à la

Conciergerie les condamnés, qui avaient été provisoirement transférés à Bicêtre. L'exécution avait été fixée au 6.

Les exécutions étaient, à cette époque, devenues assez peu fréquentes pour que mon père ne conservât que quatre aides. En raison du nombre des condamnés, il fut obligé de requérir des aides supplémentaires. On avait déjà repris l'habitude de permettre aux condamnés de se faire accompagner par un prêtre jusque sur le lieu du supplice; en conséquence, le nombre des charrettes qui devaient transporter ce cortège funèbre fut élevé à trois. À neuf heures du matin, les voitures et les exécuteurs étaient à la porte de la Conciergerie. Les apprêts de la toilette se firent dans l'avant-greffe; les condamnés y furent introduits tous ensemble; ils priaient avec beaucoup de recueillement. Quelques instants auparavant, on avait, une fois encore, engagé Cadoudal à demander sa grâce: il avait montré plus de vivacité encore dans ses refus, et on l'avait entendu murmurer en sortant du greffe:

- Ce b...-là! il n'est pas content de me couper la tête, il voudrait encore me déshonorer.

En entrant dans la salle, Georges dit quelques mots à un guichetier nommé Eberle, qui l'accompagnait, et, après la réponse de celui-ci, il alla droit à mon père.

Sa démarche était fière, son œil assuré, son teint aussi coloré que d'ordinaire, nulle émotion ne se manifestait ni dans ses traits, ni dans son accent.

- Monsieur, dit-il, vous êtes l'exécuteur de Paris?

Mon père répondit affirmativement.

- En ce cas, répliqua Georges, vous saurez que je veux être exécuté le premier. C'est à moi à donner à mes camarades l'exemple du courage et de la résignation; d'ailleurs, je ne veux pas que l'un d'eux s'en aille de ce monde avec l'idée que je pourrais lui survivre.

Mon père lui fit observer que l'ordre d'exécution avait été réglé, et que, suivant cet ordre, il devait mourir le dernier.

- Bah ! répliqua Georges, on a mis assez d'insistance à m'offrir une grâce entière pour qu'il ne soit pas possible de me refuser la seule que je sollicite.

Dans l'espoir de pouvoir obtempérer à ce désir, mon père profita de la longueur des apprêts occasionnés par un si grand nombre de condamnés, pour faire transmettre la demande de Georges au grand juge par le greffier qui était venu lire l'arrêt et devait dresser le procès-verbal de l'exécution. Ce dernier ne rapporta qu'un refus ; on ne permit pas à celui à qui on avait offert la vie de choisir le moment de sa mort.

Le rude chef de partisans dut se résigner. Pendant qu'on lui attachait les mains, il dit à ses compagnons :

- Nous avions assez souvent battu les bleus pour avoir droit à la mort de soldats ; mais nous ne devons rien regretter, en nous rappelant que l'échafaud sur lequel nous allons monter a été consacré par le martyre de notre roi !

Avant de quitter la Conciergerie, il dit encore à ses camarades de l'embrasser. Tous obéirent ; ces rudes visages s'adoucirent dans ce suprême adieu à leur chef bien-aimé ; quelques yeux devinrent humides. Quand ce fut terminé, il leur dit :

- Et maintenant, il s'agit de montrer aux Parisiens comment meurent des chrétiens, des royalistes et des Bretons.

Il fit signe à son confesseur de lui donner le bras, et, sans attendre l'ordre de l'exécuteur, il commanda : « Marche ! » avec autant de vivacité et d'élan que s'il se fût agi d'enlever une redoute.

Il était dans la première charrette avec son cousin, Pierre Cadoudal ; Picot, son domestique, et Coster Saint-Victor ; Roger, Soyant, Burban et Lemercier étaient dans la seconde ; Lelan, Mérille et Deville étaient dans la troisième.

Coster Saint-Victor n'excitait pas moins de curiosité que son chef. Sa beauté, sa haute mine, son élégance, les bonnes fortunes qu'on lui attribuait, en avaient fait le lion du procès. Le public avait fini par se passionner pour le conspirateur, et, sur le passage du cortège, on entendit à plusieurs reprises des paroles de compassion s'élever de la foule.

Pendant le trajet, Georges, devenu sombre et taciturne depuis qu'on lui avait refusé la faveur qu'il avait sollicitée, n'avait cessé de répéter ses prières. Il vit descendre sans mot dire tous ses compagnons, même Coster Saint-Victor, qui, étant le dernier à le précéder sur l'échafaud, voulut l'embrasser encore, et lui dit, dans ce baiser suprême :

- Adieu, mon général !

Georges, en se laissant faire, haussa les épaules comme devant un acte de faiblesse ou de puérilité. Puis, quand la belle tête de son jeune complice fut tombée, il monta d'un pas très lent, mais très ferme, les marches de l'échafaud, et lorsqu'il fut arrivé sur la plate-forme, il s'écria d'une voix retentissante :

- Camarade ! je vous rejoins ! Vive le roi !

Après cette dernière victime, il y eut un moment de confusion. En présence de cette exécution multiple, les précautions avaient été mal prises. Lorsque la tête de Cadoudal tomba, les paniers apportés étaient pleins. Le cadavre colossal de l'assassin-chevalier, qui devait faire souche de gentilshommes, resta plus d'un quart d'heure sur l'échafaud, jusqu'à ce que mon père eût le temps d'envoyer acheter de la toile pour lui faire un linceul à part.

Cette dernière marque de respect n'était peut-être point usurpée par l'homme qui a occupé une place si exceptionnelle entre les conventionnels régicides et les pâles assassins du Consulat, de la Restauration, de la monarchie de Juillet et du second Empire.

XXVI. MON ÉDUCATION

On sentait le besoin de ne pas interrompre mon éducation ; et cependant, plus j'avançais en âge, plus la fatale révélation dont on redoutait la soudaineté me trouverait en état de la comprendre et d'en sentir l'amertume. On hésitait, on n'osait se résoudre à rien. Ce fut encore ma mère qui imagina un expédient pour retarder le sort auquel je ne pouvais échapper. Mon père venait de vendre la vieille habitation patrimoniale que notre famille avait si longtemps possédée à Brie-Comte-Robert ; ma mère lui persuada d'acheter une nouvelle maison de campagne moins éloignée et où nous pourrions nous retirer sous un nom supposé. L'essentiel serait que cette maison fût voisine d'un de ces collèges ruraux où l'on pousse les études universitaires jusqu'à un certain degré, et où l'on tâcherait de me faire admettre soit comme pensionnaire, soit comme élève externe, si la proximité le permettait. Après bien des excursions aux environs de Paris, on fit choix de Brunoy, charmant village qui possédait précisément un de ces rares établissements dont je pourrais suivre les cours sans quitter le toit paternel. Mon père y acheta une jolie maison, précédée d'une cour spacieuse et suivie d'un grand jardin. L'acquisition fut faite au nom de M. de Longval, et nous vînmes nous y installer dès les premiers jours de la belle saison. Voilà donc le premier nom de mes pères exhumé de l'oubli pour servir de pseudonyme à leur descendant sur les bancs d'une école.

Le temps que j'ai passé à Brunoy est assurément le plus beau de ma vie. En effet, ces études et ces classes dans des salles communes, ces récréations, ces promenades dans un vaste jardin ou en pleine campagne, ce défilé deux à deux sous la surveillance placide d'un pauvre sous-maître qui était bien le plus débonnaire des hommes, tout cela contrastait tellement avec mon enfance solitaire et l'espèce de claustration dans laquelle j'avais vécu jusqu'alors, que j'éprouvais une émotion analogue à celle du prisonnier délivré.

Cette heureuse vie fut de peu de durée. L'hiver nous força de rentrer à Paris; et comme ma mère ne put se résoudre à me laisser interne à Brunoy, je fus du voyage.

Je venais d'atteindre ma douzième année. J'étais déjà assez avancé dans mes humanités. À Brunoy, j'avais commencé à apprendre plusieurs arts d'agrément, surtout la musique, pour laquelle je me sentais beaucoup d'inclination. Il fallait cultiver et développer tout cela, sous peine d'en perdre le fruit et de se trouver en présence d'une éducation à recommencer.

Il y avait tout près de chez nous, dans le faubourg Saint-Denis, une grande institution qui suivait les cours du lycée Charlemagne. Il fut décidé que j'y entrerais comme élève externe, si l'on consentait à m'y recevoir. Mon père se rendit auprès du chef de cette institution, M. Michel, et, se faisant connaître sans détour, il lui demanda s'il voulait se charger de me faire finir mes études. M. Michel parut un moment déconcerté; mais, après un instant de réflexion, il accepta résolument, ajoutant toutefois qu'il serait bon de laisser ignorer à mes futurs condisciples, mon origine et la destinée qui, selon toute apparence, m'était réservée.

J'entrai donc à l'institution Michel. Ce fut à peu près le même genre de vie qu'à Brunoy, sauf le cadre champêtre qui, en ce dernier endroit, ajoutait tant de charme à nos habitudes. Nous sortions de l'institution deux fois par jour pour nous rendre aux classes du collège, sous la conduite d'un *pion*, qui était bien aussi aigre, aussi renfrogné que le pauvre sous-maître de Brunoy était doux et bienveillant. Le reste de la journée se passait à l'étude à préparer nos devoirs.

Pendant mon séjour à Brunoy, j'avais été également bien avec tous mes camarades; mais je n'avais formé aucune de ces liaisons particulières, de ces amitiés primitives que comporte pourtant habituellement la vie de collège. Il n'en fût pas de même à l'institution Michel; je me liai plus étroitement avec deux ou trois de mes condisciples, et surtout avec un nommé T..., qui était aussi un enfant du faubourg Saint-Denis. Comme moi il était externe, et nous sortions ensemble, le soir, de l'institution pour rentrer chez nos parents. Nous marchions à côté l'un de l'autre dans la rue, le matin et le soir, pour aller au lycée, enfin nous ne nous quittions point pendant les rares et les trop courts instants de récréation à passer au jardin. Je n'ai gardé aucun souvenir de toutes les frivolités que nous échangions dans ces entretiens si longs et si multipliés; tout ce que je sais, c'est que nous nous étions juré une amitié éternelle, que nous mettions en commun nos peines et nos plaisirs.

Nous étions donc les meilleurs amis du monde; les Damon et Pythias de l'institution Michel. Lorsque nous passions ensemble, le soir, je laissais T... devant sa porte, puisque sa famille habitait le faubourg Saint-Denis, et je regagnais seul la rue Neuve-Saint-Jean, où se trouvait située notre maison. Un jour que nous étions sortis d'un peu meilleure heure que de coutume, T... eut la funeste inspiration de vouloir m'accompagner jusque chez moi; j'acceptai avec empressement, bien loin de prévoir la catastrophe qui allait en résulter. Une fois arrivés devant la porte, je proposai à mon ami d'entrer et de le présenter à mes parents; il y consentit de bonne grâce, et nous fîmes notre apparition ensemble dans la salle à manger, où se trouvaient déjà réunis mon père, ma mère et ma grand'mère. Je leur annonçai comme le meilleur de mes camarades T..., qui s'avança, tenant son chapeau à la main et souriant d'un air ouvert et affable. Je fus surpris de l'embarras qui se peignit sur le visage de mon père et de ma mère, et de la froideur avec laquelle ils accueillirent celui à qui je donnais le nom d'ami. Ma grand-mère seule se montra moins gênée, et lui fit quelques prévenances avec cette aisance naturelle que l'âge et l'usage du monde donnent aux vieilles femmes.

J'avais espéré un instant qu'on inviterait T... à partager notre dîner de famille; mais quels ne furent pas mon étonnement et mon dépit, lorsqu'après quelques paroles échangées d'un ton contraint et embarrassé, j'entendis mon père ajouter, en m'adressant la parole :

- Henry, il ne faut pas abuser de la complaisance de monsieur, qui désire sans doute rentrer chez lui; sa famille doit l'attendre et pourrait être inquiète.

Je sentais intérieurement que ce motif, quelque plausible et légitime qu'il pût paraître, ne devait pas être véritablement celui qui poussait mon père à terminer si brusquement un entretien dans lequel je m'étais flatté de trouver mes parents plus expansifs vis-à-vis de celui que je leur présentais comme mon premier ami. « Eh quoi ! me disais-je, serai-je donc toujours condamné à vivre seul et à refouler au-dedans de moi tous mes sentiments ? Me sera-t-il interdit de sympathiser avec un jeune homme de mon âge qui partage mes études et mes loisirs, dont les aspirations s'harmonisent avec les miennes ? Trouverai-je la maison de mon père inhospitalière pour celui à qui mon affection en aura ouvert les portes ? » C'est en faisant ces réflexions que je reconduisis T... jusqu'à la porte, et que je le congédiai en lui serrant cordialement la main, pour protester autant que je le pouvais contre l'étrange accueil qu'il venait de recevoir.

Je rentrai à la maison vivement froissé, et dînai sans mot dire. Je ne sais si j'étais né communicatif, mais, ce qu'il y a de certain, c'est qu'à mesure que j'avançais dans la vie je me sentais devenir plus sombre et plus taciturne. Ce mystère qui m'environnait de toutes parts, ces réticences auxquelles se heurtaient mes questions les plus naturelles et les plus spontanées, cette solitude dans laquelle il me fallait toujours retomber, quoi que je fisse pour en rompre le cercle glacial, tout cela n'était point de nature à développer les facultés expansives que la nature aurait pu me donner en partage.

Le lendemain, je repris le cours de ma vie habituelle, et les souvenirs de la veille étaient encore trop présents à mon esprit pour que je pusse m'étonner de remarquer un refroidissement sensible dans les manières de T... à mon égard. Toutes les fois que je cherchais à m'approcher de lui, il m'évitait et ne répondait plus que par monosyllabes, lorsque je lui adressais la parole. Cette nouvelle attitude vis-à-vis de moi, que je crus d'abord passagère, se prolongea.

À mon tour je m'écartai de T..., et m'efforçai de former une autre liaison parmi mes autres condisciples ; mais je remarquai que, si dans le principe ils avaient l'air de répondre à mes avances, ces bonnes dispositions cessaient tout aussitôt, et que, le second ou le troisième jour, ils commençaient à me battre froid, de manière à me faire renoncer à l'espoir de me lier plus intimement avec eux. Cette fausse position durait depuis quelque temps déjà, et je ne puis rendre jusqu'à quel point j'en souffrais, lorsque je résolus d'en sortir à tout prix. T... seul devait en être la cause ; c'est à lui que je me décidai à m'en prendre.

Un jour que nous nous trouvâmes seuls à la classe de dessin, attendant le professeur qui était resté un instant auprès du chef de l'institution :

- Tu es cruel, T..., lui dis-je ; non-seulement tu m'as retiré ton amitié, mais encore il semble que tu veuilles m'empêcher de la remplacer par celle d'un de nos autres camarades. Je ne sais ce que tu peux leur dire à tous ; mais, s'il s'en trouve un qui paraisse me sourire, sitôt que tu lui as parlé, je suis sûr de le voir comme les autres s'éloigner en me tournant le dos.

T... me regarda fixement, comme s'il eût cherché à lire dans mes yeux ; puis, pour toute réponse, il haussa les épaules et se mit à crayonner sur une des feuilles de papier que l'on nous donnait pour nos dessins.

- Est-ce parce que mon père ne t'a pas mieux accueilli lorsque tu es venu avec moi à la maison ? J'en ai été plus vexé que toi ; mais ce n'est pas ma faute si depuis mon enfance l'on m'a voué au mystère, et si l'on écarte de mon chemin toutes les figures humaines que je pourrais y rencontrer.

T... releva encore sur moi des yeux étonnés ; puis il continua silencieusement son dessin.

- Parleras-tu ? m'écriai-je avec emportement, en m'avançant vers lui.

Pour toute réponse, il me tendit le dessin qu'il venait d'achever. C'était une espèce d'estrade, soutenue par quatre piliers et surmontée de deux poteaux, au sommet desquels on voyait une lame prête à tomber. Un homme était couché sur une planche, au milieu de ces deux poteaux, et un autre homme se tenait debout près de celui de gauche, la main fixée sur l'anneau qui tenait suspendue la lame meurtrière. En un mot, c'était la guillotine, le patient, l'exécuteur, et, au bas de cette horrible image, T... avait écrit en grosses lettres :

TUUS PATER CARNIFEX.

Je n'avais point vu comme T... l'instrument du supplice, mais les mots écrits au-dessous du dessin me firent à l'instant même tout comprendre. Je connaissais alors assez d'histoire pour savoir ce que c'était que ce redoutable fonctionnaire appelé par les Romains *carnifex*. Les paroles de mon père se retracèrent de suite dans mon esprit en lettres incendiaires, comme l'inscription flamboyante du festin de Balthazar. Le mystère de ma vie venait de se dévoiler. À l'aspect du dessin que j'avais saisi, je poussai un cri d'horreur et d'épouvante, et, m'enfuyant, hagard, désespéré, tenant toujours à la main cette feuille de papier, qui venait de me faire une révélation si cruelle, je traversai en courant le corridor et la cour ; la grille de clôture se trouvait par hasard entrouverte, je la poussai vivement et passai avec la rapidité de l'ouragan devant la loge du concierge ; je descendis comme un fou tout le faubourg Saint-Denis. Arrivé à notre porte, je sonnai à coups redoublés ; lorsqu'on m'eut ouvert, je franchis, pour ainsi dire, d'un seul bond l'avenue et le perron qui donnait accès dans la salle à manger. Ma mère, qui m'avait aperçu de loin, était accourue au-devant de moi, je tombai évanoui à ses pieds, en lui tendant l'image qui venait de m'arracher à la longue et regrettable ignorance où j'étais de ma terrible destinée.

Lorsque je repris mes sens, j'étais dans ma chambre, couché sur mon lit ; je regardai autour de moi ; je n'aperçus que ma grand'mère assise à mon chevet. L'absence de ma mère me surprit ; c'était ma confidente habituelle, celle que la nature m'avait désignée la première, et il me semblait que c'était à elle à entreprendre de me consoler, si j'étais consolable. Je raisonnais déjà avec l'égoïsme instinctif à notre espèce, sans penser combien la pauvre femme avait dû être atterrée elle-même de la découverte si inattendue d'un secret qu'elle avait pris tant de peine à me cacher, et que si, à l'âge où l'on est encore insouciant un pareil événement avait suffi pour me faire perdre l'usage de mes sens, quel contrecoup terrible n'avait-il pas dû avoir dans le cœur d'une mère à qui il enlevait le fruit de quinze années de précautions et de tendres dissimulations ?

XXVII. MA PREMIÈRE EXÉCUTION

La première année de mon mariage s'écoula calme et paisible. Les qualités que ma femme me révélait chaque jour me faisaient m'applaudir de plus en plus du choix que j'avais fait. Exempts, grâce à la tendre sollicitude de ma mère, de tous soins et soucis de ménage, nous n'avions qu'à songer à nos plaisirs et à nos distractions en savourant le charme de l'existence intérieure la plus douce et la plus unie.

Mon père ne m'avait plus reparlé de la promesse que je lui avais faite d'accepter sa succession à l'office d'exécuteur des hautes œuvres ; mais, à vrai dire, je n'avais pas besoin qu'il me le remémorât pour avoir cet engagement présent à l'esprit : c'était l'unique pensée importune qui troublât mon bonheur. Quelquefois je considérais avec mélancolie ma jeune femme en songeant, à part moi, qu'un jour il faudrait que, comme toutes les femmes de notre maison, elle devînt à son tour MADAME DE PARIS.

L'échéance de ma fatale promesse était plus proche que je ne le pensais. Au milieu de l'hiver 1819, mon père tomba sérieusement malade. Une espèce de pleurésie, qu'il avait attrapée en revenant d'une de ses promenades habituelles, le tint alité ou convalescent pendant plus de deux mois. Sa constante préoccupation, au milieu de cruelles souffrances, était un arrêt de mort rendu par la Cour d'assise du département de la Seine, dans son audience du 13 janvier. Un chasseur de la garde royale nommé Pierre-Charles-Rodolphe Foulard, caserné à Versailles, avait assassiné deux femmes pour leur voler une misérable montre et des boucles d'oreilles d'or. Bien que le jury eût écarté la question de préméditation, ce malheureux n'en avait pas moins été condamné à la peine capitale, et, malgré son extrême jeunesse (il avait vingt ans à peine), les circonstances du crime étaient si atroces qu'il n'y avait guère d'espoir à fonder sur la clémence royale pour une commutation de peine. Tout dépendait donc de la Cour de cassation qui, n'ayant point à connaître du fond, ne casse que les arrêts entachés d'un vice de formes dans la procédure, et on sait combien ces exceptions sont rares surtout au criminel.

Mon père prévoyait justement que les délais d'instance du pourvoi de Foulard devant cette cour seraient expirés avant qu'il ne fût rétabli et en état d'assumer sur lui seul le triste fardeau de ses devoirs. Il se préoccupait déjà de la nécessité de faire appel à un de ses collègues de province, ce qui n'était pas sans inconvénient, maintenant qu'on savait au parquet que je devais lui succéder. Depuis mon mariage, j'avais pris sur moi d'accompagner mon père aux quelques exécutions qui avaient eu lieu, mais j'étais resté témoin muet et impassible au pied de l'échafaud, non sans refouler de poignantes émotions ; je n'avais encore joué aucun rôle actif dans ces sanglantes cérémonies. Je dois dire, du reste, que je n'avais guère vu mon père en faire davantage ; il ne m'avait point trompé, lorsqu'il m'avait dit que tout se faisait, à peu près, par l'intermédiaire des aides, et que l'exécuteur en chef se bornait à diriger et à surveiller une opération à laquelle il ne mettait, pour ainsi dire, point les mains.

J'avais donc assisté comme spectateur, le 2 février 1816, à l'exécution d'un malheureux, nommé Magloire, qui fut la première victime des Cours prévôtales. Singulières juridictions, dont une existence plus longue et plus active eût fait l'envers du Tribunal révolutionnaire. Convaincu de tentative nocturne de vol à main armée sur la route de Paris à Saint-Denis, Magloire avait été condamné à mort par la Cour prévôtale du département de la Seine, et il fut exécuté dans les vingt-quatre heures ; ces idées de justice expéditive et sommaire font frémir.

J'avais été témoin aussi du supplice des nommés Pleigner, Carbonneau et Tolleron, dont j'ai déjà parlé, condamnés pour complot d'attentat à la vie du roi Louis XVIII ; supplice aggravé de l'amputation du poing, qui était la peine des parricides. Toutes ces scènes barbares m'avaient profondément remué les entrailles, malgré l'attitude passive que j'y avais gardée, car, je le répète, jusque-là, je n'avais eu à prendre part en aucune façon à l'accomplissement de notre terrible mandat de famille.

La condamnation à mort de Foulard, prononcée le 13 janvier 1819, au moment où mon père lui-même était entre la vie et la mort me frappa d'un sinistre pressentiment. Quelque chose semblait m'avertir que c'était une heure fatale qui venait de sonner. J'éprouvais cette émotion étrange que l'homme ressent à l'approche d'un malheur prévu ou à l'échéance d'un compte terrible à rendre.

Je passai plus d'un mois dans de mortelles angoisses, demandant au ciel avec une ferveur inouïe la prolongation de l'existence de mon père, et, honteux qu'il se mêlât à ces ardentes prières un autre mobile que la piété filiale, honteux enfin de demander en même temps à la pitié divine le salut d'un assassin.

Ces vœux et ces supplications demeurèrent stériles. Dès le 12 février, je savais que la Cour de cassation avait rejeté le pourvoi de Foulard, et dans la journée du mardi 16, nous recevions l'ordre de l'exécution pour le lendemain. Mon père était depuis quelques jours seulement en convalescence. Bien qu'il pût à peine se soutenir, il manifesta de suite l'intention de vaquer lui-même à son douloureux ministère. Il n'était plus temps de faire appel à l'obligeance d'un des collègues de province, qui rendaient d'ailleurs de fort mauvaise grâce, on le comprend aisément, ces sortes de service. Presque tous savaient que j'étais le successeur désigné de mon père à un poste que la plupart enviaient, et ils n'eussent pas manqué de s'étonner et de se récrier très fort si on les eût priés de se déranger pour m'épargner une mission qu'ils ne me trouvaient peut-être que trop heureux d'avoir à remplir.

C'est sous l'empire de toutes ces raisons que mon pauvre père voulait faire un effort héroïque et surhumain en se traînant lui-même à la place de Grève, pour retarder encore l'accomplissement de la promesse que je lui avais faite; c'était à moi de ne le point souffrir. J'avais lu dans les yeux de ma mère, et je voyais trop bien par moi-même que, si j'avais la faiblesse de consentir à ce sacrifice, mon père n'arriverait qu'épuisé sur le lieu du supplice, et n'en reviendrait que pour se coucher sur son lit de mort.

Il n'y avait donc plus à reculer; il fallait se soumettre à sa destinée, et sortir du long noviciat par lequel je m'étais préparé à la plus rude des carrières. En un instant ma résolution fut prise. Dès que je sus que l'ordre d'exécution était arrivé, je me rendis à la chambre de mon père.

- Quand bien même vous seriez en état de vous rendre à votre poste, j'ai résolu cette fois de vous en épargner la peine. Vous savez combien pour moi les décisions sont difficiles à prendre, mais vous savez aussi qu'une fois prises elles sont irrévocables. À partir d'aujourd'hui j'entre de plain-pied dans la vie qui m'est faite. Allons, mon père, faites comme ces vieux empereurs romains qui, de leur vivant, associaient leurs fils à la pourpre.

L'image était d'un goût équivoque, mais elle témoignait de la gaieté factice par laquelle je m'efforçais de cacher à mon père l'horrible contrainte que j'exerçais sur moi-même. C'est inouï ce qui se dépensait dans nos familles de ruse affectueuse, de fines dissimulations pour s'aider mutuellement à supporter le poids d'une existence si pénible.

Mon père céda. Il m'indiqua les différents ordres à donner pour le charpentier et ses ouvriers, afin que la machine fût dressée à l'heure fixée; il me désigna nos deux plus vieux aides, en me faisant connaître les attributions de chacun d'eux et en me donnant l'assurance que le zèle et le dévouement qu'ils avaient toujours montrés à notre maison ne me feraient point défaut en cette circonstance, et que, comme lui, mon rôle se bornerait seulement à légaliser par ma présence cette mort donnée par la société à un de ses membres indignes.

Je sortis de la chambre de mon père au moment où il faisait appeler les aides qu'il m'avait désignés pour leur faire une petite allocution et les supplier de me servir de protecteurs et d'appuis dans ce difficile début.

J'étais sorti de la chambre de mon père dans un grand trouble d'esprit ; je n'en remplis pas moins avec le plus grand soin les instructions qu'il m'avait données pour le charpentier. Mais, à mesure que la nuit approchait, je sentais d'indicibles terreurs s'emparer de moi. À dîner, je ne pus avaler que quelques cuillerées de potage et quelques gorgées de vin ; j'éprouvais une telle constriction à la gorge que d'autres aliments n'eussent pu passer. Heureusement, mon père était resté dans sa chambre, car s'il m'avait vu dans cet état, il eût recommencé à vouloir me disputer la mission du lendemain. Ma mère et ma femme me regardaient d'un œil inquiet ; mais, avec ce tact instinctif des femmes, elles s'abstenaient de me parler, comprenant bien que toute espèce d'encouragements étaient inutiles, que je luttais contre un sentiment intime et qu'il fallait attendre que l'un eût raison de l'autre.

Après dîner, nous nous retirâmes chacun de notre côté. Je m'enfonçai sous les ombrages les plus épais du jardin et m'assis sur le banc où, dans mon enfance, j'avais vu si souvent dormir mon père. J'implorai le sommeil, mais il ne vint point s'appesantir sur mes paupières fatiguées.

Je songeais qu'à la même heure il y avait un homme qu'on éveillait brusquement dans son cachot pour lui annoncer que sa dernière heure allait sonner et qu'il fallait échanger ce sommeil du temps contre le sommeil éternel. Mon imagination me retraçait toute cette scène lugubre, que je devinais sans l'avoir jamais vue. Je voyais à la clarté mourante des lampes ce malheureux saisi par les affres de la mort, dressé sur son séant, les membres emprisonnés dans la camisole de force et le visage couvert d'une pâleur livide que la terreur venait d'y répandre ; j'entendais le greffier lire l'arrêt fatal, tandis que les geôliers se regardaient et ne pouvaient dissimuler l'attendrissement qui se peignait sur leurs faces habituellement si hargneuses et si moroses ; je voyais enfin s'avancer l'homme de Dieu, celui qui allait faire entendre des paroles de miséricorde infinie à cette victime d'une justice impitoyable. Il me semblait l'entendre protester contre cette rigueur des sentences humaines qui osent prononcer des peines irrévocables, quand le Seigneur lui-même, ce souverain auteur de la justice incréée se laisse désarmer par un instant de repentir.

Aucun détail ne m'échappait : je suivais le patient tout le long de cette douloureuse agonie ; j'assistais à ses derniers adieux aux personnes qu'on lui avait permis de recevoir, à ces funèbres agapes, où on le sollicite de prendre des cordiaux pour soutenir ses forces et son courage ; à cette messe mortuaire, ces funérailles anticipées, où le prêtre, plus clément que les juges humains, ne craint pas de poser le viatique sur des lèvres souillées, si elles se sont purifiées par la prière et la contrition. Je me disais que tous ceux-là n'étaient que les hérauts de ma terrible mission ; que ce malheureux, ballotté par toutes ces mains, appartiendrait encore par un lien, bien faible il est vrai, à la vie, mais qu'il ne se sentirait complètement perdu qu'à mon aspect ; que c'était à moi seul que serait dévolu le triste privilège de lui arracher d'un signe de l'œil ses dernières illusions et de lui faire porter le dernier coup.

La nuit tout entière s'écoula dans les angoisses de ces deux agonies : celle de l'infortuné qui allait mourir le lendemain, et celle de l'homme que la loi désignait pour être son meurtrier, qui allait pour la première fois tremper ses mains dans le sang d'un de ses semblables.

Les premières lueurs de l'aube me trouvèrent plongé encore dans ces cruelles méditations. Je me levai du banc sur lequel j'étais resté assis ou couché. Il me semblait que, de même que l'archange déchu et le premier homme chassé de l'Éden, j'allais abdiquer des droits augustes et perdre l'empreinte de la céleste origine. Je marchai d'un pas lent et stupide, comme si la foudre eût déjà sillonné mon front en y imprimant le sceau d'une déchéance. Les aides m'attendaient dans la cour ; je montai éperdu dans le vieux carrosse, sur le panneau duquel s'étalait la cloche brisée ; comme elle, j'étais sans voix.

Nous descendîmes lentement le faubourg Saint-Denis, nous longeâmes les quais et ainsi nous arrivâmes à la porte de la Conciergerie. Les épaisses grilles roulèrent sur leurs gonds, et nous nous engageâmes dans ces sombres corridors, dont les voûtes et les murs humides distillent une eau glacée qui fait involontairement songer à la sueur des mourants. Mes aides me suivaient à distance ; je crus remarquer qu'à l'aspect de cet état-major de la mort on s'écartait avec une affectation dans laquelle il se mêlait peut-être autant de dédain emprunté que de répugnance réelle. Je ne me sentais guère dans une disposition d'esprit à supporter ces hauteurs calculées de messieurs du plumitif ou de la cohorte des porte-clefs. Je pris moi-même un ton brusque et impératif qui leur montra combien je me laissais peu imposer par ces façons en même temps qu'il soulageait mon âme gonflée de tant de fiel et d'amertume.

Je requis le guichetier en chef d'avoir à nous livrer le condamné. On nous conduisit dans une salle basse dont la voûte décorée de nervures et de pendentifs indiquait une ancienne destination religieuse. C'était quelque chapelle ou quelque oratoire du temps de saint Louis, converti en antichambre de prison. Peu après Foulard parut, accompagné du digne abbé Montès, avec qui j'allais nouer des relations que sa mort seule devait rompre. Je fus frappé de consternation à l'aspect du malheureux enfant qu'une sentence implacable m'abandonnait comme on jette la proie à une bête féroce. Foulard avait vingt ans à peine ; si son père fût mort en lui laissant dix écus de rente on eût excipé de sa minorité pour lui interdire la disposition de ce modique héritage ; mais majeur pour le crime, on l'avait aussi trouvé majeur pour l'expiation, et quelle expiation : la mort ! La mort à cet enfant plein de vie, de force et de santé, à qui Dieu eût réservé sans doute tant d'années pour le remords et la pénitence ! cela me parut un double outrage à la Providence et à la nature.

Foulard était un grand beau garçon, dont le front développé, la face un peu maladive, mais animée par une physionomie ouverte, les yeux expressifs, n'eussent point fait soupçonner une perversité telle que celle qui l'avait poussé à commettre le crime dont il faut bien reconnaître qu'il s'était souillé. Il nous aperçut sans trouble et sans émotion apparente ; l'observateur qui nous eût considérés tous les deux en ce moment, n'eût guère supposé que c'était lui la victime, et moi l'exécuteur.

Fauconnier, mon premier aide, qui suivait sur mon visage les traces du combat intérieur que je me livrais, s'empressa de s'avancer en priant Foulard de s'asseoir pour qu'il pût procéder à la funèbre toilette. Celui-ci obéit sans mot dire, et, courbant la tête, il sentit sur la nuque la lame des ciseaux, sinistres précurseurs de la hache meurtrière.

Cette opération terminée, nous montâmes dans la charrette ; M. l'abbé Montès et Foulard dans le fond(1), mes deux aides et moi sur le devant.

Foulard était d'abord resté taciturne ; mais au moment où nous débouchions sur le quai, une grande exaltation s'empara de lui, et, se levant plusieurs fois sur son banc, il cria d'une voix stridente à la foule qui s'était amassée le long des trottoirs et des parapets :

(1) Jusque-là mon père et mon grand-père avaient occupé avec le confesseur les deux places du fond, en mettant le patient sur le devant entre les deux aides. C'est moi qui le premier changeai cet ordre et voulus laisser pendant ce douloureux trajet la victime près de son confesseur. Cela me parut un dernier hommage à rendre au malheur. La remarque semblera peut-être puérile à quelques-uns de mes lecteurs ; mais qu'on veuille bien ne point oublier que ce livre est une confession et que je ne dois rien omettre de ce qui pourrait contribuer à une absolution inespérée. (*Note de l'auteur.*)

- Pères et mères ! voyez où conduit l'abandon de la famille ! Oui, je suis coupable, mais la faute est à mes parents, qui m'ont livré à moi-même sans appui et sans éducation.

L'abbé le conjurait de cesser ces amères récriminations qui offensaient Dieu sans le justifier vis-à-vis des hommes ; mais, dans les premiers moments, il parut ne tenir aucun compte de ces représentations. C'est alors que le saint prêtre se pencha vers moi et me dit à l'oreille :

- Monsieur, j'étais convenu avec M. votre père qu'il ne donnerait le signal que lorsqu'il entendrait le malheureux que je parvenais à réconcilier avec le Seigneur, prononcer ces mots : « Mon Dieu, je remets mon âme entre vos mains ! » Il s'agit d'une âme à sauver, puis-je espérer que vous voudrez bien avoir égard aussi à cette recommandation ?

Muet et atterré, je me bornai à faire un signe d'assentiment.

Nous étions arrivés à la Grève. La guillotine élevait ses deux grands bras rouges et les pâles lueurs d'un soleil d'hiver se jouaient sur l'acier poli de la lame. Foulard s'était calmé subitement. Une foule considérable couvrait les pavés de la place, et de nombreux curieux, attirés par ce sanglant spectacle, se montraient aux fenêtres des maisons. Nous mîmes pied à terre. Foulard, après s'être jeté dans les bras de l'abbé Montès, baisa pieusement le crucifix, puis, reconnaissant au premier rang des assistants un brigadier de sa compagnie, il l'interpella vivement :

- Approche, mon vieux, lui cria-t-il, si je ne puis faire mes adieux à tous les camarades, qu'ils les reçoivent en ta personne.

Le vieux soldat n'hésita point. Il vint au pied de l'échafaud donner l'accolade à celui qui allait mourir, et je vis deux grosses larmes sillonner sa figure basanée et tomber sur son épaisse moustache.

Foulard, de plus en plus animé, et dont le teint s'était empourpré, semblait pris d'une sorte de fièvre et de délire. Il se tourna tout à coup vers moi.

- Venez, que je vous embrasse aussi, dit-il, pour montrer que je suis sans rancune et que je pardonne à tout le monde, afin que Dieu me pardonne aussi.

Pour moi, ce fut le dernier coup; je reculai avec effroi. La victime pardonnait à l'exécuteur; l'exécuteur ne pouvait se pardonner à lui-même. Je crois que si ce malheureux m'eût touché de ses lèvres, je n'aurais jamais eu la force de donner le signal de sa mort.

Mais, que dis-je? Ce signal, je ne le donnai point. Mes aides, qui avaient vu mon subit mouvement de retraite, comprirent l'imminence du danger. Ils poussèrent Foulard vers l'échafaud, dont il monta les degrés d'un pas ferme. En moins de temps que je n'en mets à l'écrire, il fut attaché sur la planche qui fit le mouvement de bascule, et une voix, dont l'accent vibra longtemps à mes oreilles, avait à peine fait entendre ces lugubres paroles: « Mon Dieu, je remets mon âme entre vos mains... » qu'un bruit sourd, qui me figea la moelle des os, se fit entendre. Fauconnier n'avait pas attendu le signal, voyant bien que je serais incapable de le donner.

Involontairement je tournai les yeux vers cette scène de meurtre, et je vis un des aides qui poussait vivement les paniers, tandis que l'autre étanchait, avec une éponge, le sang qui avait rejailli sur l'échafaud et filtrait à travers les planches sur les pavés de la place.

Je crus que j'allais défaillir. Je m'enfuis épouvanté, en proie à une horrible hallucination.

Je rougis donc de moi, je ne crains pas de l'avouer, et c'est à partir de ce moment que je me promis un jour ou l'autre d'offrir à mon siècle ce singulier spectacle d'un fils reniant sa mère, d'un exécuteur abjurant la peine de mort.

Cette satisfaction de ma conscience opprimée, je ne l'entrevoyais alors que sur mon tombeau. Ce livre, auquel les loisirs de ma vieillesse m'ont permis de donner tant de développements, ne m'apparut dans sa conception première que comme un opuscule testamentaire à publier après ma mort; je suis heureux que des circonstances imprévues m'aient mis à même de le compléter, en faisant précéder mes impressions personnelles de tout ce que j'ai cru trouver d'utile et d'intéressant dans les souvenirs laissés par ma famille.

Mais c'est du jour de ma première exécution que date pour moi la résolution bien arrêtée d'apporter, quand le moment serait venu, mon témoignage contre la peine de mort. Ce supplice, auquel je venais de prêter pour la première fois un concours qui devait se renouveler si souvent, m'avait rempli d'horreur. Si la personnalité, qui nous domine toujours un peu malgré nous, m'avait préoccupé d'abord des conséquences fatales de cette journée pour moi : si j'avais vu d'abord dans une étrange hallucination ces jurés et ces magistrats qui me désignaient d'un doigt vengeur la victime, en me criant : Tue ! tue ! cet appareil militaire qui me prêtait main-forte ; la voix sacrée de ce prêtre qui, sanctifiant ce meurtre par sa présence, semblait me dire : Tue ! car tu tueras sans péché ! cette foule amassée, poussant aussi des cris d'extermination ; si je m'étais ensuite représenté toutes ces voix se retournant contre moi et se fondant en une clameur immense qui s'élevait vers le ciel en proférant ces mots : Infâme ! infâme ! il a tué ! j'avais fini par secouer toute cette fantasmagorie de visions lugubres et par revenir au sentiment de la réalité.

Or, la réalité, mon père me l'avait très judicieusement faite entrevoir par son ingénieuse allusion à la fable des *Animaux malades de la peste*. La peste, c'est la peine de mort, qui est la plus cruelle et la plus choquante des anomalies au sein d'une société chrétienne et civilisée. Elle ne blesse pas moins la religion que la loi naturelle. Le meurtre ne doit pas plus se punir par le meurtre que la mort ne doit être enlevée aux prérogatives de l'Être suprême, qui, ayant seul créé, doit avoir seul le droit de détruire.

La conscience humaine se révolte à cette idée de la mort violente donnée de sang-froid, au nom de la loi, en vertu d'un jugement, à une créature de Dieu, pleine de force et de santé, qui aurait, sans cette iniquité, de longues années devant elle pour l'expiation et le repentir.

Le sentiment intime se soulève, et n'osant accuser les vrais coupables : la loi, le juge qui l'applique et la société qui le leur commande, il réserve toutes ses indignations, toutes ses colères, tous ses mépris pour le plus obscur et le plus passif des complices de ce crime légal : l'exécuteur, qu'il appelle Bourreau.

La routine, de fausses appréhensions maintiennent seules dans nos Codes une peine contre laquelle les protestations deviennent de plus en plus énergiques et de plus en plus nombreuses. Quelques esprits attardés veulent encore voir dans la peine de mort le plus puissant moyen d'intimidation vis-à-vis des natures dépravées ; le meilleur préservatif contre les tentatives criminelles qui menacent de temps à autre l'ordre social. C'est une erreur. Je vais tâcher de le démontrer à l'aide des observations que j'ai été à même de recueillir pendant ma triste carrière.

Je serai, dans la suite de ces récits, beaucoup plus sobre de détails. Si j'ai cru devoir, pour les causes célèbres des deux derniers siècles, entrer dans quelques développements et insister sur des particularités plus ou moins ignorées, il me paraît inutile de revenir sur les circonstances et les débats des affaires criminelles de mon temps. La génération qui me lit en a été pour ainsi dire témoin oculaire, ou peut tout au moins en retrouver tous les éléments dans les collections des journaux judiciaires de l'époque. Je me bornerai donc à mentionner sommairement ces affaires et ne prétendrai faire connaître au public, dans ses moindres incidents, que le tragique dénouement que j'ai été appelé à leur donner. C'est de cette dernière scène de drames si horribles que j'espère faire jaillir l'enseignement qu'ils portaient avec eux ; heureux si cet enseignement confirme le principe que j'ai posé en tête de ce livre, s'il communique à mes lecteurs la conviction qui me domine, et si, comme le chœur des vieilles tragédies grecques, la voix publique répond à mes objurgations :

GUERRE À LA PEINE DE MORT !

XXVIII. MES EXÉCUTIONS

Au début de l'année 1836, l'échafaud eut de splendides étrennes dans la double exécution de Lacenaire et d'Avril. C'est au premier de ces deux criminels surtout, qu'il faudrait appliquer cette épithète de lion du crime, que j'ai déjà donné à Castaing. Jamais, en effet, assassin n'avait si fortement captivé l'opinion publique, jamais meurtrier, dans cette voie qui conduit de la prison à la salle d'assises et à l'échafaud, n'avait été suivi de regards plus curieux et plus enthousiastes, j'allais presque dire, fêté de pareilles ovations. Je ne redirai pas les crimes de Lacenaire et de son complice, on les connaît. Le vol pour but, l'assassinat pour moyen, tel avait été le système que s'était tracé un des hommes qui se soient le plus audacieusement mis en guerre avec la société. Ce système, Lacenaire voulut le mettre largement à exécution en ne frappant que de grands coups. L'assassinat et le vol d'un garçon de banque chargé d'une riche recette, telle est la chimère qu'il poursuivit avec une ténacité incroyable. Le ciel ne permet point la réussite de si coupables spéculations. Plusieurs tentatives répétées sans succès, n'aboutirent qu'à faire tomber les complices de Lacenaire, et bientôt lui-même dans les mains de la justice.

Ce que ce malheureux montra alors de cynisme et d'audace, on ne saurait le dire. Au lieu de reconnaître dans ses crimes qu'il avouait hautement, la suite de l'entraînement des mauvaises passions, il voulut les rattacher à des principes arrêtés, et se drapant dans les théories d'un matérialisme abject, il prétendit expliquer sa conduite à l'aide de doctrines dont l'expression seule était une sanglante injure à toute morale comme au bon sens. Doué de facultés dont il eût si bien pu faire un autre usage, il revêtit d'une faconde hardie et brillante ses sophismes éhontés, et parvint à les faire écouter avec complaisance, que dis-je ? il fut fêté et admiré. On s'arracha sa prose, on se disputa ses vers.

Pourtant Lacenaire n'avait pas toujours été si absolu et si tranchant. À la suite de ses premières fautes, la gangrène n'avait pas encore tout rongé dans cette intelligence maladive, et, comme Asselineau, mais dans un langage bien meilleur, il avait aussi tenté d'expliquer la fatalité de la chute par degrés. Nous extrayons d'un article, qu'il fit paraître dans la *Tribune des Prolétaires*, le passage suivant :

> Un jeune homme se livre à ses passions ; étouffant la voix de l'honneur, foulant aux pieds les principes de probité qu'il a puisés dans son enfance au sein de sa famille, mais qui n'ont pas encore eu le temps de jeter des racines bien profondes, il commet un délit. Aussitôt la police s'en empare et le plonge vivant dans ce cloaque nommé *Dépôt de la Préfecture*. Que rencontrera-t-il à son entrée ? Des forçats évadés qui viennent se faire ressaisir à Paris, des forçats qui ont rompu leur ban et quitté le lieu de leur surveillance, des forçats libérés arrêtés en flagrant délit à commettre de nouveaux crimes ; enfin d'autres voleurs, escrocs, filous, par goût, par état, presque de naissance ; race gangrenée, frelons de la société, mauvais sujets incorrigibles, et qui, pour n'être pas allés au bagne, n'en valent pas mieux et sont depuis longtemps incapables d'aucune pensée honnête, d'aucune action généreuse. Que va devenir notre jeune imprudent au milieu de cette étrange société ? C'est là que, pour la première fois, il va entendre raisonner le langage barbare des Cartouche et des Poulailler, l'infâme argot ! C'est là que, du consentement même des gardiens chargés de la surveillance du dépôt, il va avoir les faveurs, la préséance accordées aux vétérans du crime, aux célèbres du genre ; eux seuls ont le droit reconnu de pressurer, de vexer, de fouiller même tout à leur aise les pauvres diables que mille circonstances peuvent amener momentanément au milieu d'eux. Et malheur à notre jeune homme s'il ne se met bien vite à l'unisson de leur ton, de leurs principes et de leur langage ; il est bientôt reconnu pour un faux frère et déclaré indigne de s'asseoir à côté des *amis* ! Alors il n'y a sorte de vexation à laquelle il ne soit soumis, sans pouvoir en

aucune manière y échapper ; des réclamations à ce sujet seraient mal accueillies par les gardiens mêmes, toujours enclins à protéger les *lurons*, et ne feraient qu'exciter contre lui la colère du prévôt de la salle qui, d'ordinaire, est un ancien forçat, ainsi que la meute de ses complaisants. Au milieu de ce dévergondage, de ce cynisme de gestes et de propos, de récits horribles et dégoûtants de crimes, le malheureux, pour la première fois, rougit d'un reste de pudeur et d'innocence qu'il avait en entrant ; il a honte d'avoir été moins scélérat que ses confrères ; il craint leurs railleries, leur mépris ; car enfin, qu'on ne s'y trompe pas, il y a de l'estime et du mépris jusque sur le banc des galères, ce qui nous explique pourquoi quelques forçats y sont plus à l'aise qu'au sein de la société, de laquelle ils ne peuvent attendre que le mépris, et personne ne consent volontiers à vivre avec le mépris de ceux qui l'entourent. Aussi notre jeune homme, qui le redoute, va prendre exemple sur de bons modèles, sur ce qu'il y a de mieux dans le genre... Il va se former sur leur ton, sur leurs manières ; il va les imiter ; leur langue, dans deux jours, il la parlera aussi bien qu'eux ; alors ce ne sera plus un pauvre *simple* ; alors les *amis* pourront lui toucher la main sans se compromettre. Notez bien que jusqu'ici c'est une gloriole de jeune homme qui rougit de passer pour un apprenti dans la partie. Le changement porte moins sur le fond que sur la forme. Deux ou trois jours au plus passés dans cet égout n'ont pu le pervertir encore tout à fait ; mais soyez tranquille le premier pas est fait ; il n'est pas pour s'arrêter en si beau chemin, et son éducation, qui vient de s'ébaucher sous les voûtes de la Préfecture de police, va se perfectionner à la Force, et se terminer à Poissy ou à Melun.

Quand il n'en était qu'à ces rudiments philanthropiques, Lacenaire n'avait pas encore goûté le sang ; les griffes du tigre n'étaient pas poussées. Sur les bancs de la Cour d'assises, ce fut une bien autre attitude : le timide libéré qui avait écrit cette espèce d'élégie de la *Tribune des Prolétaires*, se posa en homme qui avait jeté le masque et qui faisait parade de ses crimes.

Je le répète, on prêta trop d'attention à ces monstrueuses fanfaronnades, quelle que fût d'ailleurs l'intelligence de celui qui les affichait. On surfit ce meurtrier, cet Érostrate de la morale qui voulait se faire de l'échafaud un piédestal ; on lui permit d'emporter dans sa tombe sans nom la consolation d'avoir été un personnage célèbre.

Lacenaire et un de ses complices, Avril, furent condamnés à mort le 15 novembre. Tous deux se pourvurent en cassation ; mais le premier déclara que ce n'était que pour se donner le temps d'écrire ses *Mémoires*. Eh ! mon Dieu, oui, les susceptibilités qui se sont si vivement effarouchées à l'annonce de la publication des miens, se montraient de facile composition avec ceux du champion de l'assassinat, du faux et du vol. Disons pourtant que les espérances de Lacenaire furent trompées, il ne put terminer sa scandaleuse autobiographie, et pour sauver la triste spéculation de l'éditeur, il fallut que le spirituel écrivain dont j'ai déjà parlé, le disciple de Gall et de Lavater, qui avait si bien, à la table d'hôte de Genève, diagnostiqué la physionomie de Robert Saint-Clair, consentît à écrire les dernières pages de ce livre incroyable.

On trouvera partout les faits et gestes de Lacenaire pendant le temps qu'il passa à Bicêtre et à la Conciergerie, c'est-à-dire durant l'intervalle de son pourvoi à son exécution. Ce grand homme de la Cour d'assises avait ses Dangeau, ses historiographes qui enregistraient jour par jour ses moindres paroles et ses moindres actions. Il a même depuis rencontré son Plutarque dans un noir journaliste qui s'est plu à raconter, en une série d'articles, réunis plus tard en un petit volume, cette légende épique de l'assassinat.

Nous n'en reproduirons aucuns détails ; ni les élucubrations poétiques par lesquelles Lacenaire occupait ses derniers loisirs, ni le souper de Noël, qui réunit une dernière fois à la même table Avril et Lacenaire qui était deux fois son assassin : la première, en usant de l'ascendant que lui donnait la supériorité de son intelligence, pour pousser ce malheureux au meurtre ; la seconde, en le livrant avec une lâcheté cruelle aux rigueurs de la loi, par ses révélations. Nous passons sous silence les scènes d'adieu un peu théâtrales de son départ de la Conciergerie et de Bicêtre; l'attitude sceptique qu'il affecta de garder pendant qu'Avril écoutait, avec le recueillement d'un chrétien qui se repent, les prières des agonisants, qu'on récita pour eux à la chapelle de la prison; nous attendrons Lacenaire dans l'avant-greffe, où l'on devait procéder à la toilette des condamnés.

Il s'y présenta, le cigare à la bouche, avec une assurance qui n'était pas exempte d'affectation. Lorsqu'il se fut assis sur le tabouret, il adressa la parole avec aisance aux quelques personnes qui se trouvaient là. Un des aides lui coupa les cheveux, il se laissa faire, et quand ce fut fini, il ne reprit la parole que pour demander le même vêtement qu'il portait à la Cour d'assises. On s'empressa de le lui donner: c'était une redingote qu'il jeta en manteau sur ses épaules.

Après, ce fut le tour d'Avril. Ce dernier ne fit point parade de son assurance comme Lacenaire, mais il montra un sang-froid non moins extraordinaire. Le jour commençait seulement à poindre, et comme on était au mois de janvier, époque où les matinées sont toujours très froides, Avril ne put réprimer quelques frissons. Alors parodiant, sans le savoir, le mot célèbre de Bailly:

- Diable! dit-il, je tremble de froid. On est capable de croire que j'ai eu peur.

Il demanda un petit verre d'eau-de-vie pour se réchauffer, un gardien le lui apporta.

- Merci, mon vieux, dit-il. Et il avala le breuvage d'un trait en faisant claquer sa langue.

Lorsqu'on lui eut attaché les pieds et les mains, comme à Lacenaire, il prit congé des personnes présentes par ces mots prononcés avec l'accent d'une grosse bonhomie:

- Adieu tout le monde.

On partit; le trajet fut long, car les chemins étaient très mauvais. M. l'abbé Montès en profita pour faire de derniers et suprêmes efforts afin de toucher l'âme rebelle de Lacenaire. Tout se brisa contre la glace de ce scepticisme réel ou affecté.

Il était près de huit heures et demie du matin lorsque nous arrivâmes. Les condamnés descendirent d'abord, les confesseurs et nous ensuite. Avril, qui devait être exécuté le premier, embrassa le digne prêtre qui l'assistait, puis il monta d'un pas ferme les marches de l'échafaud. Rendu sur la plate-forme, il se retourna vers Lacenaire et cria d'une voix forte et assurée :

- Adieu, Lacenaire ! adieu, mon camarade !

Un imperceptible sourire glissa sur la face pâle de ce dernier, qui avança la tête pour voir tomber celle du malheureux qu'il avait perdu.

Le bruit de la chute du couteau ne le fit même pas tressaillir. Il gravit à son tour les degrés qui le conduisaient à la mort, sans l'aide de personne, et promena un long regard sur la foule, qu'il s'attendait peut-être à trouver plus nombreuse. Nous crûmes qu'il allait parler, mais il vint lui-même se placer sur la planche fatale, toute dégouttante du sang d'Avril.

Le mouvement de bascule s'opéra, et la tête du coupable roula dans le panier. Quelques journaux du temps ont prétendu qu'il y avait eu un temps d'arrêt de dix-sept à vingt secondes, et que la guillotine, fatiguée, avait un instant renoncé sur l'ouvrage. C'est complètement inexact. Cet incident n'a été imaginé que pour faire de l'effet et clore plus dramatiquement une affaire dans laquelle on avait pourtant déjà fait mouvoir bien des ficelles.

Il ne se produisit rien de particulier quand vint le tour de Lacenaire, et il fut exécuté sans plus de difficultés que son complice Avril. Je voulus réclamer, à cette époque, contre une fable aussi absurde ; mais je ne trouvai aucun journal qui consentît à admettre ma réclamation.

Tout ce que j'ai à dire, c'est que jusqu'au dernier moment ce criminel célèbre conserva un sang-froid et une résolution remarquables.

Voilà la vérité sur la mort de Lacenaire. Je sais bien qu'à l'époque, le journal judiciaire le plus accrédité, publia une version toute différente, qui représentait Lacenaire comme réduit enfin à payer son tribut à la terreur du châtiment; mais ce n'est plus un mystère aujourd'hui, que de hautes influences s'étaient interposées pour obtenir cette altération de la vérité; on cherche encore à expliquer de diverses manières ce mensonge officiel; les uns disent que, reconnaissant tardivement que l'on avait eu tort, pour l'exemple, de surfaire ce malheureux, on avait voulu essayer de réparer le mal en le ravalant à ses derniers moments; d'autres, que l'on recula devant l'immoralité d'un tableau qui devait montrer le crime, mourant avec le calme et le stoïcisme de la vertu. Quant à moi, je suis convaincu qu'on n'eut qu'un but: jeter un voile sur l'inefficacité de la peine de mort qui, cette fois encore, se montrait aussi impuissante à punir qu'elle l'avait été à empêcher.

Moins de trois semaines après, le mercredi, 27 janvier 1836, nous remontâmes l'échafaud au même endroit pour un ancien militaire, le nommé Joseph David, âgé de quarante ans, condamné à la peine capitale par arrêt de la Cour d'assises, du 21 novembre précédent, pour assassinat de sa belle-sœur à l'hôtel des Invalides. Il fut exécuté à huit heures et demie du matin, et montra un courage extraordinaire.

Le vendredi, 19 février suivant, nous eûmes une triple exécution, qui rappelait les plus tristes souvenirs du Consulat. Je veux parler de celle de Fieschi, Morey et Pépin, condamnés tous trois, par la Cour des pairs, à la peine de mort, et Fieschi avec les aggravations particulières aux parricides, pour l'affaire de la machine infernale qui éclata, sur le boulevard du Temple, au moment où le roi Louis-Philippe défilait avec son cortège pour célébrer l'anniversaire du 28 juillet 1830. On se rappelle tous les détails de cette douloureuse catastrophe: le Roi et ses fils miraculeusement échappés à cette pluie de balles; mais quarante-deux personnes tombant autour d'eux, dont dix-neuf pour ne plus se relever: un maréchal de France, de braves officiers généraux épargnés dans cent batailles, des fonctionnaires, des négociants, d'honnêtes ouvriers, des femmes, des enfants, périssant victimes de cet odieux attentat. L'auteur même de cette criminelle tentative avait failli y succomber, car, lorsqu'on parvint à l'arrêter, il était blessé grièvement par l'explosion de quelques-uns des canons de fusil de son engin meurtrier. Dès qu'on put constater son identité, on sut que c'était un Corse de bas étage, appelé Fieschi, ayant fait tous les métiers, même ceux de transfuge et d'espion, flétri d'une condamnation infamante, réduit à la plus profonde misère et s'étant fait assassin politique par spéculation, en se mettant aux gages de quelques malheureux fanatiques auxquels le régicide ne paraissait pas un crime. Ces fanatiques, Fieschi, fidèle à ses habitudes de trahison, n'eut rien de plus pressé que de les livrer ; c'était tout bourgeoisement un sellier bourrelier de la rue Saint-Victor et un épicier du faubourg Saint-Antoine, auxquels vinrent s'adjoindre plus tard un ferblantier, nommé Boireau, et un relieur, nommé Bescher. Voilà un personnel de conspirateurs assez mal recruté pour changer les destinées d'un empire. Je ne raconterai pas les débats si connus de cette affaire. Les souvenirs de Lacenaire étaient encore palpitants. Si Fieschi ne suivit pas un aussi illustre modèle jusqu'à l'apologie du crime, il l'imita au moins dans la persistance et l'acrimonie des révélations.

Moins préoccupé de sa propre justification que d'accuser ses complices, il gagna ainsi les bienveillances de la police, avide de remonter dans cette affaire jusqu'à une initiative plus haute que celle à laquelle elle était arrêtée, et comme le vent était aux scélérats, Fieschi eut aussi, dans le public, après Lacenaire, son regain de popularité. Il fut choyé dans sa prison et put, tout à son aise, déployer devant la Cour des pairs un nouveau genre d'éloquence dont les excentricités burlesques firent quelquefois sourire, mais dont certains écarts, empreints de fiel et de haine, soulevèrent aussi le cœur de dégoût. Le résultat de tout ce mouvement fut que Fieschi entraîna avec lui sur l'échafaud deux de ses complices, le bourrelier, un vieillard nommé Morey, âgé de soixante-et-un ans, et l'épicier, nommé Pépin, à peine âgé de trente-cinq ans et père de quatre jeunes enfants. Boireau ne fut condamné qu'à vingt ans de détention et Bescher acquitté.

Morey était un vieillard malingre et souffreteux, mais il avait une grande âme dans un corps usé. Il conserva, jusqu'à la fin, des allures toutes romaines et entendit sa sentence avec l'impassibilité stoïque d'un Caton.

Pépin, qui avait fait preuve de faiblesse dans les débats, sembla se relever lorsqu'il eut acquis la certitude de son triste sort. Il écrivit une lettre touchante à son avocat et régla ses affaires de manière à ce que sa perte compromît le moins possible les intérêts de sa famille.

Quant à Fieschi, sa verbosité et sa jactance ne l'abandonnèrent point pendant les quelques jours qu'il passa encore à la prison du Petit-Luxembourg après sa condamnation. Il écrivit aussi à son avocat, M. Pasquier, et à plusieurs personnes. Sa mesquine vanité se complut à occuper le public de lui jusqu'au dernier moment.

Pendant ce temps, on s'efforçait d'arracher à Morey et à Pépin, qu'on supposait avoir obéi à des ordres supérieurs en ourdissant le complot, des révélations qui en fissent connaître les complices mystérieux; l'un et l'autre refusèrent avec une constance inébranlable, soit qu'ils n'eussent point en effet de révélations à faire, soit qu'ils voulussent rester fidèles à une parole donnée et respecter les secrets de leur parti.

La famille de Pépin fit intercéder auprès du roi; Louis-Philippe fit, à ces sollicitations, une réponse admirable:

- Je voudrais avoir payé de mon sang dans cette cruelle journée, dit-il, le droit de faire grâce, mais je me dois à la mémoire et aux familles de tant de malheureuses victimes.

Le 19, au matin, il faisait à peine jour lorsque nous allâmes prendre les trois condamnés à la prison du Petit-Luxembourg. Ils furent amenés l'un après l'autre pour la fatale toilette. Fieschi parla beaucoup et avec une animation fébrile; Pépin se montra calme et résigné ; quant à Morey, il resta sombre et austère comme il avait toujours été ; on fut obligé, pour lui couper les cheveux, d'enlever un bonnet de soie noire qu'il avait constamment porté sur la tête ; Piot voulut aussi couper le col de son gilet, qui lui remontait trop haut sur la nuque ; il préféra l'ôter.

- Pourquoi gâter ce gilet ? dit-il de l'air d'un homme qui avait dû beaucoup pratiquer la charité, il est encore assez bon pour le donner à un pauvre.

Au moment de partir, les trois condamnés furent réunis ; Fieschi voulut s'approcher de ses compagnons de supplice, et leur adresser la parole. Pépin lui répondit froidement, mais sans fiel ; Morey se détourna avec mépris.

Nous traversâmes le jardin du Luxembourg dans toute sa longueur jusqu'à la grille de l'Observatoire, et, de là, nous gagnâmes le rond-point de la barrière Saint-Jacques, où un appareil militaire des plus imposants nous attendait.

Pendant tout le trajet, Pépin ne fit que répéter, comme un crieur public, mais avec un accent lugubre :

- Voilà Fieschi et son crime qui passent.

Arrivés à destination, il descendit le premier.

Jusqu'au pied de l'échafaud, il fut encore sollicité de dire ce qu'il pouvait savoir. Un commissaire de police le pressa de questions, en lui insinuant que, s'il consentait à parler, sa peine serait commuée et il aurait la vie sauve. Pépin repoussa avec noblesse ces ouvertures qui auraient pu, au dernier moment, amollir son courage.

- Je n'ai plus rien à dire, fit-il avec fermeté, et il monta lestement sur la plate-forme, où sa tête tomba la première.

On ne s'était même pas donné la peine d'essayer la même épreuve sur le vieux Morey, on savait d'avance ne pouvoir rien obtenir de cette âme de bronze. Comme il était perclus, les aides furent obligés de le porter en quelque sorte sur l'échafaud, mais les spectateurs les plus rapprochés ne purent se méprendre sur cet incident et attribuer à la faiblesse cette impotence du vieillard. Son regard était ferme, et pas un muscle de son visage n'avait bougé.

Fieschi monta le dernier. Louis-Philippe l'avait dispensé d'aller au supplice en chemise, nu-pieds et la tête couverte d'un voile noir, ainsi que l'ordonnait l'arrêt de la Cour des pairs. C'était la seule grâce que le roi se crût permis d'accorder. L'impartialité me force de reconnaître que ce Corse vantard ne parut d'abord point faiblir, même à cette heure critique ; mais je ne sais pourquoi son assurance, mêlée de forfanterie m'émut beaucoup moins que le courage simple et digne des deux hommes qui venaient de le précéder.

Avant de se laisser attacher sur la planche, il voulut haranguer la foule. M. l'abbé Grivel, aumônier du Luxembourg, qui lui avait promis qu'on lui accorderait cette dernière faveur, m'avait prié de n'y point mettre d'obstacle.

Fieschi s'avança donc sur le bord de la plate-forme, et, d'une voix pleine d'abord, il commença à réciter le speech suivant :

- Citoyens, je ne crains point la mort. J'aurais été libre que je serais venu de moi-même ici ce matin comme à un rendez-vous d'honneur. J'ai dit la vérité en dénonçant mes complices ; j'ai rendu service à mon pays ; j'ai dit la vérité, toute la vérité !

Mais tout à coup son visage pâlit, ses traits se décomposèrent, sa langue s'embarrassa, et il tomba dans les bras des aides.

Un instant après, le délateur avait rejoint ses victimes, et je me demande si la France gagna beaucoup à ce que cette matinée vît rouler trois têtes au lieu d'une dans le rouge panier de nos exécutions.

Quelques jours après, le 1er mars, nous revînmes exécuter le nommé Marin-l'Huissier, âgé de quarante-quatre ans, ancien tapissier, condamné à mort par arrêt de la Cour d'assises de la Seine, en date du 15 janvier précédent, pour avoir assassiné et scié en deux une femme de la rue de Richelieu. Cette exécution eut lieu à huit heures et demie du matin.

Le 11 juillet suivant vit encore monter sur l'échafaud un régicide, mais d'une autre trempe que le misérable Fieschi. Celui-ci, appelé Louis Alibaud, était un jeune homme de 26 ans, ancien militaire, originaire de Nîmes, qui, se trouvant sur le passage de la voiture du roi au moment où elle débouchait d'un guichet du Carrousel pour descendre la rue de Rivoli, avait tiré un coup de feu sur ce prince avec une canne armée d'un canon de fusil. Cette fois encore, Louis-Philippe ne fut pas atteint, et, heureusement, il n'y eut pas d'autres victimes.

Arrêté, séance tenante, par les gardes nationaux qui étaient de service au poste du château, Alibaud ne fit aucune difficulté d'avouer son crime et, au lieu d'en témoigner du repentir, il sembla s'en glorifier. Le procès, renvoyé devant la Cour des pairs, fut rapidement instruit, car on savait, à n'en point douter, que quand bien même ce nouvel attentat ne serait point un acte isolé, on n'en apprendrait pas davantage. L'accusé avait prouvé de suite, par son attitude et son langage, qu'il n'était point de ceux sur lesquels la séduction ou la peur puissent avoir prise. À chaque interrogatoire, il renouvela son aveu d'avoir eu l'intention bien arrêtée de tuer le roi, et revendiqua pour lui seul la responsabilité de cette résolution, qui lui avait été dictée par son patriotisme et son ardent désir de coopérer à l'émancipation du peuple. Ces réponses furent faites d'un ton ferme et avec une fierté indescriptible.

Non satisfaite d'un crime si flagrant et si franchement avoué, l'accusation eut le tort de vouloir encore employer d'autres armes vis-à-vis d'Alibaud. On chercha à suspecter sa moralité, à salir ses antécédents ; on le calomnia dans sa vie privée ; c'était lui ménager une belle défense car, sous tous ces rapports, il était inattaquable.

Alibaud avait fait le sacrifice de son existence ; mais il ne voulut pas laisser atteindre son honneur, qu'il ne croyait pas entaché par sa tentative de régicide. Pendant le cours des débats, il réfuta victorieusement toutes les insinuations dirigées contre ses mœurs et sa probité; mais, lorsqu'il voulut arriver jusqu'à l'apologie de son crime, la hardiesse de ses paroles souleva sur les bancs de la noble Cour un murmure de réprobation devant lequel on le força de se taire.

Alibaud fut donc conduit au supplice en chemise, nu-pieds et la tête couverte d'un voile noir. Pendant cette cruelle et dernière scène où nous lui donnions si tristement la réplique, son mâle courage ne se démentit pas un seul instant; comme on était dans la belle saison, on put fixer pour son exécution une heure très matinale. Il n'était pas encore cinq heures, en effet, lorsque nous arrivâmes au rond-point de la barrière Saint-Jacques, où nous trouvâmes un appareil militaire aussi considérable que celui qui avait été employé pour Fieschi.

Alibaud monta sur l'échafaud bravement, sans forfanterie; avant de se livrer aux aides, il s'avança du côté des spectateurs du sanglant dénouement de ce triste drame et dit d'une voix ferme:

- Je meurs pour la liberté et l'extinction de l'infâme monarchie.

Puis la hache s'abattit sur la tête de ce malheureux jeune homme, bien coupable sans doute, mais à qui la hideuse figure de Fieschi, exécuté si peu de temps auparavant, à la même place, servait tellement de repoussoir qu'en France où l'on aime le courage, on s'apitoya sur le sort de cette nouvelle victime du fanatisme politique qui avait supporté avec une héroïque fermeté, il faut bien le reconnaître, toutes les épreuves de sa situation.

À partir du supplice d'Alibaud, je confiai, avec l'assentiment de mon père, le gouvernement de la guillotine à un de mes aides nommé Piot, et je n'assistai plus réellement aux exécutions que pour les légaliser par ma présence. Mon père était vieux; moi fatigué de tout ce sang versé, et je cherchais à en isoler ma pensée le plus possible.

Le jeudi 30 novembre 1843, exécution, à huit heures du

matin, place Saint-Jacques, du nommé Henri Salmon, âgé de vingt-deux ans, condamné le 30 septembre précédent, pour avoir assassiné dans le bois de Vincennes, un individu appelé Sêchepine. On sait que depuis quelque temps je laissais à Piot le soin de pourvoir à tous les détails de l'exécution; à ma grande surprise, il vint me dire qu'Henri Salmon avait manifesté le désir que je procédasse moi-même à sa toilette funèbre. Je ne pus m'empêcher d'y condescendre, et, ayant demandé à ce malheureux ce qui avait pu lui donner cette pensée, il me dit que depuis longtemps il me connaissait ainsi que ma famille, et que sachant que nous étions bons et humains, il comptait sur moi pour adoucir l'horreur de ses derniers moments. J'étais vivement ému, et je fis en effet tout ce qui était en mon pouvoir pour le soutenir dans une aussi terrible épreuve.

Salmon eut pour successeur sur l'échafaud un homme avec lequel nous n'eûmes point cette peine, je veux parler du fameux Poulmann, dit Durand, dit Legrand, dont la hideuse célébrité balança un instant celle de Lacenaire. Poulmann était, en effet, une nature exceptionnelle, et s'il n'érigea ni le crime ni le meurtre en principes, comme son rival, il était assurément infiniment plus doué de la puissance physique nécessaire pour briller dans une pareille carrière. Condamné à mort le 27 janvier, pour avoir assassiné un vieillard de soixante-dix ans, qui tenait une auberge isolée, entre Marmont et Nangis, il ne voulut même pas se pourvoir en cassation. Lorsque l'heure du châtiment vint à sonner, il fit preuve du plus étonnant courage. À l'encontre de ceux qui en puisent un bien plus noble et bien plus élevé dans les sentiments religieux, il trouva le sien dans le matérialisme épouvantable qui lui faisait repousser l'idée d'une autre vie. La mort, pour ce malheureux déshérité de la faculté de croire, ne fut que le passage de la vie au néant, un instant à franchir pour être délivré de toutes les sensations humaines.

Avec de pareils êtres, la force brutale est reine du monde. Poulmann était particulièrement orgueilleux de la sienne; on craignait qu'il ne voulût en faire preuve au dernier moment, en opposant une vive résistance à l'exécution de l'arrêt. J'avais été engagé, par cette raison, à doubler le nombre des aides.

Ces appréhensions ne se réalisèrent point. Il se laissa couper les cheveux sans objection ; mais, lorsqu'on s'approcha pour lui attacher les mains, il eut un moment d'hésitation.

- Qu'est-ce que vous voulez ? dit-il brusquement.

Je m'avançai en lui disant que l'usage était de lier les mains à tous les condamnés, qu'il était indispensable que cela se fît.

- Est-ce bien sûr au moins que vous faites ça pour tout le monde ? Si je croyais que ce fût pour moi seul, je vous aurais bientôt envoyé rouler à cent pas avec toute votre clique.

Poulmann avait toujours refusé, et quelquefois avec humeur, les consolations de la religion. Il ne voulut même pas permettre à M. l'abbé Montès de l'accompagner pendant le trajet de la Roquette à la barrière Saint-Jacques. Le digne prêtre fut obligé de partir devant, dans une voiture à part, afin de se trouver sur le lieu du supplice, dans le cas où la vue de l'instrument de mort ferait enfin un pénitent de ce coupable endurci.

Il n'en fut rien. Poulmann contempla la guillotine sans sourciller.

- Ce n'est que cela, dit-il.

Il n'y avait, je le certifie, aucune affectation, aucune fanfaronnade dans cette incroyable assurance. C'était la plus complète insouciance de la vie ou de la mort, voilà tout ; c'était l'atrophie de l'intelligence par la matière, et, par conséquent, l'absence des pensées et des sentiments qui animent toutes les créatures de Dieu, chez lesquelles ces deux éléments s'allient sans s'exclure.

Arrivé sur l'échafaud, Poulmann se tourna vers les aides et leur dit :

- Ah ! ça ! vous autres, est-ce que vous n'allez pas mettre une pièce de vingt sous dans ma poche pour le fossoyeur ? Il ne fait pas chaud, il faut bien que le pauvre b… puisse, après sa besogne, se réchauffer en buvant une bonne bouteille de vin… à ma santé, ajouta-t-il avec un gros rire.

Piot s'empressa d'obtempérer à ce désir :

- Adieu la compagnie ! ajouta Poulmann ; à toi, ma Louise bien-aimée, ma dernière pensée ; tu es plus à plaindre que moi, car tu vis encore et nous ne nous verrons plus.

Cette invocation était adressée à sa maîtresse Marie-Louise Frenot, femme Simonet, condamnée, par le même arrêt que lui, à vingt ans de travaux forcés.

À huit heures du matin Poulmann n'existait plus.

Ici se terminent les notes que, suivant la coutume de mes ancêtres, j'avais cru devoir prendre sur les exécutions ; je ne sais ni ne veux savoir si Piot a continué cette sanglante nécrologie. Quant à moi, la plume m'échappa des mains ; plus de cent têtes coupées en un quart de siècle avaient épuisé mes forces. Il y avait quatre ans que j'avais perdu mon père ; je croyais avoir largement payé mon tribut à la piété filiale qui m'avait fait accepter sa lourde succession. Je restai exécuteur de nom jusqu'à ce qu'on songeât à se débarrasser de ce fainéant de la guillotine. Piot faisait tout le service, et je me bornais à l'encourager de ma présence. Les deux seules exécutions, pendant toute cette période de temps, qui laissèrent quelques traces dans ma mémoire, furent celles de Fourier, chef de la bande des escarpes, et de Lecomte, le dernier des régicides qui attentèrent à la vie de Louis-Philippe. Le premier était presque un enfant, abandonné de trop bonne heure par ses parents, et qui, au moment suprême, éleva, comme Foulard, un cri de vengeance contre eux, en leur léguant la responsabilité de sa perte ; le second était un ancien militaire, un brave sous-officier qu'il fallut dépouiller du signe de l'honneur avant de le livrer à un supplice infamant. Il mourut avec une fermeté stoïque.

Ma révocation, que je prévoyais depuis longtemps, arriva en 1847 ; on sait comment je l'accueillis. Une nuée de compétiteurs se disputèrent le vieil héritage de ma famille ; ce n'est aucun de ceux qui l'avaient convoité qui l'obtint.

XXIX. ÉPILOGUE

J'ai fini : ai-je besoin d'indiquer au lecteur la première conclusion qu'il ait à tirer de ce livre, à partir du moment où il sort de la tradition et des souvenirs historiques pour entrer dans le domaine des choses que j'ai vues et cru devoir raconter ?

Quel est le produit de ce bilan de cent onze têtes humaines que je viens de déposer sur l'autel de la justice ?

C'est zéro à poser au quotient de la peine de mort.

Où a-t-on vu dans cette longue suite de supplices, l'épouvantable châtiment par lequel les lois humaines empiètent sur la puissance divine, compenser ce qu'il a théoriquement de monstrueux, par des avantages pratiques ? Où l'a-t-on vu sinon prévenir le crime, du moins le réprimer par un exemple salutaire ?

Est-ce parmi tous ces condamnés qui ne daignent même pas se pourvoir en cassation ?

Est-ce parmi ceux qui, condamnés seulement aux travaux forcés ou à de longues détentions, se hâtent de commettre un nouveau crime afin d'échanger le bagne contre l'échafaud ?

Est-ce dans cette foule de patients qui vont presque tous à la mort d'un pas ferme et d'un œil calme, en affectant de mépriser le châtiment qu'on leur inflige ?

Benoît seul tremble à ce moment horrible, il offre tous les signes d'une terreur profonde ; mais Benoît, nature efféminée, tempérament énervé par la débauche, est une monstrueuse exception, et encore ce scélérat à peine majeur, qui appréhendait si fortement la mort, n'a point été retenu par son effroi ; il n'a pas reculé, dans un âge aussi tendre, devant deux meurtres dont la pensée seule fait frémir d'horreur.

Mais, que dire de Chandelet, de Defournel, etc., narguant, le rire aux lèvres et la chanson à la bouche, l'expiation qu'on leur impose ? Que dire de Lacenaire, se montrant si supérieur à sa punition, que, par respect pour la morale, on se trouve réduit à calomnier sa mémoire et à l'accuser d'une faiblesse qu'il n'éprouva point ? Croit-on qu'on ne serait pas plutôt parvenu à dompter cette intelligence orgueilleuse et rebelle par les amertumes de la captivité et les humiliations d'un travail grossier ? S'agit-il donc toujours de châtier et jamais de guérir ! et qu'est-ce que le châtiment, quand il n'atteint même pas le but qu'il s'était proposé ? Une vaine et stérile illusion !

Que dire de Poulmann, ce type vivant de la férocité et de l'assassinat, avalant le calice de son supplice avec la même insouciance qu'il eût bu un verre de vin sur la table d'un cabaret ? Sont-ce là des hommes que vous contiendrez avec votre sinistre épouvantail dont la plupart se rient ? N'ont-ils pas donné des noms grotesques à la guillotine, à ce hideux instrument dont vous prétendez faire le palladium de la société ? Ne l'appellent-ils pas *la Veuve*, *l'Abbaye de Monte-à-regret*, etc. ?

Oui ! le règne de ces horreurs touche à son terme. Déjà l'échafaud n'ose plus se montrer. Banni de la Grève à la barrière Saint-Jacques il n'a pu même se maintenir en ce dernier endroit. Caché maintenant presque sous le porche d'une prison, il ne dévore les proies qu'on lui jette encore de temps à autre que mystérieusement, à la faveur, pour ainsi dire, des ombres de la nuit. Chaque jour est un pas rétrograde devant le vœu de l'humanité qui se prononce de plus en plus, et bientôt la législation acculée sera obligée de déposer les armes et de jeter aux ornières le sanglant couteau qui salit encore ses mains.

Il en sera de la peine de mort comme des cruels supplices qui ont peu à peu disparu de nos institutions judiciaires. Si la loi consent encore à tuer, au moins elle a renoncé au droit de faire souffrir ceux qu'elle immole ; c'est déjà un progrès de la raison et de l'humanité. Mais, en adoptant la guillotine comme instrument de la peine capitale, la loi est-elle bien sûre d'avoir atteint son but ? Pour mon compte, je le crois, bien que j'aie vu quelquefois d'étranges convulsions passer sur les faces de toutes ces têtes coupées qui sont tombées, sous mes yeux, dans le fatal panier. Je me suis plu à n'y reconnaître que des mouvements automatiques de l'appareil musculaire du système nerveux. Mais tout le monde n'est pas de cet avis ; de savants physiologistes, des hommes versés dans les mystères de l'anatomie, ont affirmé la durée plus ou moins longue d'une arrière-douleur réfugiée au cerveau, qui est, comme on le sait, le centre de la sensibilité.

Si cela était ?

On n'y peut songer sans frémir. Notre prétendue humanité ne serait qu'un raffinement de barbarie.

La peine de mort a fait son temps. En la supprimant, on affranchira de devoirs pénibles une classe de fonctionnaires pour lesquels j'élèverai d'autant mieux la voix que j'ai cessé d'en faire partie. On rendra à l'estime de leurs concitoyens des hommes qui n'en ont démérité que sous l'empire du plus illogique des préjugés. Vieillard, j'ai conservé sur ce sujet toutes les idées de ma jeunesse et de mon âge mûr. Il est absurde de faire supporter à l'exécuteur seul tout le fardeau de la répulsion qu'inspire la peine de mort.

Ce fonctionnaire est-il plus coupable que le magistrat du parquet dont le devoir a été de provoquer la condamnation et d'éclairer la conscience du jury ?

Est-il plus coupable que les jurés qui, appelés à opter entre un *non* qui contenait la vie, et un *oui* qui renfermerait la mort, se sont décidés pour cette syllabe meurtrière ?

Est-il plus coupable que les membres de la Cour qui, en prononçant la sentence de mort, lui ont donné force de loi ; que la Chambre de cassation qui, en rejetant le pourvoi, a enlevé au condamné son dernier espoir ?

Oserai-je dire qu'il soit plus coupable enfin que le souverain qui, tenant encore la vie de ce malheureux suspendue dans une goutte d'encre au bec de sa plume, comprend qu'il ne peut exercer la plus belle prérogative de sa couronne et repousse le recours en grâce.

À Dieu ne plaise qu'en parlant ainsi je prétende élever un

blâme jusqu'à ces augustes tuteurs de la société qui accomplissent, avec une noble fermeté, et, toujours en étouffant leurs propres sentiments, d'austères devoirs. À Dieu ne plaise que j'aie l'ambition d'établir entre eux et l'humble exécuteur des volontés de la loi une assimilation irrévérencieuse. Je ne veux qu'indiquer le lien logique qui lui impose une si rude tâche et, par conséquent, l'inconséquence du préjugé qui le frappe d'une réprobation contre laquelle il devrait être protégé par les exigences mêmes de l'intérêt social.

Donc, respect aux hommes qui, en haut comme en bas de l'échelle sociale, remplissent avec honneur la mission qui leur a été dévolue ; mais guerre aux institutions qui, frappées d'une révoltante caducité, ne se soutiennent plus, sans blesser la conscience publique.

Ainsi de la peine de mort, condamnée, dans un temps rapproché, à disparaître de nos Codes. Que cette sainte réforme luise sur le bord de ma tombe, et je ne regretterai point d'avoir écrit cette triste confession dans laquelle j'ai dû m'accuser d'avoir fait tomber plus de cent têtes, car je ne demande ni n'espère d'autre absolution.

SOMMAIRE